中国科学院战略性科技先导专项（A类）课题（XDA20040400）
中国科学院院长特别专项（新疆可持续发展研究）项目　　　　资助
国家自然科学基金重大项目（41590840）

天山北坡城市群
可持续发展与决策支持系统

方创琳　高　倩　赵瑞东 等 著

科学出版社

北　京

内 容 简 介

天山北坡城市群是国家"十三五"期间推动建设的 19 个城市群之一，也是重点建设的两个边疆地区城市群和丝绸之路经济带核心区建设的唯一一个城市群。本书分析天山北坡城市群可持续发展的重大战略意义、发展现状、存在问题、面临的可持续发展机遇与挑战；系统评估天山北坡城市群生态系统服务价值与资源环境承载力；揭示天山北坡城市群用地扩展的生态环境效应；提出天山北坡城市群可持续发展目标、空间布局与战略重点；研制天山北坡城市群资源环境承载力评价系统、空间拓展的用地转换系统和天山北坡城市群可持续发展决策支持系统并论述其在实践中的应用。

本书可作为各级城市发展与规划部门、各级发展和改革委员会、各级建设部门、各级环保部门工作人员的参考书，也可作为大专院校和科研机构相关专业研究生教材和科研工作参考用书。

图书在版编目（CIP）数据

天山北坡城市群可持续发展与决策支持系统 / 方创琳等著. —北京：科学出版社，2019.10

ISBN 978-7-03-062576-2

Ⅰ. ①天… Ⅱ. ①方… Ⅲ. ①城市群-可持续性发展-决策支持系统-新疆 Ⅳ. ① F299.274.5

中国版本图书馆 CIP 数据核字（2019）第 229836 号

责任编辑：丁传标 / 责任校对：何艳萍

责任印制：吴兆东 / 封面设计：图阅盛世

科 学 出 版 社 出版

北京东黄城根北街 16 号

邮政编码：100717

http://www.sciencep.com

北京虎彩文化传播有限公司 印刷

科学出版社发行 各地新华书店经销

*

2019 年 10 月第 一 版　开本：787×1092　1/16
2019 年 10 月第一次印刷　印张：12 1/2
字数：300 000

定价：128.00 元
（如有印装质量问题，我社负责调换）

前　言

位于丝绸之路经济带核心区的天山北坡城市群，是国家"十三五"期间推动建设的 19 个城市群之一，也是重点建设的两个边疆地区城市群和丝绸之路经济带核心区建设的唯一一个城市群。天山北坡城市群面积占新疆总面积的 13%，2016 年年底总人口占新疆的 33.96%，现价 GDP 占新疆的 62.2%，目前是新疆城镇化水平最高、人口最密集、产业最集中的地区，未来是新疆新型城镇化的主体区和经济发展的战略核心区。加快天山北坡城市群发展，是在新常态下助推新疆实现高质量发展的重要引擎，战略意义十分重大；事关丝绸之路经济带核心区建设，事关国家安全和边疆民族团结，事关新疆社会稳定和长治久安，事关实现"两个一百年"奋斗目标和中华民族伟大复兴。

基于上述重大战略意义，本书在中国科学院战略科技先导专项 A "泛第三极环境变化与绿色丝绸之路建设"课题"城镇化的环境效应与调控"（编号 XDA20040400）、国家自然科学基金重大项目"特大城市群地区城镇化与生态环境耦合机理及胁迫效应"（编号 41590840）、中国科学院院长特别专项（新疆可持续发展研究）项目、新疆维吾尔自治区发展和改革委员会委托项目"天山北坡城市群发展规划"等支持下，以《中华人民共和国国民经济和社会发展第十三个五年规划纲要》《国家新型城镇化规划（2014—2020）》《新疆维吾尔自治区国民经济和社会发展第十三个五年规划纲要》《新疆生产建设兵团国民经济和社会发展第十三个五年规划纲要》《天山北坡经济带发展规划》《新疆城镇体系规划（2014—2030）》《新疆丝绸之路经济带核心区建设规划》等国家及新疆各类文件为指导，客观分析天山北坡城市群可持续发展的重大战略意义、发展现状、存在问题、面临的可持续发展机遇与挑战；系统评估天山北坡城市群生态系统服务价值与资源环境承载力；揭示天山北坡城市群用地扩展的生态环境效应；提出天山北坡城市群可持续发展目标、空间布局与战略重点；研制天山北坡城市群可持续发展决策支持系统并在实践中应用。

本书共分七章 27 节内容，各章编写分工如下：前言、第一章由方创琳编写；第二章由赵瑞东、方创琳编写；第三章由高倩、方创琳编写；第四章由高倩、方创琳编写；第五章由方创琳编写；第六章由方创琳、鲍超、马海涛、王振波、李广东、刘海猛等编写；第七章由方创琳、高倩编写。全书由方创琳提出总体思路、编写框架并完成统稿。

在开展天山北坡城市群实地调研和研究过程中，我们先后得到国家发展和改革委员会地区经济司、新疆维吾尔自治区发展和改革委员会、新疆生产建设兵团发展和改革委员会诸位领导的指导和帮助，在此深表谢意！中国工程院院士邓铭江研究员、国际欧亚科学院院士毛汉英研究员、国际欧亚科学院院士、浙江大学马庆国教授、国家发展和改革委员会中国城市与小城镇研究中心主任史育龙研究员、国务院发展研究中心刘勇研究员、新疆大学经济研究所所长何伦志教授、新疆宏观经济研究院院长施尚友研究员、新疆旅游发展研究院院长杨兆萍研究员、中国科学院新疆生态与地理研究所雷军研究员、华东师范大学城市与区域科学学院副院长孔翔教授、新疆大学资源环境学院党委书记丁建丽教授、新疆师范大学阿里木江·卡斯木教授、新疆大学经济研究所副所长刘海军副教授等多位专家为天山北坡城市群可持续发展从不同角度提出了宝贵意见，在此表示最诚挚的感谢！我的助手刘晶博士，博士研究生崔学刚、任宇飞、高倩、杨智奇、赵瑞东、杨诺、热孜娅·阿曼、李越、阿尔祖娜等参与实地调研、承担本书部分数据收集和统计计算，编写部分章节的初稿，为本书的完成做出了贡献！科学出版社资源环境分社的丁传标编辑在本书出版过程中给予了大力协助和支持，在此对各位老师付出的辛勤劳动表示最真挚的感谢！《天山北坡城市群发展规划》研究成果于 2017 年 10 月 20 日被专家鉴定为达到同领域的国内领先水平。现已由国家发展和改革委员会批复实施。

　　本书在成文过程中，参考了许多专家学者的论著或科研成果，对引用部分文中都一一做了注明，但仍恐有挂一漏万之处，诚请多多包涵。

　　作为一位长期从事城市群发展研究的科研工作者，研究天山北坡城市群可持续发展是我学术生涯中的重要尝试。由于对天山北坡城市群发展的研究尚处初期薄弱阶段，学术界、政界和新闻界仁者见仁，智者见智，本书提出的一些观点和看法或许有失偏颇，加之时间仓促，能力有限，书中缺点在所难免，恳求广大同仁批评指正！

2019 年 6 月

目　　录

第一章　天山北坡城市群可持续发展总论

城市群是国家工业化和城镇化发展到高级阶段的产物，是高度一体化的城市集合体，是国家新型城镇化的主体区和经济发展的战略核心区，对推进我国城镇化发展具有不可替代的重要作用[1]。全球城市群发展正在进入21世纪的中国新时代，中国城市群正在肩负着世界经济重心转移重要承载地的历史使命[2]。城市群形成发育过程是一个各城市之间由竞争变为竞合的漫长自然过程，遵循自然发展规律。天山北坡城市群位于丝绸之路经济带核心区新疆的天山北麓地带，是国家"十三五"期间推动建设的19个城市群之一，也是重点建设的两个边疆地区城市群和丝绸之路经济带核心区建设的唯一一个城市群[3]。这一区域目前是新疆城镇化水平最高、人口最密集、产业最集中的地区，未来是新疆新型城镇化的主体区和经济发展的战略核心区。加快天山北坡城市群发展，是在新常态下助推新疆实现高质量发展的重要引擎。事关丝绸之路经济带核心区建设，事关国家安全和边疆民族团结，事关新疆社会稳定和长治久安，事关实现"两个一百年"奋斗目标和中华民族伟大复兴，战略意义十分重大，固边兴疆影响深远。目前，有关对天山北坡城市群的研究主要集中在天山北坡城市群经济社会与环境协调发展评价[4,5]、城市群经济联系网络[6]、城市群经济联系强度[7]、城市群联动发展[8]、城市群产业发展[9]、城市群地域空间结构[10]、城市群等级规模和空间结构[11]、城市群空间组织形态[12]、城市群点-轴结构分形[13]、城市群交通网络发育程度[14]、城市群土地利用效益测度[15]等方面，总体来看，对天山北坡城市群的研究偏少偏弱，天山北坡城市群发育程度偏低[16]。本章重点从可持续发展视角，分析天山北坡城市群可持续发展的基础优势、发展现状、存在问题及可持续发展机遇。

第一节　城市群空间范围与可持续发展战略意义

一、天山北坡城市群可持续发展的空间范围界定

天山北坡城市群空间范围包括乌鲁木齐市、昌吉回族自治州、吐鲁番市和克拉玛依市全部、伊犁州奎屯市、塔城地区乌苏市及沙湾县，以及规划范围内的新疆生产建设兵团（以下简称兵团）第六师五家渠市及19个团场、第七师11个团场、第八师石河子市及14个团场、第十一师各建筑公司、第十二师7个团场，共计3个地级市、6个县级市、12个市辖区、9个县、兵团5个师、51个团场（图1.1，表1.1）。城市群总面积21.54万km²，占新疆面积的13%，2016年年底总人口814.35万人，占新疆总人口的33.96%，其中城镇人口489.86万人，占新疆的42.25%，现价GDP 5981.27亿元，占新疆的62.2%。全社会固定资产投资4762.25亿元，占新疆的47.69%。是新疆今天和未来新型城镇化主体区和经济发展核心区[17]。

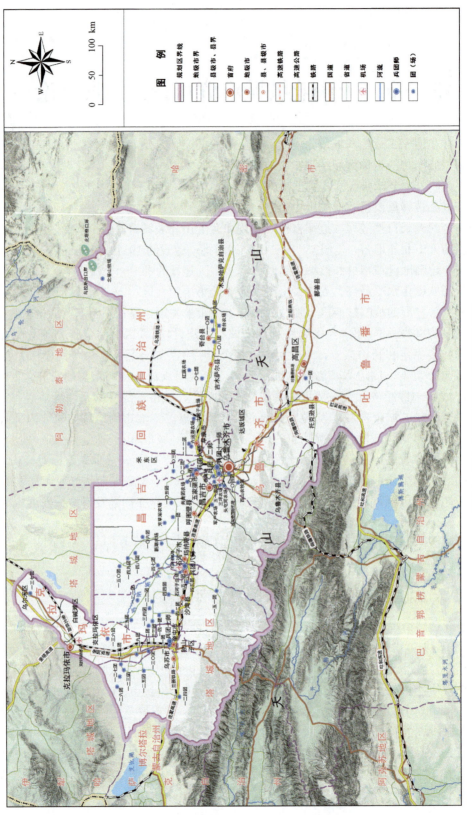

图 1.1 天山北坡城市群空间范围示意图

表 1.1　天山北坡城市群区域范围表

地级市、州、师名称	县、市、区、团场数（个）	县、市、区、团场名称
乌鲁木齐市	7 区，1 县	天山区、沙依巴克区、高新技术开发区（新市区）、水磨沟区、经济技术开发区（头屯河区）、达坂城区、米东区、乌鲁木齐县
克拉玛依市	4 区	克拉玛依区、高新技术产业开发区（白碱滩区）、乌尔禾区、独山子区
吐鲁番市	1 区，2 县	高昌区、鄯善县、托克逊县
昌吉回族自治州	2 市，5 县	昌吉市、阜康市、呼图壁县、玛纳斯县、奇台县、吉木萨尔县、木垒哈萨克自治县
塔城地区	1 市，1 县	乌苏市、沙湾县
伊犁州奎屯市	1 市	奎屯市
兵团石河子市	1 市	石河子市
兵团五家渠市	1 市	五家渠市
兵团第六师	19 个团场	101 团、102 团、103 团、105 团、106 团、107 团、108 团、109 团、110 团、111 团、芳草湖农场、新湖农场、军户农场、共青团农场、六运湖农场、土墩子农场、红旗农场、奇台农场、北塔山牧场
兵团第七师	11 个团场	123 团、124 团、125 团、126 团、127 团、128 团、129 团、130 团、131 团、137 团、奎东农场
兵团第八师	14 个团场	121 团、133 团、134 团、136 团、141 团、142 团、143 团、144 团、147 团、148 团、149 团、150 团、152 团、石河子总场（其中 122 团、132 团、135 团、151 团与邻近团场合并）
兵团第十一师		7 个建筑公司
兵团第十二师	7 个团场	104 团、221 团、222 团、五一农场、头屯河农场、三坪农场、西山农场

合计：3 个地级市，6 个县级市，12 个市辖区，9 个县，兵团 5 个师，51 个团场

二、天山北坡城市群可持续发展的战略意义

加快天山北坡城市群发展，充分发挥城市群在丝绸之路经济带核心区建设中的引领作用，对确保新疆社会稳定和长治久安，加快绿色崛起和繁荣发展都具有十分重要的战略意义。通过天山北坡城市群建设，将新疆融入到国家新型城镇化发展的大格局和国家现代化建设及国际经济合作的大局中去，全方位提升新疆在国家和丝绸之路经济带建设中的国际国内地位。

（一）引领丝绸之路经济带核心区建设

天山北坡城市群是引领"一带一路"建设的边疆地区重要城市群，在兴疆固边中发挥着不可替代的重要作用。有利于发挥城市群地处中亚、俄蒙等周边国家和地区重大战略合围联动发展核心结点的辐射带动功能，扩大天山北坡向西开放步伐，开拓中亚、西亚乃至欧洲市场，提升新疆在丝绸之路经济带中的核心竞争力和国际影响力，推动丝绸之路经济带核心区交通枢纽中心、商贸物流中心、文化科教中心、医疗服务中心和区域金融中心建设迈向新高度。

（二）保障国家经济安全与国防安全

建设天山北坡城市群，是从国家战略高度做出的战略部署，是充分利用境内境外两种

资源、两种市场，建设国家综合能源储备基地和加工基地，保障国家经济安全、能源安全、国防安全的重大战略需要，更是固边兴疆的现实需求。

（三）确保新疆社会稳定和长治久安

建设天山北坡城市群，对进一步贯彻落实《中共中央关于进一步维护新疆社会稳定和实现长治久安的意见》有重大意义，将大幅度改善新疆经济社会发展环境，改善基础设施和生态环境，最大幅度地提升新疆综合经济实力，确定新疆社会稳定和长治久安。

（四）促进兵地融合发展和区域协同发展

通过天山北坡城市群建设，将进一步提升新疆各民族的凝聚力，将充分发挥新疆生产建设兵团在城市群建设的战斗壁垒作用，构建城市群地区兵地融合型现代产业体系，有利于各民族和谐团结和共同繁荣，为多民族团结、兵地融合发展提供典范。将进一步辐射带动南疆的经济社会发展和人口合理集聚，实现天山南北的协同联动发展，确保新疆与全国一道同步实现全面建成小康社会的战略目标。

三、天山北坡城市群可持续发展的机遇与挑战

（一）可持续发展机遇

在全面推动"一带一路"建设和中央全力治疆稳疆的大好形势下，加快建设天山北坡城市群，面临着前所未有的历史性发展机遇。

（1）中央举全国之力治疆稳疆建疆。第二次中央新疆工作座谈会做出了进一步维护新疆社会稳定和实现长治久安的重大战略部署，从战略全局高度将依法治疆、团结稳疆、长期建疆纳入中央治疆方略，为推进天山北坡城市群发展营造了更加良好的发展环境，为改善民生提供了有力保障。

（2）国家推动建设丝绸之路经济带。国家全面推动"一带一路"建设，将新疆建成丝绸之路经济带核心区，重点加强新疆与周边国家的战略互信和互联互通，天山北坡城市群作为丝绸之路经济带核心区，必将迎来加大开放，加快发展的新机遇。

（3）国家批准建设天山北坡经济带。天山北坡经济带是全国主体功能区规划建设的重点开发区，而天山北坡城市群又是天山北坡经济带的核心区和新型城镇化的主体区，2012年《天山北坡经济带发展规划》获得国务院批复后正式实施，这一国家重大区域发展战略的实施为天山北坡城市群的建设奠定了坚实的优先发展基础。

（4）国家引导建设天山北坡城市群。《中华人民共和国国民经济和社会发展第十三个五年规划纲要》提出加快城市群发展，将城市群作为推进国家新型城镇化的空间主体，首次提出规划引导天山北坡城市群建设，形成支撑区域发展的增长极。

（二）可持续发展面临的挑战

在面对历史性发展机遇的同时，也面临着新的挑战。一是维稳形势严峻复杂。受境内外各种因素的影响，维稳形势依然严峻，在一定程度上影响着天山北坡城市群建设。二是

调结构稳中求进压力大。面对全球性产能过剩、新疆经济结构偏重、传统产业和高载能比重偏大、高技术产业发育滞后、供给侧改革举步维艰等现实，天山北坡城市群发展中调结构稳中求进压力加大。三是脆弱生态环境约束加大。天山北坡城市群区域生态环境脆弱，特别是水资源缺乏，是制约未来可持续发展的最主要瓶颈，随着经济社会进一步发展和人口及产业的进一步集聚，生态环境保护的任务更加艰巨。四是创新驱动能力与潜力不足。城市群人才结构不合理，高层次领军型人才匮乏，企业急需的专业技术人才短缺。创新驱动能力处于全国城市群的较低水平，高新技术产业发展相对滞后，创新驱动城市群发展的动力与潜力不足。

第二节　城市群可持续发展态势与存在问题

一、天山北坡城市群可持续发展现状态势分析

（一）战略区位优势独特

天山北坡城市群位于西北边陲的天山北坡地区，地处中国—中亚西亚经济走廊、中俄蒙经济走廊和中巴经济走廊辐射带动的交汇地带，发挥着周边国家重大战略合围辐射与联动发展的核心结点功能，丝绸之路经济带贯穿全境，具有联动内外、承东启西、通达南北的特殊区位优势；是丝绸之路经济带上重要的战略支撑点，是我国向西开放的重要桥梁和纽带，在国家全方位开放格局和现代化建设中具有举足轻重的战略地位。

（二）经济发展基础较好

天山北坡城市群是丝绸之路经济带核心区经济发展基础最好、经济实力最强、城镇化水平最高的地区，2016 年城市群地区生产总值为 5981.27 亿元，占新疆的比重达到 62%以上，其中第二、三产业增加值分别达到 2519.99 亿元和 2882.8 亿元，分别占新疆的 70.29%和65.77%，全社会固定资产投资 4761.25 亿元，占新疆的 47.69%，社会消费品零售总额 1968亿元，占新疆的 69.64%，地方财政收入 831.82 亿元，占新疆的 50.81%（表 1.2，表 1.3）。是我国重要的石油天然气化工、煤电煤化工、机电工业及纺织工业基地，西北重要的商贸物流中心和对外合作加工基地。综合能源、装备制造、石油化工、现代服务业等产业基础较为雄厚，顺应丝绸之路经济带建设的外向型现代产业体系和开放型经济体系正在形成，经济发展内生动力和发展活力不断增强，未来发展空间和潜力巨大。

表 1.2　天山北坡城市群经济社会发展指标变化统计表

年份	总人口/万人	城镇人口/万人	少数民族人口/万人	GDP（现价）/亿元	第一产业增加值/亿元	第二产业增加值/亿元	第三产业增加值/亿元	全社会固定资产投资/亿元	社会消费品零售总额/亿元	地方财政收入/亿元
1980	409.92	213.52	100.77	29.06	5.62	15.02	8.41	10.49	13.98	2.78
1985	436.66	243.40	114.03	58.18	10.88	29.41	16.66	23.94	27.77	6.58
1990	470.00	267.14	127.92	148.44	30.76	68.59	49.04	44.45	57.23	14.37

续表

年份	总人口/万人	城镇人口/万人	少数民族人口/万人	GDP（现价）/亿元	第一产业增加值/亿元	第二产业增加值/亿元	第三产业增加值/亿元	全社会固定资产投资/亿元	社会消费品零售总额/亿元	地方财政收入/亿元
1995	513.03	301.77	141.45	454.60	85.54	204.41	166.59	196.95	139.29	32.36
2000	575.51	340.75	152.74	844.97	138.60	406.97	299.55	308.21	210.20	72.41
2005	616.94	387.88	173.10	1593.75	203.14	808.05	584.59	559.23	381.38	115.71
2010	661.86	425.28	184.62	2994.05	404.41	1574.72	1148.53	1402.56	857.17	293.82
2015	794.84	467.27	216.26	6111.33	583.57	2496.38	3015.03	4891.98	1838.61	805.37
2016	814.35	489.86	215.10	5981.27	577.60	2519.99	2882.82	4761.25	1968.00	831.82

表 1.3　天山北坡城市群历年经济社会发展指标占新疆比例变化表　（单位：%）

年份	总人口比例	城镇人口比例	少数民族人口比例	GDP比例	第一产业增加值比例	第二产业增加值比例	第三产业增加值比例	全社会固定资产投资比例	社会消费品零售总额比例	地方财政收入比例
1980	31.94	57.28	12.69	54.57	26.11	70.06	81.88	51.26	47.60	68.92
1985	32.08	41.80	13.54	51.83	25.37	72.62	57.74	53.82	48.40	77.74
1990	30.74	38.94	13.52	56.78	29.55	82.46	66.11	50.07	54.87	65.96
1995	30.88	36.69	14.41	55.79	35.54	71.98	57.41	59.08	54.92	84.54
2000	31.12	54.59	13.92	61.97	48.09	75.70	55.70	50.49	56.13	91.58
2005	30.69	51.54	14.37	61.20	39.83	69.37	62.90	41.36	59.57	64.17
2010	30.34	45.56	14.13	55.06	37.49	60.75	65.01	39.62	61.84	58.70
2015	33.68	41.91	14.55	65.54	37.43	70.02	71.77	45.59	70.55	48.34
2016	33.96	42.25	14.24	62.19	35.03	70.29	65.77	47.69	69.64	50.81
1980~2016	微升	下降	上升	上升	上升	不变	猛降	下降	上升	下降

（三）区域合作形势良好

兵地融合型城镇体系日趋健全，乌鲁木齐都市圈的核心引领作用不断增强，一批中小城市特色化发展趋势明显，县城（区）和建制镇分布密集，各级各类城镇间交通、农业、商贸、教育、科技、劳务等领域合作不断加强，通过合作推进各项社会事业稳步发展。兵地一体化、乌昌一体化、乌吐一体化、奎独乌一体化合作进程正在加快，一体化发展趋势日益明显。与周边国家区域合作不断深化，对口支援向深度领域拓展，疆电外送、西气东输、中欧班列等区域性合作项目健康发展。

（四）兵地融合稳步推进

兵地之间秉持共生共荣、共建共享的理念和兵地"一盘棋"思想，抱团聚力相向而行，基本形成了兵地之间重大事项相互沟通、重要问题及时协商、重点工作共同推进的互动融合发展机制。在重大项目建设、园区共建、资源开发、环境保护、维稳安全、文化旅游、教育医疗、信息金融等领域取得了实质性的融合发展，对于推进新疆经济社会协调发展发挥了重要的示范带动作用。

（五）民族团结社会稳定

天山北坡地区各城市山水相连，人脉相通，各民族和睦共处，相互尊重，相互团结，社会秩序稳定，是新疆维护社会稳定成效最为显著的地区。较为稳定的社会环境创造了良好的投资环境和发展环境，新疆稳定红利正在释放，成为天山北坡城市群发展的强有力保障。

（六）丝路文化特色鲜明

天山北坡城市群历史上就是古丝绸之路咽喉要冲，是东西方文化交流、荟萃之地。居住着汉、维吾尔、哈萨克、回、蒙古族等47个民族，各民族文化艺术、风情习俗构成了具有浓郁特色的人文景观，呈现出多元化的文化特质，具有发展民族文化和民族特色产业的独特优势，为建设地域文化特色的城市群奠定了浓烈的文化基础。

二、天山北坡城市群可持续发展存在的主要问题

（一）集聚效应不够强大

天山北坡城市群是新疆人口、城镇和经济高度集聚的地区，虽然经济的集聚效应较为明显（经济总量占新疆的比例由1980年的54.6%提升到2016年的62.2%），但第二产业的集聚效应基本停滞不动（第二产业增加值占新疆的比例由1980年的70.1%提升到2016年的70.3%），第三产业的集聚效应下降明显（第三产业增加值占新疆的比例由1980年的81.9%下降到2016年的65.8%，图1.2）；人口的集聚效应尚不显著（总人口占新疆的比例由1980年的32%缓慢提升到2016年的34%，城镇人口占比反而由54.6%降到42.3%，图1.3）。人口与产业的集聚程度总体较弱，对全疆的辐射带动作用较低。

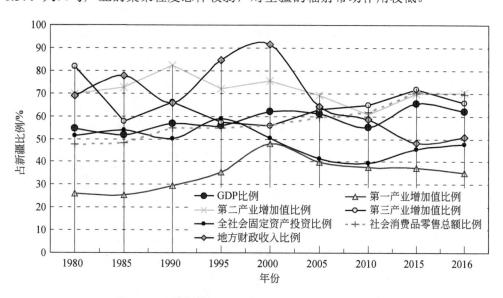

图1.2　天山北坡城市群在新疆的经济地位变化示意图

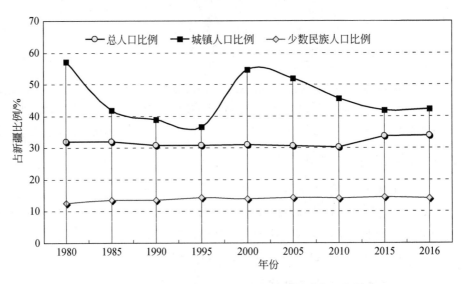

图 1.3 天山北坡城市群人口占新疆比例变化示意图

（二）产业雷同现象严重

重化工业比例偏高，现代服务业发育不足。高载能的能源、化工、装备制造业和高农化的农副产品加工、纺织服装产业是各城市首选的主导产业和各园区培育的支柱产业，城市间现状产业和规划产业往往自成体系，雷同现象严重（表1.4），城市间竞争大于合作，以邻为壑现象仍然存在，城市群一体化发展所需的横向错位发展、纵向分工协作格局没有建立，抵御风险能力弱。

表 1.4 天山北坡城市群各城市产业雷同情况对比表

城市名称	现状产业类型	规划产业类型
乌鲁木齐市	石油天然气开采业、化学原料及化学制品业、石油加工业，装备制造、轻工、铝基电子新材料、新能源、生物技术与民族医药、信息服务、纺织服装、农副产品加工	先进装备制造业、新能源、新材料、生物医药、新一代信息技术、节能环保等战略新兴产业，石油与化学工业、冶金及金属制品产业以及城市消费品轻工产业
克拉玛依市	石油天然气开采业、化学原料及化学制品业、石油加工业，装备制造、信息服务、金融业	现代物流、轨道交通、新一代信息技术、通用航空、新型建材、节能环保、农副产品加工、新材料
昌吉市	先进装备制造和农副产品加工产业，资源开发及深加工产业，新能源、新材料、生物科技为主的高新技术产业	先进装备制造、新材料、生物科技、能源、煤电冶一体化、煤化工、新兴建材、农副产品加工、生物制药、机械电子、纺织等产业
石河子市	新材料、电子信息、纺织、装备制造、能源、化工、特色农副产品加工业	新兴信息技术、新材料、现代装备制造、节能环保、生物医药产业，现代农业及装备制造、化工及循环经济产业、特色矿产资源加工产业、农副产品加工及轻工产业
五家渠市	有色金属加工、煤电煤化工、纺织服装、农副产品加工、机械制造、生物医药、新材料和节能环保等产业	生物医药、新能源、新材料、节能环保、金属冶炼加工、能源加工、食品加工、纺织服装、机械装备、建筑材料等产业
阜康市	冶金、煤炭开采、煤化工、焦炭、建材、新型加工制造业、健康产业、医药，食品加工产业	煤电、煤焦化、煤化工、有色金属冶炼和石油天然气后续精细加工业，粮食产品深加工

续表

城市名称	现状产业类型	规划产业类型
乌苏市	石油化工产业、机械制造业、现代农牧产品加工业、新型建材产业、纺织服装	石油化工、机械制造、农副产品深加工、新型建材、纺织服装产业、境外电商
奎屯市	化工、纺织、装备制造、冶金、光伏、现代物流	装备制造、节能环保、石油化工、纺织服装、新型建材、农副产品加工、黑色金属冶炼及精深加工、有色金属冶炼及精深加工
吐鲁番市	无机盐化工、钢铁、建材、煤炭、纺织、农副产品加工、煤炭开采、煤电、煤焦化、煤化工、化学原料制造	石油化工、煤炭、煤化工、精密铸造业、无机盐化工、纺织服装业、农产品精加工产业、新能源、新材料、先进装备制造业、电子信息业、生物制药产业、硅基新材料、PVC新材料、煤电、煤制油、煤制稀烃、煤制芳烃、煤制乙二醇等现代煤化工绿色发展产业、化学原料及化学制品业、光伏超跑者和光热示范产处基地及文化旅游、商贸物流等

（三）经济布局不尽合理

受资源禀赋、发展条件相似性及行政壁垒的影响，地方与兵团之间、城市之间各自为政，导致产业园区雷同建设现象较为严重，经济布局不尽合理，部分城市将化工园区布局在另一城市的上风上水方向，导致跨界区域性环境污染严重。

（四）基础设施建设滞后

城市群范围内东西向交通通而不快，南北向交通尚不畅通。公路、铁路、高铁、航空、水利等基础设施建设尚存较大短板，铁路、公路、机场密度分别为34.7km/万 km²、10.21km/百 km²和12.6 个/百万 km²，分别相当于全国平均水平的32.5%、25.9%和82.4%。水利和交通仍是制约经济社会发展的主要"瓶颈"。互联互通的对外交通设施建设尚不能满足丝绸之路经济带建设与城市群发展的基本要求。

（五）环境问题与水问题较为突出

天山北坡城市群人均占有水资源量为1180m³，低于新疆和全国平均水平，属于资源型和工程型缺水地区，现状年用水总量223.9 亿 m³远远超出用水总量控制指标（211.03 亿 m³），水资源开发利用率高达136%，地下水超采严重，生态环境十分脆弱，综合承载能力有限，区域性环境污染问题依然突出。脆弱的城市群区域生态环境，特别是短缺的水资源是制约未来可持续发展的最主要瓶颈，随着经济社会进一步发展和人口及产业的进一步集聚，生态环境保护的任务更加艰巨。[18]

主要参考文献

[1] 方创琳，鲍超，马海涛. 中国城市群发展报告 2016. 北京：科学出版社，2016：12-17

[2] Chuanglin Fang, Danlin Yu. Urban agglomeration: An evolving concept of an emerging phenomenon. Landscape and Urban Planning, 2017, 162: 126-136

[3] 方创琳，宋吉涛，葡雪芹. 中国城市群可持续发展理论与实践. 北京：科学出版社，2010：35-43

［4］王爱辉. 天山北坡城市群经济社会与环境协调发展与对策. 水土保持研究，2014，21（2）：316-323

［5］王爱辉，刘晓燕，龙海丽. 天山北坡城市群经济社会与环境协调发展评价. 干旱区资源与环境，2014，28（11）：6-12

［6］付兴春. 新疆城市群经济联系网络特征时空分析——以天山北坡经济带为例. 财经理论研究，2016，（4）：58-67

［7］高超，雷军. 新疆天山北坡城市群经济联系分析. 干旱区资源与环境，2011，25（6）：24-30

［8］唐勇，李龙姣. 新疆天山北坡经济带城市群联动发展研究. 市场论坛，2012，（7）：48-50

［9］龚晓菊，申亚杰. "一带一路"背景下天山北坡城市群的产业发展研究. 当代经济管理，2017，39（11）：79-84

［10］张豫芳，杨德刚，张小雷. 天山北坡城市群地域空间结构时空特征研究. 中国沙漠，2008，（4）：795-801

［11］何剑，刘琳，王帅. 基于分形理论的天山北坡城市群等级规模和空间结构研究. 山东农业大学学报：自然科学版，2014，45（2）：257-264

［12］季珏，高晓路. 天山北坡城市群空间组织形态的识别研究. 干旱区地理，2012，35（4）：687-694

［13］杨宏伟，张海文. 天山北坡城市群点-轴结构分形与干旱区绿洲城市群发展特征. 地域研究与开发，2016，35（2）：52-57

［14］方嘉雯. 丝绸之路经济带交通网络发育程度及经济社会发展的影响. 干旱区地理，2017，40（2）：477-484

［15］和伟康，苏向辉，马瑛. 天山北坡城市群土地利用效益测度及时空分异研究. 中国农业资源与区划，2017，38（10）：63-73

［16］方创琳. 中国西部地区城市群形成发育现状与建设重点. 干旱区地理，2010，33（5）：667-675

［17］方创琳. 天山北坡城市群可持续发展的战略思路与空间格局. 干旱区地理，2019，42（1）：1-9

［18］方创琳，高倩，张小雷等. 城市群扩展的时空演变特征及对生态环境的影响——以天山北坡城市群为例. 中国科学·地球科学，2019，33（9）：25-37

第二章　天山北坡城市群生态系统服务价值评估

生态系统服务作为人类从生态系统及其生态过程不断地获得生态系统物品和功能服务，是实现生态安全的前提和保障[1]，而生态系统服务价值（ecosystem service value，ESV）作为表征生态服务功能的重要指标，其价值量的变化反映人类在自然资源开发和经济发展过程中人类活动对生态环境的影响[2, 3]。改革开放40年来，中国经历了大规模工业化进程和快速的城镇化建设，不断地占用耕地、林地、草地和水域等生态资源，对生态系统的过度使用必然会损伤生态系统原有的服务功能[4]。因此对生态系统格局的时空监测与生态服务功能价值的评估，成为反映区域生态环境质量的关键指标之一，还为生态环境保护、主体功能区划、自然资产核算和生态补偿决策的重要依据和基础[5-7]。

合理的量化生态系统服务是衡量生态系统服务的关键，Costanza 等[8]提出进行货币化评估的成果极大推动生态系统服务的研究工作，而 MA 奠定生态系统服务价值评估体系的基础，并将其进一步分为供给服务、调节服务、支持服务、文化服务 4 个类型[9]。自此生态系统服务的研究得到国内外学者的广泛关注，而在概念内涵、形成与维持的生态过程机理、评估方法、与社会经济耦合关系等方面取得了一系列的成果[10]。近年来生态系统服务评估、生态系统服务权衡、生态系统服务影响因素、生态系统服务供需分析是生态系统服务研究的热点和前沿问题。目前生态系统服务定量评估方法主要有条件价值法、影子工程法、市场机会法和资产价值法等[11-14]，但由于不同生态系统服务的评估方法或衡量标准的差异，会导致不同研究者对同一生态系统的各种服务或某区域的生态系统的服务价值的评估结果往往差别很大，谢高地等[15]提出的基于专家知识的生态系统服务价值评估法具有使用简便、数据需求少、结果可比性高、评估较全面等优点，被大多数研究人员采用并作为快速评估工具来评估研究区域的生态系统服务价值。对于新疆地区而言，诸多学者从绿洲[16]、流域[17-19]、自然保护区[20]、兵团城镇[21]等不同研究对象上对生态系统服务进行了不同时空尺度上的相关研究，而对于天山北坡城市群这一快速城镇化区域，关于该区域的生态系统结构和服务价值时空演变的研究较少，快速的经济发展下的区域生态系统结构变化间的关系仍不清楚，所以评估天山北坡城市群的生态系统机构及功能演变是一项很有必要的研究，可以为促进生态文明建设和可持续发展提供支撑。

天山北坡城市群是我国"十三五"期间着力培育和发展的边疆地区城市群之一，是我国联结中亚、向西开放及"一带一路"建设的重要窗口和亚欧陆桥通道的依托地[22]。由于城市群区域位于典型内陆干旱的大陆性气候区，降水少且蒸发强烈是该区域的气候本底条件，地表水资源短缺并且年内分配不均，河流多来源于冰川积雪融水，草地和荒漠是天山北坡城市群的主要生态系统类型，防风固沙、土壤保持、水资源供给等是天山北坡城市群区域重要的生态系统服务功能之一。近年来，随着这一地区经济和城镇化迅速发展，人口快速增加、建设土地的不断扩张、资源的消耗使得城市群出现草地退化、地表水域减少、土地沙化和盐渍化等生态问题，影响着天山北坡城市群地区正常的生产基础、生活环境，并对该地区的生态安全产生严重威胁。本章采用 1980～2015 年间的土地利用类型数据，以改进的价值当量法[23] 来量化该区域不同时期的生态系统服务价值，探讨生态系统结构变化过程中引起的服务价值增减，以及生态系统服务的功能变化规律和对生态系统结构变化的响应，最后再结合人类需求综合指数对城市群地区生态系统服务供需两端的空间匹配状况及供需耦合的时空差异进行研究，以期为天山北坡城市群加强生态资源的有效管理、协调生态经济发展提供决策依据，为提升城市群地区的可持续发展水平提供支撑。

第一节　城市群生态服务价值评估的研究数据与方法

天山北坡城市群位于我国西北边陲，是国家"十三五规划"中着力发展培育的 19 个城市群之一，是国家向西开放的重要窗口，是我国联通中亚、欧洲进行区域合作的重要区域[24]。地形上呈由山地向盆地逐渐降低的趋势，大部分区域较平坦，总体上呈现出一种"北荒漠中绿洲南山地"的生态格局，其中山地为天山北坡区域的河流与湖泊的主要水源补给区和源头区，沙地为防风固沙生态功能的极重要区，承担着预防土地沙化、降低沙尘暴危害的功能，绿洲为西北干旱区的商品粮基地之一，承担着区域的粮油肉奶等农产品生产和原材料供应的功能；但该区域多处处在几种生态敏感性区域，其中天山山脉地区属水土流失高度敏感区，吐鲁番盆地和准噶尔盆地属沙漠化敏感区，天山高海拔地区属冻融侵蚀极敏感区，可谓是蕴含多种生态系统服务，草地荒漠是区域的主要生态系统类型[25]。随着区域的城镇化和工业化快速发展，天山北坡城市群近 35 年来在城镇化、工业化、交通设施建设以及人工绿洲外扩等驱动下，其生态系统结构的悄然变化引起生态系统过程和服务功能价值也随之发生变化，天山北坡城市群的生态安全关乎丝绸之路经济带战略的实施、丝绸之路经济带核心区的打造、亚欧陆桥通道的畅通、新疆城镇化格局的优化等方面，如何合理利用好各种类型的生态系统，促进城市群地区经济社会与生态环境可持续发展，已成为专家学者聚焦的重点关注内容。

一、生态系统分类与服务价值系数

生态系统类型的合理划分是评估生态系统服务价值的基础，而生态系统评估当量因子的调整是评估区域生态系统服务的关键。下面是生态系统类型的分类及数据来源、生态系统服务价值系数计算的详细内容。

（一）生态系统的分类及数据来源

中国陆地生态系统宏观结构数据是在遥感解译获取的 1∶10 万比例尺土地利用/土地覆盖数据的基础上，通过对各生态系统类型进行辨识和研究，经过分类处理形成多期中国陆地生态系统类型空间分布数据集①。本书所用到的 1980 年、1990 年、1995 年、2000 年、2005 年、2010 年、2015 年的 7 个时间段的土地利用矢量图斑数据，均来自中国科学院资

---

① 中国科学院资源环境科学数据中心：http://www.resdc.cn/。

源环境科学数据中心（http://www.resdc.cn/），之后按照《中国陆地生态系统分类及编码表》的分类体系，结合天山北坡城市群的区域自然条件和土地利用特征将生态系统类型分为农田、森林、草地、水域和湿地、聚落、荒漠、其它等7种生态系统（表2.1），分类精度均达到90%以上，能够达到研究要求。

表2.1　中国陆地生态系统分类及编码

一级类型		二级类型	含义
编号	名称	名称及编号	
1	农田生态系统	水田（11）、旱地（12）	指种植农作物的生态系统，包括熟耕地、新开荒地、休闲地、轮歇地、草田轮作地；以种植农作物为主的农果、农桑、农林用地；耕种三年以上的滩地和海涂
2	森林生态系统	有林地（21）、灌木林（22）、疏林地（23）、其它林地（24）	指生长乔木、灌木、竹类，以及沿海红树林地等森林生态系统
3	草地生态系统	高覆盖草地（31）、中覆盖草地（32）、低覆盖草地（33）	指以生长草本植物为主，覆盖度在5%以上的各类草地，包括以牧为主的灌丛草地和郁闭度在10%以下的疏林草生态系统
4	水域和湿地生态系统	河渠（41）、湖泊（42）、水库坑塘（43）、永久性冰川雪地（44）、滩涂（45）、滩地（46）、沼泽地（64）	指天然陆地水域和水利设施用地
5	聚落生态系统	城镇建设用地(51)、农村居民点（52）、其它建设用地（53）	指城乡居民点及其以外的工矿、交通等人工生态系统
6	荒漠生态系统	沙地（61）、戈壁（62）、盐碱地（63）、其它（67）	目前还未利用的生态系统，包括难利用的生态系统
7	其它生态系统	裸土地（65）、裸岩石地（66）	指地表土质覆盖或岩石石砾，植被覆盖度在5%以下的土地

资料来源：《中国陆地生态系统分类及编码表》。

自治区界、地州界、县区界、政府驻地、河流等数据均来自国家基础地理信息系统全国1：400万数据库。相关农作物面积、农业产值、物价指数的统计数据来自《新疆维吾尔自治区统计年鉴》、各地市统计年鉴、各地市的国民经济和社会发展统计公报。天山北坡城市群的平均粮食价格由各自年份进行分别计算得到。

（二）生态系统服务价值系数

当前生态系统服务价值核算可以大致分为两类，即基于单位服务功能价值的方法（以下简称功能价值法）和基于单位面积价值当量因子的方法（以下简称当量因子法），后者为大多数研究学者采用的方法，是基于单位农业产值进行单位土地的生态服务价值的调整。国内学者在参考Costanza等研究[8]基础上，考虑到中国的实际差异性，提出了食物生产、原材料生产、气体调节、气候调节、水文调节、废物处理、保持土壤、维持生物多样性、提供美观价值等9项生态系统服务功能，建立了"中国生态系统单位面积生态系统服务价值当量"表[15]，该表是基于中国陆地大尺度的评估方法，因此对于区域的生态系统服务价值评估还需进一步修订；2015年谢高地等对中国生态系统服务价值当量表进行了改进，增加了水资源供给、维持养分循环等两项生态系统服务功能，多数学者对聚落生态系统或建设用地类的服务价值记为 0 元，故本研究对聚落生态系统的服务价值没有进行核算[23]。本研究在参考谢高地等学者研究成果的基础上结合天山北坡城市群的实地情况进行系数调整，最终得到天山北坡城市群的生态系统服务当量因子（表 2.2）。

表 2.2　天山北坡城市群生态系统服务价值当量因子表

生态系统	一级分类	农田生态系统	森林生态系统	草地生态系统	水域和湿地生态系统			聚落生态系统	荒漠生态系统	其它生态系统
	二级分类	旱地	针叶林	草原	水系	冰川积雪	湿地	建设用地	荒漠	裸地
供给服务	食物生产	0.85	0.22	0.10	0.80	0.00	0.51	0.00	0.01	0.01
	原材料生产	0.40	0.52	0.14	0.23	0.00	0.50	0.00	0.03	0.00
	水资源供应	0.02	0.27	0.08	8.29	2.16	2.59	0.00	0.02	0.00
调节服务	气体调节	0.67	1.70	0.51	0.77	0.18	1.90	0.00	0.11	0.02
	气候调节	0.36	5.07	1.34	2.29	0.54	3.60	0.00	0.10	0.00
	净化环境	0.10	1.49	0.44	5.55	0.16	3.60	0.00	0.31	0.01
	水文调节	0.27	3.34	0.98	102.24	7.13	24.23	0.00	0.21	0.03
支持服务	土壤保持	1.03	2.06	0.93	0.93	0.00	2.31	0.00	0.13	0.01
	维持养分循环	0.12	0.16	0.05	0.07	0.00	0.18	0.00	0.01	0.00
	生物多样性	0.13	1.88	0.56	2.55	0.01	7.87	0.00	0.12	0.02
文化服务	美学景观	0.06	0.82	0.25	1.89	0.09	4.73	0.00	0.01	0.01

根据相关学者研究，基于研究区域粮食价格的价值当量修订方法，是目前广泛应用的价值当量表的调整方法之一[26]。即为 1 个标准农田生态系统服务价值当量因子相当于 1hm² 研究区平均产量的农田每年自然粮食产量的经济价值，首先从统计年鉴中获取研究区农作物总产值（元）和总种植面积（hm²），得到各年农作物单位面积产值（元/hm²）；其次要基于可比价格进行计算，故取年平均值，单位面积服务价值采用物价指数调整后的研究区当年主要粮食作物单位面积产值的 1/7 表示[27]；最后参考 Shi 等的研究方法[28] 进行物价指数调整，得出农田生态系统食物生产功能的价值，计算方法是用自然粮食产量的经济价值替代食物生产功能的价值，计算出单位农田生态系统的年均经济价值（表 2.3），并依此为基准得出适用于天山北坡城市群范围的农田生态价值表。具体计算公式如下。

$$V_a = 1/7 \times T_a \tag{2-1}$$

公式（2-1）中，V_a 为农田生态系统单位面积里食物生产功能的经济价值，T_a 为单位面积里的农作物的农业产值（元/hm²）。

表 2.3　1980～2015 年天山北坡城市群的单位土地农业产值情况

项目	1980 年	1990 年	1995 年	2000 年	2005 年	2010 年	2015 年
农作物面积/（万 hm²）	37.28	40.63	38.36	48.81	54.69	80.05	98.30
农业产值/亿元	6.41	16.46	51.27	63.39	99.20	200.57	349.66
单位面积产值/（元·hm⁻²）	245.63	578.98	1909.57	1855.18	2591.14	3579.25	5081.57

项目	1980 年	1990 年	1995 年	2000 年	2005 年	2010 年	2015 年
物价指数/%	100.00	183.30	353.43	369.11	367.81	448.42	509.18
调整后的单位面积服务价值/（元·hm⁻²）	245.63	315.86	540.29	502.61	704.47	798.18	997.98

二、生态系统服务价值的研究方法

（一）综合生态系统类型变化率

综合生态系统类型变化分析主要是依据参考文献[29]，来研究时段内的各生态系统类型的转移，重点关注变化过程，来揭示研究区生态系统类型转变的剧烈程度，并且从不同空间尺度上来探测生态系统变化的热点区域[30]。区别于传统的土地利用变化数量分析即将初期与期末规模相减求得年均净变化率表征土地利用变化，本书同时考虑土地利用转型对应的转入和转出两个过程，用年综合生态系统的变化率（包括转移速率和新增速率）表征转移与新增这一对方向相逆的变化过程，反映区域生态系统类型转变的活跃程度，可以实现将增减较大但相互抵消区域与增减变化相对较小区域相区分的目的，从而较为精确的估算区域的生态系统类型转变的综合活跃程度。

$$\text{TR}_i = \frac{(\text{EA}_{(i,t_2)} - \text{UEA}_i) + (\text{EA}_{(i,t_1)} - \text{UEA}_i)}{\text{EA}_{(i,t_1)}} \times \frac{1}{T_2 - T_1} \times 100\% = \text{TRE}_i + \text{IRE}_i \qquad (2\text{-}2)$$

公式（2-2）中，TR_i 为年综合生态系统类型变化率；$\text{EA}_{(i,t_1)}$、$\text{EA}_{(i,t_2)}$ 分别为 i 类生态系统在期初和期末的面积；UEA_i 为第 i 种生态系统类型未变化部分的面积；TRE_i 为第 i 种生态系统类型研究期间的转移速率；IRE_i 为新增速率；i 为区域内地类数；$i \in （1，n）$。T_1、T_2 分别为期初和期末。

（二）生态服务价值的相关计算

根据各类生态系统面积来分别计算生态系统服务价值、各项服务功能的价值，天山北坡城市群生态系统服务价值的计算公式为

$$\text{ESV} = \sum_1^n (A_k \times \text{VC}_k) \qquad (2\text{-}3)$$

$$\text{ESV}_f = \sum_1^n (A_k \times \text{VC}_{fk}) \qquad (2\text{-}4)$$

公式（2-3）、（2-4）中，ESV、ESV_f 分别为生态系统服务价值和生态系统第 f 项服务功能价值；A_k 为土地利用类型 k 的面积；VC_k、VC_{fk} 分别是生态系统服务价值系数和生态系统类型 k 的第 f 项服务功能价值系数。

敏感性指数（coefficient of sensitivity，CS）指在已确定的生态系统服务价值系数的基础上分别上下调整 50%来计算总的生态服务价值对服务价值系数变化的响应[31]。价值系数的敏感性指数的计算公式为

$$CS = \left| \frac{(ESV_j - ESV_i)/ESV_i}{(VC_{jk} - VC_{ik})/VC_{ik}} \right| \qquad (2\text{-}5)$$

公式（2-5）中，ESV_j 为生态价值系数调整后研究区总生态系统服务价值；ESV_i 为生态价值系数调整前研究区总生态系统服务价值；VC_{jk} 为第 k 类土地利用类型调整后的生态价值系数；VC_{ik} 为第 k 类土地利用类型调整前的生态价值系数。如果 CS>1，表示 ESV 对 VC 是有弹性的，ESV 对 VC 敏感，表明生态系统服务价值系数的准确性不高；如果 CS<1，表示 ESV 对 VC 是缺乏弹性的，ESV 对 VC 不敏感，表明生态系统服务价值系数的准确性较高。敏感性指数越大就意味着生态价值指数的准确性对研究区域总的生态服务价值变化越具有关键性作用。

生态系统之间的相互转化所引起的生态系统服务价值的损益[32]，计算方式为

$$PL_{ij} = (VC_i - VC_j) \times A_{ij} \qquad (2\text{-}6)$$

公式（2-6）中，PL_{ij} 为初期第 i 类生态系统转化为末期第 j 类生态系统后的生态服务价值的损益；VC_i、VC_j 分别为第 i 类生态系统和第 j 类生态系统的生态服务价值系数；A_{ij} 为第 i 类生态系统转化为第 j 类生态系统的面积。

（三）生态系统服务供需核算模型

生态供给核算模型：生态供给水平的核算主要有两种，一是基于单位面积价值当量因子进行对区域的生态服务的价值进行评估；二是基于应用生态系统服务的评估系统软件进行估算，如 InVEST、ARIES 等生态系统服务集成式模型。由于价值当量因子法为大多数研究学者采用，且易于评估计算的特点，故本研究采用价值当量法进行区域的生态服务的供给水平的核算。

人类需求核算模型：人类社会在一定时间和空间范围内消耗或者希望获得的生态系统服务的数量，称为人类对生态系统服务的需求[33]。考虑到生态系统服务变化影响因子以及数据可获取性，故选取土地利用开发程度、人口密度、地均 GDP 3 个指标表达生态系统服务需求，其中土地利用开发程度来反映人类对生态系统服务的消耗强度；人口密度可以反映对生态系统服务需求的数量；地均 GDP 可以间接反映人类对享受生态系统服务的偏好水平，地均 GDP 越大而期望获取的生态系统服务越高。由于人口密度和地均 GDP 在数值上的差异，为降低其对整体分布趋势的影响，故借助取对数的方法，在不影响整体分布趋势的前提下，将这两项数据的差异性弱化后再代入公式计算，以便于后续分析。

$$X = x_{i1}^* \times \lg(x_{i2}^*) \times \lg(x_{i3}^*) \qquad (2\text{-}7)$$

公式（2-7）中，X 为评价单元生态系统服务需求，x_{i1}^*、x_{i2}^*、x_{i3}^* 分别为评价单元的土地利用开发程度、人口密度和地均 GDP。考虑到天山北坡城市群的区域差异性，即该区域的荒漠或戈壁等类型的土地覆盖占比较大，故本研究的土地开发利用程度即为城市建设用地占各县市的有效土地面积的比例，有效土地面积是指除荒漠、戈壁、裸地、冰川积雪、高覆盖草地等难以利用或生态功能较强的土地覆盖外的国土地面积[34]，以此来反映人类对

生态系统服务的消耗强度。

（四）供需空间匹配原理

基于以上的生态系统服务供需的测算方法得到的供给量、需求量进行 Z-score 标准化与离差标准化，将结果按四象限法来进行生态服务的供需空间匹配的分析[35]，以 x 轴表示标准化的供给量、以 y 轴表示标准化的需求量，划分出Ⅰ、Ⅱ、Ⅲ、Ⅳ 4 个象限，依次代表高供给高需求、低供给高需求、低供给低需求、高供给低需求 4 种供需匹配类型，具体公式为

$$x = \frac{x_i - \overline{x}}{s}, \qquad \overline{x} = \frac{1}{n}\sum_{i=1}^{n} x_i \qquad (2\text{-}8)$$

$$s = \sqrt{\frac{1}{n}\sum_{i=1}^{n}(x - \overline{x})^2} \qquad (2\text{-}9)$$

公式（2-8）、（2-9）中，x 为标准化后的生态系统服务供给与需求量；x_i 为第 i 个区域的生态系统服务供给与需求量；$\overline{x}$ 为天山北坡城市群平均值；s 为标准差；n 为县市单元数。

（五）生态供给与人类需求的耦合协调度模型

系统耦合度是揭示两个或两个以上的系统通过相互作用程度的度量指标，常应用于城市化与生态环境耦合[36]，城市开发强度与资源环境承载力的耦合[37]，生态资产与经济贫困[38]等研究。本书将测算生态供给与人类需求进行交互耦合的强度，在耦合度基础上引入耦合协调度模型，来分析生态服务供给水平与人类需求两要素间的相互作用、协调一致的程度。考虑到研究区生态供给水平与人类需求存在量纲上的差异，故采用标准化后计算两者的整体发展水平，耦合协调关系的计算模型如下[39]：

$$C = \{f(x) \times g(y)/[f(x)+g(y)]\}^{1/2} \qquad (2\text{-}10)$$

$$T = \alpha f(x) + \beta g(y) \qquad (2\text{-}11)$$

$$D = C \times T \qquad (2\text{-}12)$$

公式（2-10）、（2-11）、（2-12）中，C 为系统耦合度，$f(x)$ 为研究区各县市生态供给水平的归一化值，$g(y)$ 为人类需求指数的归一化值；T 为生态供给与人类需求的综合指数，α 和 β 为待定系数，可以反映两者对协调度的贡献，考虑到两者同等重要，故取 $\alpha = \beta = 0.5$；D 为两要素的耦合协调度。C 与 D 的取值范围均为 $0\sim1$，C、D 值越大，说明两系统的耦合度以及协调程度越高。本书采用中值分段法将其分为 4 类[33]：$C \in (0, 0.3]$ 为低度耦合阶段，$C \in (0.3, 0.5]$ 为中度耦合阶段，$C \in (0.5, 0.8]$ 为高度耦合阶段，$C \in (0.8, 1]$ 为极度耦合阶段；$D \in (0, 0.3]$ 为低度耦合协调型、$D \in (0.3, 0.5]$ 为中度耦合协调型、$D \in (0.5, 0.8]$ 为高度耦合协调型、$D \in (0.8, 1]$ 为极度耦合协调型。

本书借鉴已有研究成果[40,41]，以耦合协调度（D）、生态供给得分（R_1）与人类需求得分（R_2）的情况作为评判依据，按两个层级将生态供给与人类需求的耦合协调类型分为 4 大类 10 个子类型（表 2.4），并按此标准来分析不同时间阶段的协调类型变化特征。

表 2.4　生态供给与人类需求的耦合协调分类

耦合协调度	一级分类	R_1-R_2	二级分类	类型特征
0≤D≤0.3	低度耦合协调	低-高	生态损益型	人类需求远高于生态供给水平，系统失调
		低-低	拮抗型	两者相互制约，系统发展落后
		高-低	经济损益型	人类需求极低，生态供给的优势没有得到发挥
0.3＜D≤0.5	中度耦合协调	低-高	生态预警型	人类需求超出生态供给的承载范围，系统退化
		低-低	磨合型	两者相互适应，人类需求保持在生态供给可承载范围内
		高-低	经济瓶颈型	人类需求不足，生态供给的承载空间比较大
0.5＜D≤0.8	高度耦合协调	低-高	生态滞后型	基本协调，人类需求高于生态供给
		高-高	同步型	两者整体协同效应较好
		高-低	经济滞后型	基本协调，生态供给高于人类需求
0.8＜D≤1	极度耦合协调	高-高	共生型	两者相互促进均衡发展，处于较理想的状态

注：R_1-R_2 表示生态供给和人类需求的归一化值；$R_1 \in [0, 0.4]$ 为低，$R_1 \in [0.4, 1]$ 为高；$R_2 \in [0, 0.5]$ 为低，$R_2 \in [0.5, 1]$ 为高，下同。

第二节　城市群生态系统类型动态变化特征

一、生态系统类型数量变化结构

利用 ArcGIS 将生态系统类型数据与行政区划图叠加，并在此基础上计算出天山北坡城市群各县（市）生态系统类型的面积（图 2.1、表 2.5）。

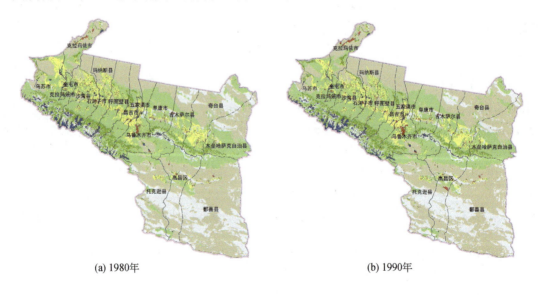

(a) 1980年　　　　　　　　　　　　　　　(b) 1990年

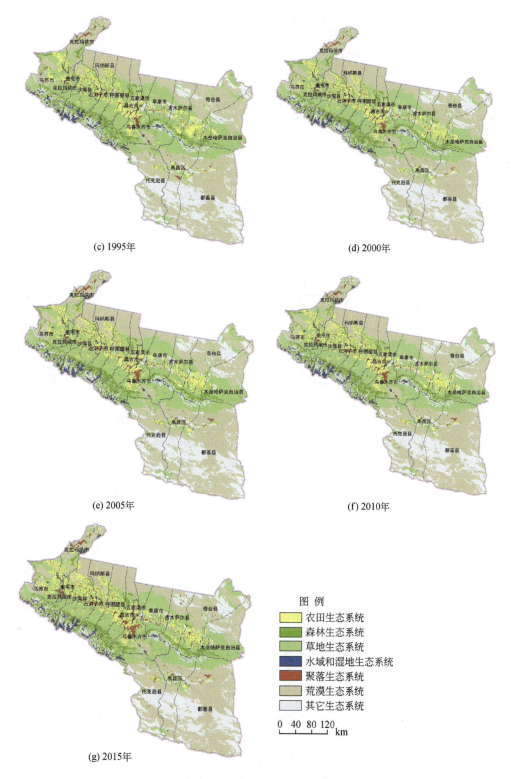

(c) 1995年

(d) 2000年

(e) 2005年

(f) 2010年

(g) 2015年

图 例

- 农田生态系统
- 森林生态系统
- 草地生态系统
- 水域和湿地生态系统
- 聚落生态系统
- 荒漠生态系统
- 其它生态系统

0　40　80 120
km

图 2.1　天山北坡城市群生态系统分类图

表2.5　天山北坡城市群各生态系统类型面积及占总面积的比例表

年份	生态系统类型	农田	森林	草地	水域和湿地	聚落	荒漠	其它
1980	面积/km²	15518	4895	63047	3319	1067	72861	33242
	比例/%	8.00	2.52	32.51	1.71	0.55	37.57	17.14
1990	面积/km²	14549	5246	63282	3390	1403	74434	31645
	比例/%	7.50	2.70	32.63	1.75	0.72	38.38	16.32
1995	面积/km²	14420	5306	63331	3235	1429	74641	31587
	比例/%	7.43	2.74	32.65	1.67	0.74	38.48	16.29
2000	面积/km²	15340	5159	62176	3416	1638	72957	33263
	比例/%	7.91	2.66	32.06	1.76	0.84	37.62	17.15
2005	面积/km²	16366	5160	61299	3525	1820	72490	33289
	比例/%	8.44	2.66	31.61	1.82	0.94	37.38	17.16
2010	面积/km²	17195	5153	60764	3590	1835	72202	33210
	比例/%	8.87	2.66	31.33	1.85	0.95	37.23	17.12
2015	面积/km²	18450	5038	59637	3576	2586	71639	33023
	比例/%	9.51	2.60	30.75	1.84	1.33	36.94	17.03

由于研究时间跨度为1980~2015年，为了便于比较，故以近十年的周期来阐明天山北坡城市群各种生态系统在这35年内的面积变化。1980年天山北坡城市群总面积为193949km²，其中农田生态系统、森林生态系统的面积分别为15518km²和4895km²，分别占该区总面积的8.00%和2.52%；草地的总面积为63047km²，占该区总面积的32.51%；水域和湿地生态系统、聚落生态系统的面积为3319km²和1067km²，所占该区总面积的比例分别为1.71%和0.55%；荒漠生态系统和其它生态系统的面积分别为72861km²和33242km²，分别占该区总面积的37.57%、17.14%，这两类型生态系统的面积占该区土地总面积的比例超过了50%。1995年研究区生态系统面积与1980年相比，虽然森林、草地、聚落、荒漠等类型的生态系统面积有所增加，面积依次为5306km²、63331km²、1429km²、74641km²，各自比例分别增加了0.22、0.14、0.19、0.91个百分点；而农田、水域和湿地、其它等类型的生态系统面积分别为14420km²、3235km²、31587km²，占该区面积的比例为7.43%、1.67%、16.29%，这三类的生态系统比例有所减少，比例依次减少了0.57、0.04、0.85个百分点。2005年天山北坡城市群总面积为193949km²，与1995年相比，农田生态系统、水域和湿地生态系统、聚落生态系统、其它生态系统的面积有所增加，分别增加1946km²、290km²、391km²、1702km²，所占比例依次为8.44%、1.82%、0.94%、17.16%；森林生态系统、草地生态系统、荒漠生态系统的面积所占比例依次为2.66%、31.61%、37.38%，这三类面积比例有所减少，各自的面积变化为-146km²、-2032km²、-2151km²。2015年天山北坡城市群总面积为193949km²，与2005年相比，农田和聚落这两类生态系统的面积分别为18450km²、2586km²，占该区土地总面积的比例分别为9.51%和1.33%，各自比例增加了1.07、0.39个百分点；森林、水域和湿地生态系统的面积保持稳定，各自比例略有增减；而草地生态系统、荒漠生态系统、其它生态系统的面积有所减少，占该区土地总面积的比例分别

下降了 0.86、0.44 和 0.13 个百分点。

　　根据天山北坡城市群各县（市）区年综合生态系统变化率（图 2.2），综合变化率高值区主要分布在克拉玛依区、白碱滩区、奎屯市及乌鲁木齐市区周边的米东区、头屯河区、五家渠市，主要为城市群内部的一些城镇工业等密集区域，其中克拉玛依市的白碱滩区综合生态系统变化率最高，为 4.09%，其次是奎屯市 4.08%，说明这些城镇密集区内各生态系统间转化活跃；城市群中部的绿洲区域（沙湾、玛纳斯、呼图壁）和东部区域（木垒、阜康、达坂城区、高昌区）等县市区的年综合生态系统变化率较小，均小于 2%，表明城市群东部中部区域各生态类间的转变相对较慢。

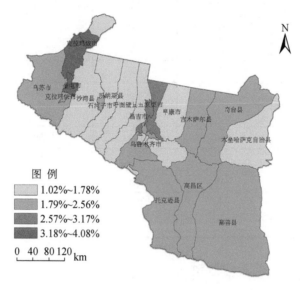

图 2.2　天山北坡城市群年综合生态系统变化率分布图

二、生态系统类型变化幅度分析

　　1980～2015 年间天山北坡城市群的生态系统总体变化趋势差异明显（表 2.6），农田呈现增加速度较快趋势，期间的 1980～1995 年间呈现减少趋势，减少速率为 7.08%，1995～2005 年间和 2005～2015 年间呈现较快增加趋势，这 20 年分别增长了 13.50% 和 12.73%，而 1980～2015 年间的整个农田生态系统以 18.89% 速率增长，这与近 35 年的天山北坡城市群的荒漠化生态治理和耕地开发密切相关；1980～2015 年间的森林生态系统没有较大的变化，处于较为稳定的状态，35 年间森林面积略有增长，增加了近 143km²；草地总体上呈现减少趋势，由于草地生态系统在整个天山北坡城市群生态系统面积的比重较大，1980～2015年间减少了近 5.41%，减少面积为 3410km²，草地生态系统类型面积的减少与农田、聚落等生态系统面积增长有关，这些与国家实施的农村家庭联产承包责任制政策密切相关，与近 35 年的城市扩张、工业园区建设相关，表现为由草地转化为农田、城市用地、工业园区用地的土地利用方式的转变；水域和湿地生态系统有一定幅度的增加，增加面积为 257km²；聚落生态系统面积变化呈现快速增长的趋势，1980～2015 年间面积增长了近 142.36%，该类生态系统面积增长了近 1.5 倍，这与天山北坡城市群的城市扩张、人口增加、工业园区

建设息息相关；而荒漠生态系统和其它生态系统的面积略有减少，减少面积分别为
1222km^2、219km^2。

表 2.6　天山北坡城市群生态系统类型变化幅度表

生态系统类型及变化		1980～1995 年	1995～2005 年	2005～2015 年	1980～2015 年
农田	面积/km^2	−1098	1946	2084	2932
	变化/%	−7.08	13.50	12.73	18.89
森林	面积/km^2	411	−146	−122	143
	变化/%	8.40	−2.75	−2.36	2.92
草地	面积/km^2	284	−2032	−1662	−3410
	变化/%	0.45	−3.21	−2.71	−5.41
水域和湿地	面积/km^2	−84	290	51	257
	变化/%	−2.53	8.96	1.45	7.74
聚落	面积/km^2	362	391	766	1519
	变化/%	33.93	27.36	42.09	142.36
荒漠	面积/km^2	1780	−2151	−851	−1222
	变化/%	2.44	−2.88	−1.17	−1.68
其它	面积/km^2	−1655	1702	−266	−219
	变化/%	−4.98	5.39	−0.80	−0.66

三、各类型生态系统转移分析

由 1980 年和 2015 年两期天山北坡城市群生态系统类型遥感图在 ArcGIS 中计算得到的
1980～2015 年的生态系统转移矩阵（表 2.7 和图 2.3）。

表 2.7　1980～2015 年天山北坡城市群生态系统类型转移矩阵

2015 年	1980 年									
	农田	森林	草地	水域和湿地	聚落	荒漠	其它	总计	转入	净增减
农田 A/km^2	12632.63	213.75	4365.69	44.57	120.55	1049.52	283.40	18710.11	6077.48	2974.61
B/%	80.28	4.75	6.89	1.39	13.12	1.44	0.86	—	—	—
森林 A/km^2	174.23	4024.65	381.54	7.84	2.97	44.81	13.33	4649.37	624.72	151.20
B/%	1.11	89.47	0.60	0.24	0.32	0.06	0.04	—	—	—
草地 A/km^2	1837.72	178.46	56246.01	88.42	30.67	1194.42	374.38	59950.08	3704.07	−3414.76
B/%	11.68	3.97	88.77	2.76	3.34	1.63	1.13	—	—	—
水域 A/km^2	74.67	7.31	254.23	3032.98	2.38	50.15	28.94	3450.66	417.68	248.20
B/%	0.47	0.16	0.40	94.71	0.26	0.07	0.09	—	—	—
聚落 A/km^2	563.08	34.06	585.22	13.65	742.95	327.37	73.06	2339.39	1596.44	1420.88
B/%	3.58	0.76	0.92	0.43	80.89	0.45	0.22	—	—	—

2015 年	1980 年									
	农田	森林	草地	水域和湿地	聚落	荒漠	其它	总计	转入	净增减
荒漠 A/km²	359.88	30.47	1029.71	6.20	16.49	70381.18	110.52	71934.45	1553.27	-1202.75
B/%	2.29	0.68	1.63	0.19	1.80	96.23	0.33	—	—	—
其它 A/km²	93.29	9.47	502.44	8.80	2.50	89.75	32162.46	32868.71	706.25	-177.38
B/%	0.59	0.21	0.79	0.27	0.27	0.12	97.33	—	—	—
总计/km²	15735.50	4498.17	63364.84	3202.46	918.51	73137.20	33046.09	193902.77	—	0
转出/km²	3102.87	473.52	7118.83	169.48	175.56	2756.02	883.63	—	—	—

注：A 表示 1980 年的土地利用类型转变为 2015 年各种土地利用类型的面积（km²），即原始转移矩阵 A_{ij}，B 表示 1980 年 i 种土地利用类型转变为 2015 年 j 种土地利用类型的百分比，$A_{ij} = A_{ij} \bigg/ \sum_{1}^{n} A_{ij} \times 100\%$。

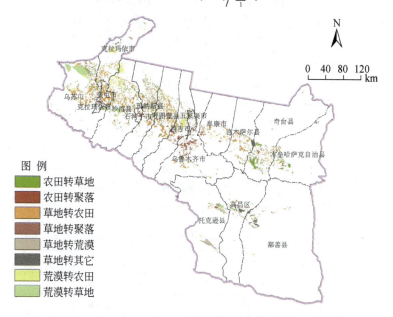

图 2.3　1980～2015 年天山北坡城市群主要生态系统类型转换图

近 35 年间农田转入面积中占比最大的为草地生态系统（4365.69km²），其次为荒漠生态系统（1049.52km²），这二者转出率分别为 6.89% 和 1.44%，说明 1980～2015 年农田的增加主要是由草地、荒漠等类型的生态系统转变而来；森林转入面积最多的是草地（381.54km²）和农田（174.23km²）；草地生态系统转入面积最多的是农田（1837.72km²）和荒漠（1194.42km²），转入量（3704.07km²）和转出量（7118.83km²）差异较大，说明近 35 年来草地生态系统出现退化现象；水域和湿地生态系统的转入量（417.68km²）和转出量（169.48km²）最小，主要表现为河湖附近的水域和湿地↔草地、水域和湿地↔农田的转换；聚落生态系统转入面积最多的两种类型是农田（563.08km²）和草地（585.22km²），表明天山北坡城市群的聚落扩张主要是占用农田和草地等类型生态系统；荒漠生态系统转入比例最大的是草地（1029.71km²）和农田（359.88km²），荒漠生态系统转出量最大的依次为草地（1194.42km^2）、农田（1049.52km^2）、聚落（327.37km^2），主要表现为荒漠↔草地的互转，荒漠→农田、荒漠→聚落的生态系统类型转换，是由近35年来荒漠边缘地区开垦种植使人工绿洲的扩大和准东煤炭矿区建设带来的由荒漠转变为工矿用地；其它生态系统的转入量（706.25km^2）和转出量（883.63km^2）的变化不大，主要表现为荒漠↔其它、草地↔其它的互转，其它→农田的转换。

第三节　城市群生态系统服务价值时空变化分析

一、生态系统服务价值的动态变化分析

根据公式（2-3）计算出天山北坡城市群的1980年、1990年、1995年、2000年、2005年、2010年、2015年总服务价值分别为542.96亿元、541.66亿元、538.61亿元、551.18亿元、557.67亿元、572.46亿元和565.89亿元（表2.8）。可以看出1980～1995年间生态系统服务价值略有小幅度降低，1995～2015年间生态系统服务价值逐年升高，2010年天山北坡城市群的总服务价值最高，为572.46亿元。对天山北坡城市群研究区各类型生态系统服务价值变化趋势进行分析（图2.4），可看出天山北坡城市群的草地、水域和湿地、荒漠等3类生态系统是构成研究区的生态系统服务价值的主体，可以说天山北坡城市群以草地、荒漠等类型的生态系统占主体地位，尤其是草地类生态系统，并且这两类生态系统的ESV在1980～2015年间有一定的下降，1980～2015年草地、荒漠分别共减少了12.49亿元、1.29亿元；水域和湿地、农田、森林等类型的生态系统整体上呈上升增加趋势，1980～2015年间的水域和湿地类、农田类、森林类的生态系统服务价值分别增加了23.19亿元、11.73亿元、1.83亿元，但其它生态系统的服务价值总体上变化幅度较小，变化量为-0.02亿元。

表2.8　天山北坡城市群各类型生态系统服务价值计算表

生态服务类型	1980年	1990年	1995年	2000年	2005年	2010年	2015年	变化量	变化率
食物生产/亿元	20.61	19.80	19.68	20.51	21.38	22.18	23.04	2.43	11.79%
原料生产/亿元	18.28	18.04	18.03	18.28	18.65	19.06	19.23	0.95	5.20%
水资源供给/亿元	16.17	16.21	15.96	16.76	17.02	17.68	17.49	1.32	8.16%
气体调节/亿元	54.68	54.47	54.49	54.78	55.31	56.14	55.81	1.13	2.07%
气候调节/亿元	82.12	81.34	81.32	81.54	81.49	82.54	80.74	-1.38	-1.68%
净化环境/亿元	60.76	61.48	61.42	61.25	61.27	62.00	60.71	-0.05	-0.08%
水文调节/亿元	141.80	142.89	140.42	148.60	151.13	159.39	157.18	15.38	10.85%
土壤保持/亿元	68.72	68.26	68.25	68.80	69.66	70.86	70.73	2.01	2.92%
维持养分循环/亿元	5.98	5.91	5.91	5.98	6.09	6.22	6.25	0.27	4.52%
生物多样性/亿元	53.07	52.83	52.77	53.59	54.16	54.64	53.43	0.36	0.68%
美学景观/亿元	20.77	20.43	20.36	21.09	21.51	21.75	21.28	0.51	2.46%
总计/亿元	542.96	541.66	538.61	551.18	557.67	572.46	565.89	22.93	4.22%

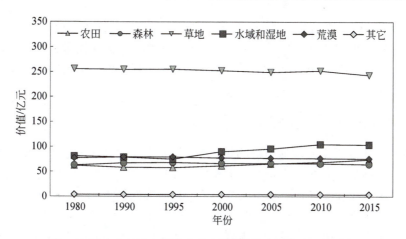

图 2.4　天山北坡城市群各类型生态系统服务价值变化趋势图

根据公式（2-4）对天山北坡城市群的各单项生态系统服务价值进行计算（表 2.8、图 2.5），研究区各类生态系统服务的价值大小依次是水文调节、气候调节、土壤保持、净化环境、气体调节、生物多样性、食物生产、美学景观、原料生产、水资源供给、维持养分循环。可以得出天山北坡城市群区域的主要生态系统服务功能为水文调节，其次为气候调节、土壤保持、净化环境，1980～2015 年间大部分各项服务价值都呈增加趋势，但各单项生态系统服务功能变化规律也不一致，其中水文调节服务价值的变化最大，增加了 15.38 亿元（10.85%）；食物生产的价值增加了 2.43 亿元（11.79%），土壤保持的服务价值增加了 2.01 亿元（2.92%），水资源供给增加了 1.32 亿元（8.16%），这 4 类的生态系统服务价值变化幅度居前四；而气候调节与净化环境的生态服务价值呈下降趋势，1980～2015 年间这两者分别下降了 1.38 亿元（-1.68%）、0.05 亿元（-0.08%），推测这可能与天山北坡城市群的聚落类生态系统扩张、草地类减少有关。生态系统服务价值的增加量前三位分别为水文调节、食物生产、土壤保持，价值分别为 15.38 亿元、2.43 亿元、2.01 亿元，分析其变化可能是由于农田不断增加和防风固沙的林草地面积增加等方面起着明显作用。未来天山北坡城市

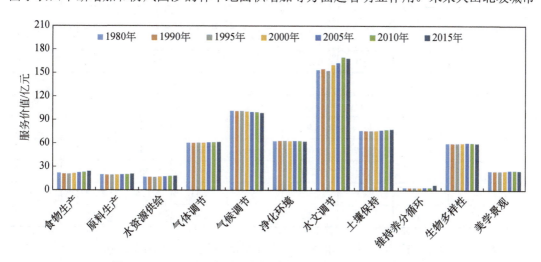

图 2.5　1980～2015 年天山北坡城市群单项生态系统服务价值图

群各城市在经济社会发展过程中通过调整产业结构、实施严格的水资源管理；自然保护区的建设；改善灌溉基础设施，发展节水农业技术，提高水资源利用效益；做好煤炭、油、气资源的综合开发利用管理，实施资源开发与荒漠生态保护的双赢策略，天山北坡城市群生态系统显现逐渐退化的趋势得到有效遏制。

二、生态系统服务价值的空间变化分析

1980～2015 年间天山北坡城市群的生态系统服务价值（ESV）总量呈现先减少后增加的趋势，但其总 ESV 变化却不能反映各城市间的空间差异（表 2.9）。35 年间生态系统服务价值各县市变化差异较大，其中生态系统服务价值增加的县市为克拉玛依市、乌苏市、奇台县、沙湾县、阜康市，生态服务价值变化量分别为 11.13 亿元、6.98 亿元、3.81 亿元、3.04 亿元、1.94 亿元，呼图壁县、吉木萨尔县、木垒哈萨克自治县、奎屯市等县市略有增加，增加值均小于 1 亿元；35 年间生态系统服务价值减少的县市为乌鲁木齐市、托克逊县、鄯善县、玛纳斯县，变化量分别为-2.03 亿元、-1.25 亿元、-1.11 亿元、-1.10 亿元，其它减少的县市的价值量变化量较小。总体上天山北坡城市群的生态系统服务价值呈现城市群西部的城市 ESV 呈现增加的趋势，而城市群中部、东部等城市 ESV 呈现减少的趋势。

表 2.9　天山北坡城市群各县（市）区的生态系统服务价值计算表　　（单位：亿元）

县市名称	1980 年	1990 年	1995 年	2000 年	2005 年	2010 年	2015 年	变化量
乌鲁木齐市	63.97	64.11	63.23	64.65	64.34	64.92	61.94	-2.03
克拉玛依市	24.82	24.52	23.01	22.64	33.49	34.59	35.95	11.13
昌吉市	39.11	38.16	38.41	39.27	38.85	39.39	38.94	-0.17
阜康市	26.56	27.34	26.98	27.64	27.70	27.94	28.50	1.94
呼图壁县	37.97	37.06	36.96	38.19	37.90	37.54	38.84	0.87
玛纳斯县	37.99	39.70	37.72	37.47	35.80	37.59	36.89	-1.10
吉木萨尔县	22.40	23.35	22.94	23.05	22.94	22.45	23.11	0.71
奇台县	39.70	40.42	40.67	43.33	43.33	43.37	43.51	3.81
木垒哈萨克自治县	37.61	38.02	38.25	38.45	38.04	38.33	38.19	0.58
高昌区	24.79	24.71	24.06	24.13	24.55	24.56	24.44	-0.35
鄯善县	42.12	40.48	40.74	40.33	40.78	40.83	41.01	-1.11
托克逊县	24.46	23.13	23.15	23.15	23.31	23.31	23.21	-1.25
奎屯市	4.78	4.68	4.90	5.56	5.15	5.65	5.42	0.64
乌苏市	67.10	67.00	67.86	71.96	72.43	74.88	74.08	6.98
沙湾县	61.91	64.01	62.80	63.56	63.55	65.80	64.95	3.04
石河子市	2.62	2.12	2.62	2.61	2.43	2.55	2.47	-0.15
五家渠市	5.35	5.55	5.25	5.88	4.89	4.95	4.92	-0.43

计算出 1980～2015 年间天山北坡城市群各城市单位面积生态系统服务价值（ESV，元/hm²），并用 ArcGIS 软件进行聚类分析（等间隔法）。将 ESV 分为 5 类，即为 I 类（0＜

ESV≤2000）、Ⅱ类（2000＜ESV≤3000）、Ⅲ类（3000＜ESV≤4000）、Ⅳ类（4000＜ESV≤5000）和Ⅴ类（5000＜ESV≤6700）。从 1980～2015 年间的天山北坡城市群各城市 ESV 空间分布图可知（图 2.6），沙湾县、乌苏市、五家渠市的地均 ESV 最高；高昌区、鄯善县、托克逊县的 ESV 最低，1980～2015 年均处于低水平；木垒哈萨克自治县、奇台县、吉木萨尔县、阜康市的地均 ESV 最低；1980～2015 年间克拉玛依市、奎屯市、乌苏市、沙湾县的地均 ESV 分别增长 1438.22 元/hm²、542.82 元/hm²、485.56 元/hm²、243.68 元/hm²，而五家渠市、石河子市、乌鲁木齐市、玛纳斯县的 ESV 呈下降趋势，1980～2015 年间地均 ESV 分别下降 588.00 元/hm²、322.96 元/hm²、147.82 元/hm²、119.71 元/hm²。天山北坡城市群总体上各城市的 ESV 水平较低，但生态系统水平总体上保持稳定趋好的趋势，ESV 稳定趋好水平主要得益于天山北坡人工绿洲的维持在稳定水平、退耕还草的生态治理工程、城市及工矿区建设过程中注重城市绿化等工作。天山北坡城市群生态系统服务价值（ESV）在空间上总体呈现"西增中减东稳"的趋势，中部的乌-昌-五及其周边区域的 ESV 呈现逐

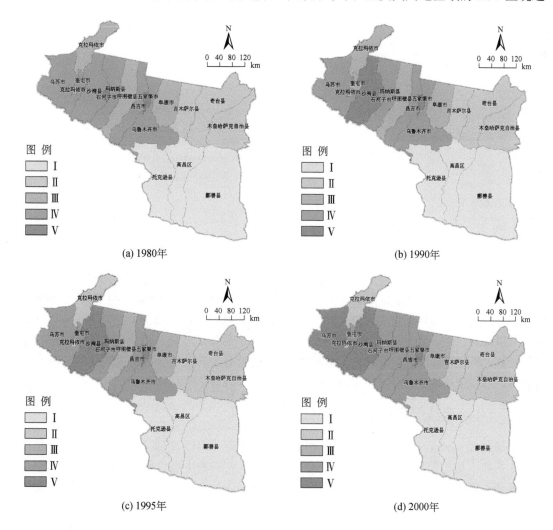

(a) 1980年　　　　　　　　　　　　　　　(b) 1990年

(c) 1995年　　　　　　　　　　　　　　　(d) 2000年

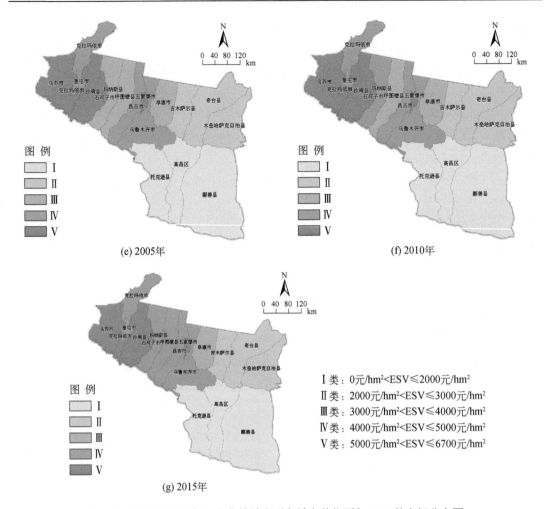

图 2.6　1980～2015 年天山北坡城市群各城市单位面积 ESV 的空间分布图

年减少的趋势，西部的克拉玛依、沙湾、奎屯、乌苏的 ESV 呈现逐年增加趋势；天山北坡城市群总体上 ESV 空间分异显著，形成了由西向东延伸的"高-中-低"的 ESV 空间分布格局。另外天山北坡城市群的 ESV 水平与各县的生态系统空间分布差异密切相关，而研究区主要以草地、荒漠为主的干旱区生态系统，故 ESV 总体上较低，草地和林地的生态价值系数较高，荒漠生态价值系数较低，故草地、森林这两类生态系统所占比例较大的县市 ESV 就较高，而荒漠类占比较大的县市 ESV 较低。

三、生态系统服务价值的敏感性分析

根据公式（2-5），可以计算出天山北坡城市群 1980～2015 年的生态系统服务总价值的敏感性指数，这里根据不同的生态系统类型，分别将它们的生态价值系数向上调整 50%，进而得到不同年份的敏感性指数 CS（表 2.10）。

表 2.10 1980～2015 年天山北坡城市群生态系统敏感性指数计算表

价值系数	敏感性指数 CS						
	1980 年	1990 年	1995 年	2000 年	2005 年	2010 年	2015 年
农田 VC±50%	0.1292	0.1219	0.1217	0.1253	0.1316	0.1352	0.1452
森林 VC±50%	0.1274	0.1371	0.1398	0.1317	0.1297	0.1267	0.1239
草地 VC±50%	0.3309	0.3242	0.3273	0.3205	0.3133	0.3054	0.3026
水域和湿地 VC±50%	0.1692	0.4137	0.3958	0.4609	0.4837	0.5178	0.5144
荒漠 VC±50%	0.2305	0.2386	0.2401	0.2254	0.2194	0.2132	0.2104
其它 VC±50%	0.0083	0.0079	0.0080	0.0081	0.0080	0.0078	0.0078

分析可以发现，敏感性指数全部均小于 1，其中水域和湿地生态系统的指数最高，最高值为 0.5178，说明当地水域和湿地的 VC 增加 1%时，相应地 ESV 增加 0.5178%，对天山北坡城市群的总 ESV 影响最大；其它生态系统的敏感性指数最低，最低值为 0.0078，说明其它生态系统的 VC 增加 1%时，相应地 ESV 增加 0.0078%，对天山北坡城市群的总 ESV 影响最小；并且 35 年来，调整前后的天山北坡城市群生态系统服务总价值变化率差异不大。因此，天山北坡城市群生态系统服务价值总 ESV 相对于 VC 来说是缺乏弹性的，本书使用的 VC 不对 ESV 随时间变化的真实性造成影响，研究结果可信。

四、生态系统服务价值的损益分析

研究区生态系统服务价值在 1985～2015 年呈增长趋势，本书利用 1985～2015 年的转移矩阵，参考彭文甫等[32]的服务价值流向分析模型，计算得出研究区 1980～2015 年的服务价值流向（表 2.11），分析研究区生态系统服务价值增加及减少的原因，对研究区生态系统服务价值的响应过程进行分析。

表 2.11 1980～2015 年天山北坡城市群生态系统服务价值损益分析　（单位：亿元）

2015 年	1980 年							
	农田	森林	草地	水域和湿地	聚落	荒漠	其它	损益
农田	0	-2.884	-4.618	-3.065	0.482	3.088	1.100	-5.897
森林	2.354	0	4.740	-0.421	0.052	0.737	0.232	7.693
草地	1.945	-2.219	0	-5.986	0.155	4.781	1.846	0.522
水域和湿地	5.228	0.469	16.335	4.437	0.147	4.820	1.453	32.889
聚落	-2.254	-0.596	-2.961	-0.783	0	-0.346	-0.009	-6.949
荒漠	-1.059	-0.501	-4.117	-0.571	0.017	0	0.104	-6.127
其它	-0.362	-0.165	-2.483	-0.129	0.001	-0.084	0	-3.223
总计	5.852	-5.896	6.896	-6.518	0.853	12.996	4.725	19.908

注：水域和湿地生态系统包括有水系、冰雪、湿地等子系统，其三者内部转化的生态服务价值为 4.437 亿元。

由表 2.11 得出，1985～2000 年天山北坡城市群由生态系统变化引起的增值为 41.104

亿元，损失-21.196 亿元，净增值 19.908 亿元。其中草地→水域和湿地的生态服务价值 ESV 流向最大（16.335 亿元），其次是农田→水域和湿地的生态服务价值流向（5.228 亿元）。天山北坡城市群的生态服务价值减少的最大值是-5.986 亿元，为水域和湿地→草地的生态服务价值流向（-5.986 亿元），其次是草地→农田的价值流向（-4.618 亿元）与草地→荒漠的价值流向（-4.117 亿元）；另外聚落类生态系统主要由草地、农田两类生态系统转变而来，草地→聚落、农田→聚落的价值流向分别为-2.961 亿元和-2.254 亿元。由此可以看出 1985～2015 年生态服务价值的增加总体上得益于水域和湿地生态系统的生态服务价值 ESV 的增加，减少部分主要是因为草地→农田、荒漠及水域和湿地→草地的转变而导致的相应部分生态服务价值的减少，这生态服务价值一增一减趋势是对农田、草地、水域和湿地、荒漠等生态系统结构变化的响应。

第四节　城市群生态系统服务供需的时空耦合差异

一、生态供给与人类需求的测算

生态供给通常指生态系统为人类生产的产品与服务，人类需求则是人类对生态系统生产的产品与服务进行消费与使用，从供给与需求角度出发可以揭示区域生态系统服务的供需差异，厘清城市群地区生态服务供需关系。由于受统计年鉴数据的限制，故本节将选取 1995 年、2005 年、2015 年三个时间段的地均生态价值来表征城市群生态供给能力，再用人类需求核算模型来测算各自年份的需求值。

（一）生态供给核算部分

天山北坡城市群生态供给水平总体上逐年增加，且各城市分布不甚均匀，研究区的 1995 年、2005 年和 2015 年的生态供给的价值总量分别为 559.55 亿元、579.48 亿元和 586.37 亿元，其生态供给的价值空间分布状况如图 2.7 所示。本书通过地均生态系统服务价值来反映各城市的生态供给水平，分类标准同上。城市群西部的乌苏、沙湾、玛纳斯、石河子以及中部的昌吉、五家渠等县市的生态服务供给的能力水平较高，这些县市植被覆盖较高，生态系统类型多为农田、草地、水域和湿地等，这些类的生态价值系数较高；城市群东部的鄯善、高昌、托克逊、木垒、奇台等县市的生态供给的能力水平较低，这些县市植被覆盖低且生态类型多为荒漠、其它、草地等类型，这些类的生态价值系数较低，故这些区域的地均生态供给水平较差；1995～2015 年间天山北坡城市群中部县市的生态供给水平提升最大，而总体上呈现在东中西方向上的"低中高"生态供给能力的空间差异。

由图 2.8 可知，天山北坡城市群各类生态系统生态供给能力的大小为草地＞水域和湿地＞荒漠＞农田＞森林＞其它，其中前三类的生态效益价值均值分别为 249.58 亿元、91.58 亿元、77.11 亿元；另外 1995～2015 年间天山北坡城市群各生态系统的价值变化明显，其中草地、森林、荒漠价值变化量降低趋势，分别减少了 11.81 亿元、3.35 亿元、3.25 亿元，20 年间变化率为-4.62%、4.93%、4.11%，水域和湿地、农田、其它等生态系统变化量有所增长，分别增加了 29.42 亿元、16.12 亿元、0.18 亿元，各自变化率为 39.36%、27.83%、

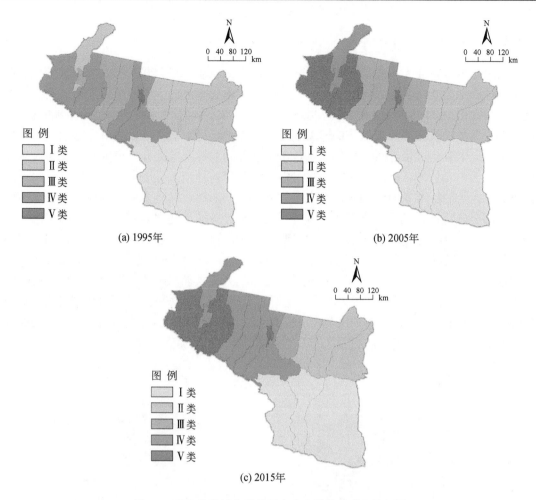

图 2.7　天山北坡城市群各县市生态供给量时空特征图

4.76%，天山北坡城市群地区的生态供给能力的提升主要来自于水域和湿地、农田等生态类型的增益，损益方面主要来自于草地、荒漠等生态类型减少所造成的生态供给水平的下降，未来城市群国土优化方面优先做好对草地、荒漠的生态系统的保护工作。

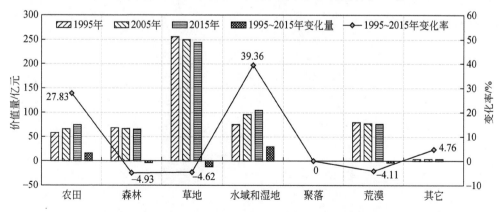

图 2.8　天山北坡城市群各生态系统的生态供给变化图

（二）人类需求核算部分

天山北坡城市群人类需求量逐步上升，1995年、2005年和2015年人类需求量测算值的平均值分别为0.512、0.813和1.399，近20年来乌鲁木齐的人类需求量增幅最明显，人类需求指数由1995年的1.4084增至2015年的3.8608，这与乌鲁木齐市的建设用地的扩张、迁入人口数量的快速增长及经济快速发展有关，未来该城市需要依据城市生态承载力、生态安全格局来确定城市开发边界、优化基本生态控制线等方式提升城市生态环境和人居环境水平。天山北坡城市群地区人类需求量指数的空间差异较大且逐年上升，三个时间点的人类需求指数的标准差为0.4939、0.7857和1.1025，总体以乌鲁木齐市为界呈现出东高西低的空间分异特征，且以乌鲁木齐、克拉玛依、鄯善等城市为中心的人类需求高值区，由于一些从首府城市或资源型城市的经济快速发展，人口、产业、工业用地等各方面的需求逐年上升，从而造成这些地区的人类需求指数值较大，生态环境压力上升。未来城市群建设中需注意一些问题，其中乌苏、沙湾、呼图壁等城市的人类需求量最低，平均值分别为0.2060、0.2104和0.2354，这些地区在未来城市群主要的工业、人口、城镇等重要的承载潜力区域；鄯善、克拉玛依等资源型城市的人类需求值为1.857和2.3391，未来需要转移一部分产业或降低土地开发强度来降低生态脆弱区的人类需求指数，属于优化区域（图2.9）。

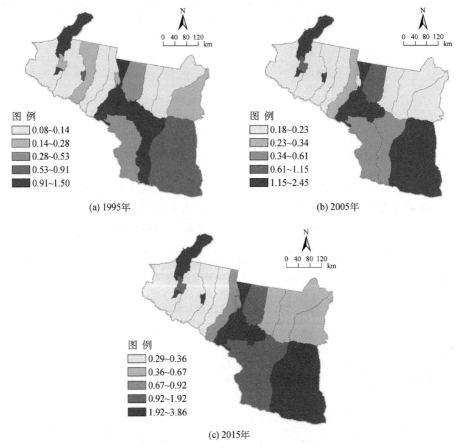

图2.9 天山北坡城市群各县市人类需求量时空特征示意图

二、生态系统服务供需的空间匹配

在上述结果的基础上,从县市行政单元上对城市群地区三个时间段的平均生态系统服务的供需关系进行分析,然后再将供给和需求进行离差标准化,通过将供需比以堆叠图方式来显示区域生态服务的供需状况,加强自然生态系统与社会经济系统的联系,并以此为天山北坡城市群的生态安全格局管理提供支撑。以区域的生态系统服务供求关系来表征天山北坡城市群生态安全格局现状,故以Ⅰ、Ⅱ、Ⅲ、Ⅳ类依次代表高供给高需求、低供给高需求、低供给低需求、高供给低需求 4 种供需匹配类型[42],分别有 4 个、4 个、3 个和6 个县市单元来对应这 4 种生态安全分区类型(表 2.12)。

表 2.12　天山北坡城市群的生态安全分区

生态安全格局	城市单元	生态安全格局	城市单元
供需双赢区	乌鲁木齐市	供需失衡区	吉木萨尔县
	克拉玛依市		奇台县
	奎屯市		木垒哈萨克自治县
高需求失衡区	石河子市	高供给失衡区	乌苏市
	阜康市		沙湾县
	高昌区		玛纳斯县
	鄯善县		呼图壁县
	托克逊县		昌吉市
			五家渠市

由图表可知,处于生态安全的供需双赢区类型的县市有乌鲁木齐、克拉玛依、奎屯、石河子等 4 个城市,属于城市群地区的生态经济基本协调型区域,未来应该充分发挥生态经济方面的优势,同时保持必要的绿色生态空间来满足本区人口对生态产品的需求,做到对各类生态系统有节制地开发和调整经济产业结构;处于高需求失衡区类型的县市有阜康、鄯善、高昌、托克逊等 4 个城市,生态系统服务滞后于人类需求,属于城市群地区的生态经济失衡型区域,未来要努力减少对生态环境的影响,降低土地开发强度,提高各类产业园区的清洁生产水平,减少废弃物产生和排放,做好自然生态系统的保育工作;奇台、吉木萨尔、木垒等城市属于生态安全格局的供需失衡区,处于生态系统服务供需水平双重滞后的困境,未来建设应以生态经济为导向,以保障生态经济可持续发展为前提,做好重点资源开发区域(准东开发区)的生态环境保护工作;处于高供给失衡区类型的县市有乌苏、沙湾、玛纳斯、呼图壁、昌吉、五家渠 6 个城市,这些区域具有良好的生态本底禀赋且人类需求较低的特点,未来需要保持高生态供给的良好发展,还要依托该区域较好的生态环境承载能力来承担城市群地区的人口、产业、交通等方面需求,属于城市群的生态经济提升潜力型区域,在保障好人类需求增加的同时将其对生态环境的影响降至最低。天山北坡城市群生态系统服务供需空间差异明显,4 种生态供需匹配类型的城市分别对应的比例为24%、24%、17%和35%,未来可以实行分区管理以此来应对生态安全的差异化格局。

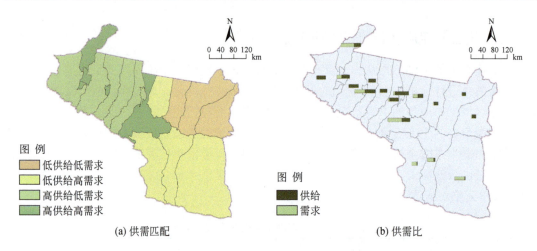

图 2.10　天山北坡城市群各县市生态系统服务供需匹配类型和供需比示意图

三、生态供给与人类需求的时空耦合协调性分析

（一）生态供给与人类需求耦合协调性时空差异

为了进一步研究天山北坡城市群各县市生态供给与人类需求的空间关联性并进行耦合协调度计算，通过公式（2-6）、（2-7）、（2-8）可计算出三个时间序列上该城市群各县市生态供给与人类需求的耦合协调度（图 2.11）。

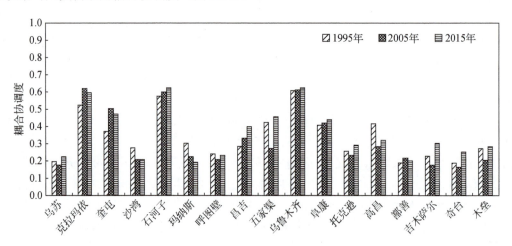

图 2.11　天山北坡城市群生态供给与人类需求的耦合协调度时序演变图

从时间上看，在 1995～2005 年和 2005～2015 年两个时间序列上石河子、昌吉、乌鲁木齐、阜康 4 个城市耦合协调度呈不同程度的上升趋势，沙湾、玛纳斯 2 个城市耦合协调度不同程度趋于下降，乌苏、呼图壁、五家渠、托克逊、高昌、吉木萨尔、奇台、木垒 8 个城市耦合协调度呈不同程度的先降后升的变化趋势，克拉玛依、奎屯、鄯善 3 个城市耦合协调度呈先升后降的变化趋势。天山北坡城市群生态供给与人类需求的耦合协调性低，

城市群处于由低度耦合协调类型向中度耦合协调类型的转换阶段，但大多数城市尚属于低级耦合协调类型，其中乌苏、沙湾、玛纳斯、呼图壁、托克逊、鄯善、吉木萨尔、奇台、木垒 9 城市 20 年间均属于低级耦合协调类型，昌吉、五家渠、高昌 3 个城市由低级耦合协调上升至中级耦合协调类型，克拉玛依、石河子、乌鲁木齐 3 个城市 20 年间均属于高级耦合协调类型。

从空间上看，生态供给与人类需求的耦合协调性具有以下两个特征：一是 1995～2015 年天山北坡城市群各县市生态供需的耦合协调性空间分异显著，由西向东呈现"M"形空间分异格局，其中城市群西部的克拉玛依、石河子与中部的乌鲁木齐的耦合协调水平一直均处于高度耦合协调类型，城市群西部地区乌苏与沙湾，中部的玛纳斯、呼图壁、昌吉，东部的托克逊、鄯善、奇台、吉木萨尔、木垒都属于低中度的耦合协调类型。二是在三个时间断面上天山北坡城市群除乌鲁木齐、鄯善、呼图壁 3 县市外，其余县市的耦合协调性水平均有所增减，其中乌鲁木齐、克拉玛依、石河子 3 市和乌苏、鄯善 2 县市一直分别处于城市群的前三位和后两位，除沙湾、玛纳斯外，其余城市的耦合协调性水平均有不同幅度的升降，整体城市群处于由低度向中度耦合协调转换阶段，使得城市群各城市显示不同时间阶段的生态供需水平的明显演化轨迹，城市群整体上由低度耦合协调的拮抗期向中度磨合期过渡，平衡生态供需水平工作已迫在眉睫。

（二）生态供需协调类型演化的空间差异

结合天山北坡城市群生态供给与人类需求指数值的高低状况，与前述的耦合协调类型将计算结果可视化（图 2.12）。天山北坡城市群生态供给和人类需求的耦合协调类型演化的空间差异显著，其具体演化类型如下。

（1）生态供需低度耦合协调阶段：①生态损益型：只有 2005 年、2015 年的鄯善 1 城市属于此类型；②拮抗型：1995 年有吉木萨尔、奇台、木垒、托克逊、鄯善 5 县市，2005 年增加高昌 1 个城市，2015 年则进一步减少为奇台、木垒、托克逊 3 城市；③经济损益型：1995 年属于此类型的城市有乌苏、沙湾、呼图壁、昌吉 4 个城市，2005 年增减各 1 个城市，分别为玛纳斯、昌吉，2015 年则变为乌苏、沙湾、玛纳斯、呼图壁 4 县市。

（2）生态供需中度耦合协调阶段：①生态预警型：只有 1995 年的高昌 1 城市属于此类型；②磨合型：1995 年和 2005 年只有阜康 1 市属此类型，2015 年则变为吉木萨尔和高昌 2 个城市；③经济瓶颈型：1995 年有奎屯、玛纳斯、五家渠 3 市，2005 年为昌吉、五家渠 2 市，到 2015 年则变为奎屯、昌吉、五家渠、阜康等 4 市属于此类型。

（3）生态供需高度耦合协调阶段：①生态滞后型：3 个时间点里只有 1995 年的克拉玛依属于此类型；②同步型：1995 年主要是乌鲁木齐、石河子 2 个城市，到 2005 年和 2015 年则变成乌鲁木齐、石河子、克拉玛依 3 城市；③经济滞后型：只有 2005 年的奎屯市 1 城市，其它时间则没有城市属于此类型。

基于以上生态供需的空间配置与耦合协调类型演化的情形，未来天山北坡城市群各城市在城镇化、工业化、资源开发等方面要与区域的生态供给差异性格局相适应，需要因地施策，还应注意生态服务供需两端的有效提升，并且可按照各地生态供需水平来科学引导生态人类供需端达到协调阶段，因地制宜地制订相应的优化策略。

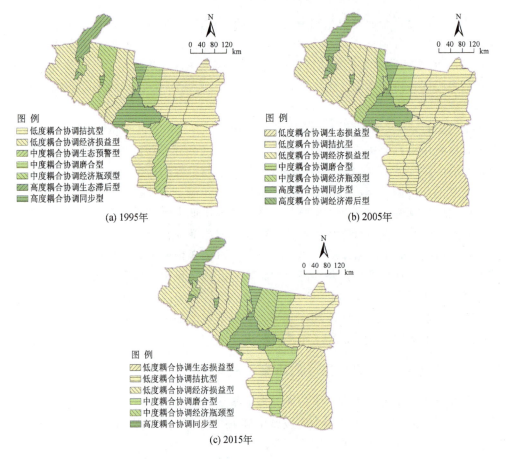

图 2.12　天山北坡城市群生态供给与人类需求耦合协调类型的空间差异图

第五节　研究结论与展望

一、研究结论

本章基于天山北坡城市群 1980～2015 年生态系统类型数据、ArcGIS10.2 软件平台、价值当量法，利用 LUCC 动态变化模型、生态系统类型转换模型、敏感性系数 CS、ESV 损益矩阵等方法，对 1980～2015 年天山北坡城市群的生态系统类型变化、生态服务价值的时空变化，其结论如下。

（1）1980～2015 年间研究区生态系统类型的总体变化有明显差异，聚落生态系统扩张最快，耕地增加速度较快，大量的草地、荒漠等生态系统类型被人类开垦和开发利用，转变为农田、聚落等类型。天山北坡城市群生态系统变化主要受人类活动所影响，这与天山北坡城市群的城镇扩张、人口增加、工矿园区建设息息相关。

（2）对不同时间内的生态系统服务价值进行分析，可以发现 1995 年前后 ESV 呈现增减变化趋势；近 35 年间的草地类型 ESV 对天山北坡城市群总生态服务价值的贡献最大，其次是水域和湿地、荒漠等类型生态系统；在天山北坡城市群的各单项 ESV 中，水文调节对总生态服务价值贡献最大，其次是气候调节、土壤保持和净化环境的服务功能。天山北坡城市群地均生态服务价值在空间变化上总体呈现"西增中减东稳"的趋势；各县市 ESV 水平在空间上分异显著，呈现为由西向东延伸的"高-中-低"的 ESV 分布格局，其 ESV 水平与各城市的生态系统空间差异、生态服务价值系数密切相关。

（3）近 35 年间的生态系统服务价值的变化明显，增加值部分主要是由草地、农田转变为水域和湿地所引起的，其各自流向的价值分别为 16.335 亿元和 5.288 亿元；损失值部分主要是由水域和湿地转草地、草地转农田、草地转荒漠及草地转聚落带来的，其流向价值为 -5.986 亿元、-4.618 亿元、-4.117 亿元和 -2.961 亿元；生态服务价值一增一减趋势是对农田、草地、水域和湿地、荒漠等生态系统结构变化的响应。

（4）天山北坡城市群生态供给水平总体上逐年增加，地均 ESV 呈现在东中西方向上的"低中高"生态供给能力的空间差异；而各城市人类需求量指数逐年上升且空间差异较大，总体上以乌鲁木齐市为界呈现出东高西低的空间分异特征；处于供需双赢区、高需求失衡区、供需失衡区、高供给失衡区 4 种类型的空间差异明显，未来可以实行分区管理来应对生态安全的差异化格局；1995～2015 年间天山北坡城市群生态供给与人类需求的耦合协调性低，城市群尚处于由低度耦合协调类型向中度耦合协调类型的转换阶段，各县市生态供需的耦合协调性呈现出由西向东的"M"形空间分异格局，未来要按照各地生态供需水平来科学引导生态人类供需端协调类型的转变，因地制宜地制订相应的优化策略。

二、研究展望

生态服务是搭建人与自然的桥梁，生态系统为人类提供其生存和发展所必需的资源，与人类福祉密切相关[43]。因此在未来的天山北坡城市群建设过程中，要密切关注生态系统服务的变化，识别生态敏感区域，尤其是草地与荒漠、农田与草地、草地与水域和湿地间高转型的高生态敏感区，可为天山北坡城市群的土地利用转型与生态服务功能间的相互关系提供借鉴。因为天山北坡城市群的本底条件是干旱区的生态环境，绿洲草地沙地等生态系统的稳定关乎着生态文明建设和关乎"两山"理论的落实，服务好国家生态安全的重大需求，为丝绸之路经济带建设提供一个安全、绿色、稳定的生态屏障。本章基于生态系统服务供需端的定量测算，并尝试性地用空间匹配和耦合协调性来进一步揭示生态供需的空间演化关系，可以为城市群生态安全和生态供需优化策略的制订提供科学依据。在未来的城镇化和工业化的进程中，要加强对天山地区的森林、草甸、冰川的保护，划定好禁止开发区和生态水源涵养区，做好平原绿洲区的农田防护林网建设，重视农田与荒漠交错带草地的抚育工作，绿洲内城市要加强园林景观绿化建设，荒漠区的工矿开发要以资源开发与荒漠生态保护间双赢为目标，合理优化好生态空间规划的格局，保障天山北坡城市群的经济社会快速发展和生态环境质量，优化各类生态系统和利用模式，统筹好水田林草沙的生态要素，充分发挥好各自重要的生态功能，科学管理与利用，实现生态服务功能的延续和提升，促进天山北坡城市群区域的可持续发展。

主要参考文献

[1] 王晓峰，吕一河，傅伯杰. 生态系统服务与生态安全. 自然杂志，2012，34（5）：273-276

［2］黄湘，陈亚宁，马建新. 西北干旱区典型流域生态系统服务价值变化. 自然资源学报，2011，26（8）：1364-1376

［3］刘永强，龙花楼. 长江中游经济带土地利用转型时空格局及其生态服务功能影响. 经济地理，2017，37（11）：161-170

［4］王振波，方创琳，王婧. 1991 年以来长三角快速城市化地区生态经济系统协调度评价及其空间演化模式. 地理学报，2011，66（12）：1657-1668

［5］Egoh B，Rouget M，Reyers B，et al. Integrating ecosystem services into conservation assessment：A review. Ecological Economics，2007，63：714-721

［6］Lautenbach S，Kugel C，Lausch A，et al. Analysis of historic changes in regional ecosystem service provisioning using land use data. Ecological Indicators，2011，11：676-687

［7］Wainger L A，King D M，Mack R N，et al. Can the concept of ecosystem services be practically applied to improve natural resource management decisions. Ecological Economics，2010，69：978-987

［8］Costanza R. The value of ecosystem services. Ecological Economics，1998，25（1）：1-2

［9］Millennium Ecosystem Assessment Board. Millennium Ecosystem Assessment：Frameworks. Washington D C：World Resources Institute，2005

［10］彭保发，郑俞，刘宇. 耦合生态服务的区域生态安全格局研究框架. 地理科学，2018，38（3）：361-367

［11］郝林华，陈尚，王二涛，等. 基于条件价值法评估三亚海域生态系统多样性及物种多样性的维持服务价值. 生态学报，2018，38（18）：6432-6441

［12］王继国，金海龙，靳万贵. 艾比湖湿地自然保护区土壤保持生态功能及价值评价. 干旱区地理，2008，31（01）：135-141

［13］赵金龙，王泺鑫，韩海荣，等. 森林生态系统服务功能价值评估研究进展与趋势. 生态学杂志，2013，32（08）：2229-2237

［14］李丽，王心源，骆磊，等. 生态系统服务价值评估方法综述. 生态学杂志，2018，37（04）：1233-1245

［15］谢高地，甄霖，鲁春霞，等. 一个基于专家知识的生态系统服务价值化方法. 自然资源学报，2008，23（5）：911-919

［16］黄青，孙洪波，王让会，等. 干旱区典型山地绿洲荒漠系统中绿洲土地利用/覆盖变化对生态系统服务价值的影响. 干旱区地理，2007，27（1）：76-81

［17］张浩，赵智杰，谢金开. 近 20 年来乌鲁木齐河下游地区生态系统服务价值的动态变化. 干旱区地理，2011，28（2）：341-348

［18］张宏锋，欧阳志云，郑华，等. 玛纳斯河流域农田生态系统服务功能价值评估. 中国生态农业学报，2009，11（9）：1259-1264

［19］孙慧兰，李卫红，陈亚鹏，等. 新疆伊犁河流域生态服务价值对土地利用变化的响应. 生态学报，2010，30（4）：887-894

［20］王燕，高吉喜，王金生，等. 新疆国家级自然保护区土地利用变化的生态系统服务价值响应. 应用生态学报，2014，25（5）：1439-1446

［21］万勤，孟优，谢新辉，等. 新疆生产建设兵团生态系统服务价值时空分异特征. 生态学报，2014，34（23）：7057-7066

［22］高倩，阿里木江·卡斯木. 基于 DMSP/OLS 夜间灯光数据的天山北坡城市群人口分布空间模拟. 西

北人口，2017，38（3）：113-120

[23] 谢高地，张彩霞，张雷明，等. 基于单位面积价值当量因子的生态系统服务价值化方法改进. 自然资源学报，2015，30（8）：1243-1254

[24] 国家发展和改革委员会. 国家新型城镇化规划（2014—2020 年）. 2014. http://www.ndrc.gov.cn/fzgggz/fzgh/ghwb/gjjh/201404/t20140411_606659.html［2019-2-15］

[25] 环境保护部. 全国生态功能区划. 2015，11. http://www.xjepb.gov.cn/xjepb/_639/_3042/_3046/ 130053/index.html［2018-12-15］

[26] 刘桂林，张落成，张倩. 长三角地区土地利用时空变化对生态系统服务价值的影响. 生态学报，2014，34（12）：3311-3319

[27] 谢高地，鲁春霞，冷允法，等. 青藏高原生态资产的价值评估. 自然资源学报，2003，18（2）：189-196

[28] Shi Y，Wang R S，Huang J L，et al. An analysis of the spatial and temporal changes in Chinese terrestrial ecosystem service functions. Chinese Science Bulletin，2012，57（17）：2120-2131

[29] 刘永强，龙花楼，李加林. 长江中游经济带土地利用转型及其生态服务功能交叉敏感性研究. 地理研究，2018，37（5）：1009-1022

[30] 朱会义，李秀彬. 关于区域土地利用变化指数模型方法的讨论. 地理学报，2003，58（5）：643-650

[31] 杨越，哈斯，杜会石，等. 基于 RS 和 GIS 的宁夏盐池县土地利用变化对生态系统服务价值的影响. 水土保持研究，2014，21（5）：100-105

[32] 彭文甫，周介铭，罗怀良，等. 城市土地利用变化对生态系统服务价值损益估算——以成都市为例. 水土保持研究，2011，18（4）：43-52

[33] 彭建，杨旸，谢盼，等. 基于生态系统服务供需的广东省绿地生态网络建设分区. 生态学报，2017，37（13）：4562-4572

[34] 马利邦，李晓阳，成文娟，等. 基于灌区面板数据的流域土地利用强度及其影响因素时空差异识别. 生态学杂志，2018，12：1-15

[35] 黄智洵，王飞飞，曹文志. 耦合生态系统服务供求关系的生态安全格局动态分析——以闽三角城市群为例. 生态学报，2018，38（12）：4327-4340

[36] 方创琳，鲍超，乔标，等. 城市化过程与生态环境效应. 北京：科学出版社，2008

[37] 段佩利，刘曙光，尹鹏，等. 中国沿海城市开发强度与资源环境承载力时空耦合协调关系. 经济地理，2018，38（5）：60-67

[38] 曹诗颂，赵文吉，段福洲. 秦巴特困连片区生态资产与经济贫困的耦合关系. 地理研究，2015，34（7）：1295-1309

[39] 李静怡，王艳慧. 吕梁地区生态环境质量与经济贫困的空间耦合特征. 应用生态学报，2014，25（6）：1715-1724

[40] Li Y F，Li Y，Zhou Y，et al. Investigation of a coupling model of coordination between urbanization and the environment. Journal of Environmental Management，2012，98：127-133

[41] 陈端吕，彭保发，熊建新. 环洞庭湖区生态经济系统的耦合特征研究. 地理科学，2013，（11）：1338-1346

[42] 黄智洵，王飞飞，曹文志. 耦合生态系统服务供求关系的生态安全格局动态分析——以闽三角城市群为例. 生态学报，2018，38（12）：4327-4340

[43] 王晨绯. 生态系统服务：搭建人与自然的桥梁. 中国科学报，2017-02-27（5）

第三章 天山北坡城市群资源环境承载力评价核算

实施城镇化发展战略是我国建设社会主义现代化强国的战略举措之一。预计到 21 世纪中叶，全球城市人口比例将达到 70%[1]。人口迁入城市欲谋求体面的生存机会和生活体验，必然需要以相应足量的水、土地、大气、生态等资源环境要素来保障[2]，当不可再生资源与脆弱环境难以承载不断扩大的人类活动强度规模时，当地可持续发展需求受到潜在威胁或已处于预警状态，这有悖于代际公平的全球可持续发展进程[3]。世界自然基金会（WWF）、环球足迹网（Global Footprint Network）等机构自 1998 年陆续联合研究发布《地球生命力报告》显示，人类正在过度消耗自然资源"本金"，地球所担负的资源环境承载压力已超过几个"地球边界"[4]。我国"十一五""十二五""十三五"规划接连强调科学发展观，实现协调、高质量、更可持续的绿色发展目标，更加强调经济社会发展不能超过资源环境承载力。这里，承载力是衡量人类经济社会活动与自然资源环境复杂相互作用关系的科学指标[5]，是度量可持续发展和资源环境管理的重要依据[6]。

城市群是当今中国推进城镇化的主体空间形态，是国家经济发展的战略核心区，是国际地域分工和全球竞争参与的重要单元[7]，但在快速粗放型发展模式背景下，城市群又是资源环境问题集中且激化的高敏感区[8]。天山北坡城市群，与国内外同等级城市群比较，呈现出相对的低紧凑程度、低投入产出效率、低资源环境保障程度和低资源环境承载能力特征，开展天山北坡城市群资源环境承载力研究，是突破自身"低能力、高压力"发展瓶颈、建成"美丽中国"、实现"两个一百年"目标和落实《2030 年联合国可持续发展议程》实践工作的当务之急[9]。

本章将天山北坡城市群作为研究单元，先对资源环境承载力的概念、与可持续发展关系及其评价研究的重要意义进行评述；确定城市群资源环境承载力评价的研究思路与分解步骤，对具体指标作以解释与量化辨识而后建立系统的评价体系；确定并详述城市群资源环境承载力的评价模型与方法；对土地资源、水资源和大气环境的承载力指数、压力指数、饱和度指数及可持续发展状态进行综合评价；最后，分别计算预测期天山北坡城市群土地资源、水资源、大气环境各单要素可承载人口规模和经济规模值，确定天山北坡城市群资源环境承载力的综合核算预测结果。

第一节 城市群资源环境承载力评价的指标体系

一、资源环境承载力概念及与可持续发展的关系

（一）概念

20 世纪末期，"承载能力"（Carrying Capacity）术语在合理牲畜放牧领域得到关注被正

式提出[10]，即某一种动物不对其生境造成不可修复的破坏性影响阈值时所允许的最大放牧数量，后被应用于在不破坏自然、文化和社会环境可生态系统前提下的区域人口规模发展指导[11]。Malthus 曾警示性地指出地球可供养的人口量是有上限的[12]，且全球自然资源增加量低于人口指数型增长量，预警未来地球实际人口将超过其资源可供人类生存的承载能力。尽管学界对此论断褒贬有争，该理论仍引起人类对地球自然资源、生态环境有限性且不可再生性的日益关注[13,14]。

资源环境承载力表征自然圈层与人类活动相互作用被赋予的资源属性和环境属性的总和所能承载的人类生产和生活能力。借鉴国内外相关文献对资源环境承载力（Resources and Environment Carrying Capability）概念解析[15-17]，本书将其定义为：在可预见的时期内，利用自然资源、自然环境、本地能源、空间整合和技术等条件，在保证符合其社会文化准则的物质生活水平基准下，区域所能持续供养的人口数量和社会经济规模。如图 3.1 所示，资源环境承载力同物理学的"力"有大小与方向，其大小可通过资源环境的数量、质量及开采利用方式所能支撑的人口和经济社会发展规模来衡量，其方向指资源环境系统对人口和经济社会活动的支撑力，与其相对应的是人口和社会经济活动对资源环境系统的压力。

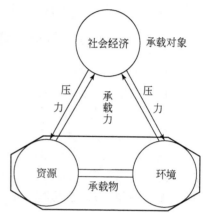

图 3.1　资源环境承载力概念示意图

（二）研究意义

在应对人类发展与自然馈赠这一永恒动态又寻求相对平衡的关系问题上，尤其自地球进入"人类世"以来[18]，城市群资源环境承载力研究具有重要的现实意义。在资源环境合理承载能力前提下，人口集聚和生产活动可提升城市群综合竞争力；而城市群发展并非无限蔓延，受其自身要素如水、土、气、生等自然要素和拥挤、健康、幸福感等社会要素的数量、质量或是机理约束[19]。当城市群繁荣吸引过度的人口和经济活动涌入，很可能对城市群造成丧失已积累的吸引力，出现经济衰退和人口迁出现象，甚至严重损害城市群内部空间结构的影响[20]。

干旱区绿洲城市多呈环状、带状、串珠状和零星状沿河流成片分布在沙漠和戈壁边缘，天山北坡城市群是新疆城镇人口、经济和用地规模最大、最具活力和潜力区域，是丝绸之路经济带核心区建设和新疆新型城镇化的主体区，也是城镇化进程推进伴随着资源消耗与生态环境破坏的人地关系最敏感区域[21]。因此，对尚处于发育初期的天山北坡城市群开展资源环境承载力评价，利于宏观认知和有针对性地调控天山北坡城市群发展状态。

（三）城市群资源环境承载力与可持续发展之间的联系

早在 2012 年中央经济工作会议就强调，科学引导城市群可持续发展须与资源环境承载能力相适应，首要基础工作即对城市群资源环境承载力进行科学评价[22]。如果为支撑城市群人口生存和经济活动运行而对资源与环境的开发利用程度超出其自身限制，超过了承载力阈值即处于"过度承载"(Over-carrying)[11]，未来城市群将面临社会经济衰落、资源短缺、生态环境恶化等不可持续的恶性后果[23]。

城市群资源环境承载力研究，将确定区域整体的资源环境供给和保障水平能服务于人类活动的最大负荷限度[24]，针对具体要素定量化综合评估在不同开发利用程度下所能支撑的最大人口和经济规模，还将为规划人员和决策管理者提供合理的城市群人口空间分布和社会经济活动调控预景方案，评价的最终目标为建构可持续的高质量发展模式[25]。

二、城市群资源环境承载力评价思路与步骤

城市群资源环境承载力评价研究应从资源环境系统与社会经济系统相互作用关系着眼，通过构建综合评价指标体系和评价模型，分别测算并对比分析社会经济系统压力指数和资源环境支撑力指数结果，按一定的评判方法对城市群资源环境承载状态进行综合评价。其评价的方法步骤分解如下。

第一步：综合分析资源环境与社会经济两大系统的互动反馈状况。通过对城市群资源子系统、环境子系统、人口子系统、经济子系统及社会子系统的综合分析，获取城市群有关资源环境和社会经济发展方面的特征，明确制约城市群可持续发展的"短板"因子，是承载力评价的研究基础。

第二步：构建城市群资源环境承载力评价指标体系。遵循全面、简洁、可量化（可获得）、动态代表性的科学原则，在内涵方面兼具有数量与质量指标、总量与均量指标、绝对与相对指标、平均与变异指标等体现[26]。选取可系统体现资源环境承载系统的资源禀赋、整合水平、集聚程度、经济调节等特征的要素指标，以及体现人口与社会经济发展压力系统的资源消耗、环境污染、生态需求、人口与经济发展水平等特征的要素指标。

第三步：确定综合评价模型。用信息论熵技术支持下的专家群民主决策模型，构建城市群自然承载力和人类承载力模型，进而构建资源环境承载力耦合模型。

第四步：城市群资源环境承载力综合评价。依据承载力评价模型计算得到承载力指数、压力指数、饱和度指数等表征值，通过建立一定的分级体系标准，对城市群资源环境系统支撑能力、社会经济系统压力、资源环境与社会经济系统的承载饱和度进行综合分析、评判，集成构建可持续发展状态评价模型，对城市群可持续发展状态作出判断。

三、城市群资源环境承载力评价的指标体系

将天山北坡城市群资源环境承载力综合评价作为研究目标，其评价体系由资源环境承载力综合指数和人口与社会经济发展压力综合指数两部分组成。向专家咨询与讨论后最终确定，资源环境承载力综合指数子体系由 4 个指数层和 9 个具体指标层组成；人口与社会经济发展压力综合指数子体系由 4 个指数层和 13 个具体指标层组成，指标体系图见图 3.2。通过简化数据来源和计算过程，尽量选取综合性表征指标，具备高的可操作性，易为政策制订和宏观调控提供科学指导[27]。

（一）资源环境承载力综合指标解释及量化辨识

（1）资源禀赋指数 C_1，分土地资源和水资源两类，以人均量和年均量反映城市群的资

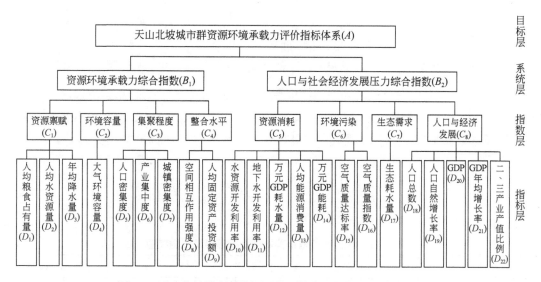

图 3.2　天山北坡城市群资源环境承载力评价指标体系示意图

源供给条件和实际能力,包括人均粮食占有量 D_1、人均水资源量 D_2、年均降水量指标 D_3。

（2）环境容量指数 C_2,反映区域大气环境所能承纳污染物的最大能力,以可完整获取并计算的大气环境容量 D_4 为代表性指标,该项指标值为 PM_{10}、SO_2、NO_2 三项污染物浓度统计值的综合表征量。采用多用箱模式计算大气环境容量值,其计算模型如下[28]:

$$Q_a = \sum_{i=1}^{n} A \cdot (C_{ki} - C_0) \cdot \frac{S_i}{\sqrt{S}} \tag{3-1}$$

公式 3-1 中,Q_a 为某一类污染物的大气环境容量(单位:10^4t/a)。n 为城市群各行政单元分区,此处 n 为 17。A 为城市群所在地理区域总量控制系数(单位:10^4km^2/a),A 值的取值大小依据《制定地方大气污染物排放标准的技术方法》(GB/T13201—91)有关规定[29],见表 3.1;新疆维吾尔自治区 A 值区间为 [7.0,8.4],此处采用"十三五"区域发展战略研究专题对新疆的建议 A 值 7.14[30]。C_{ki} 为国家大气环境质量标准中所规定的第 i 城市的年日平均浓度(单位:mg/m^3);C_0 为背景浓度(单位:mg/m^3),在有清洁监测点的区域,以该点的监测数据为污染物的背景浓度 C_0;在无条件的区域,背景浓度 C_0 可以假设为 0。S_i 为第 i 县市的面积,S 为天山北坡城市群总面积(单位:km^2)。

表 3.1　我国部分地区总量控制系数 A 值

地区序号	省（市）名	A 值
1	静风区	1.4~2.8
2	云南、贵州、四川、甘肃（渭河以南）、陕西（秦岭以南）	2.8~4.2
3	上海、广东、广西、湖南、湖北、江苏、浙江、安徽、海南、台湾、福建、江西	3.5~4.9
4	内蒙古（阴山以南）、山西、陕西（秦岭以北）、宁夏、甘肃（渭河以北）	3.5~4.9
5	北京、天津、河北、河南、山东	4.2~5.6
6	黑龙江、吉林、辽宁、内蒙古（阴山以北）	5.6~7.0
7	新疆、西藏、青海	7.0~8.4

注:静风区（年平均风速小于 1m/s）。数据来源:《制定地方大气污染物排放标准的技术方法》(GB/T13201—91)。

（3）集聚程度指数 C_3，包括人口密集度 D_5、产业集中度 D_6、城镇密集度 D_7 指标，主要用来反映城市群人口和社会经济集聚发展程度。其中：

①人口密集度指标 D_5，用 I_{sp} 表示，计算公式 3-2 如下：其中，X_i 即第 i 城市的指标值；$\bar{x}$ 为平均值；n 为城市个数；η_j 为不同城市等级的权重；j 为 1～4；依据城市规模最新国家划分标准[31]，分为大城市（0.46）、中等城市（0.30）、Ⅰ型小城市（0.18）、Ⅱ型小城市（0.06）四个等级，见表 3.2。P_i 为第 i 级城市的总人口。A_i 为第 i 城市面积。

$$I_{sp} = \sqrt{\frac{\sum_{i=1}^{n}(x_i-\bar{x})^2}{n-1} \times \frac{\sum x_i}{n}} \quad x_i = \eta_j \frac{P_i}{A_i} \tag{3-2}$$

表 3.2　天山北坡城市群城市规模等级及权重赋值

城市等级	城市名称	权重赋值
Ⅱ型小城市：<20 万	玛纳斯、阜康、吉木萨尔、托克逊、五家渠、木垒	0.06
Ⅰ型小城市：20 万～50 万	昌吉、克拉玛依、奎屯、高昌、奇台、鄯善、乌苏、呼图壁、沙湾	0.18
中等城市：50 万～100 万	石河子	0.30
Ⅱ型大城市：100 万～300 万	乌鲁木齐	0.46

注：等级划分依据常住人口统计口径。

②产业集中度 D_6，用 G_i 表示[32]，在公式 3-3 中，G_i 为城市群产业空间基尼系数，系数越大，产业集聚度越高。S_j 表示 j 产业产值占全疆 j 产业 GDP 比例。X_j 表示城市群 GDP 占全疆 GDP 比例。

$$G_i = \sum_{j=1}^{n}(S_j - X_j)^2 \tag{3-3}$$

③城镇密集度，用 I_{su} 表示[32]，在公式（3-4）中，α_j 表示不同城市等级权重。N_j 为相应等级的县市数量，$j=1～4$。A_i 为某一城市面积。

$$I_{su} = \frac{\sum \alpha_j N_j}{\sum A_i} \tag{3-4}$$

（4）整合水平指数 C_4，包括空间相互作用强度系数 D_8 和人均固定资产投资额 D_9 指标，用来表征城市群经济、产业、资源等要素的整合效率，一定程度上决定了城市群人口和社会经济要素集聚水平。其中，空间相互作用强度系数用 I_{si} 表示，在公式 3-5 中，P_i、P_j 为第 i、j 市的总人口，GDP_i、GDP_j 为第 i、j 城市的地区生产总值。D_{ij} 为第 i、j 城市的距离，n 为城市群内城市个数。

$$I_{si} = \frac{\sum_{i,j=1}^{n} \dfrac{\sqrt{P_i \cdot \mathrm{GDP}_i} \times \sqrt{P_j \cdot \mathrm{GDP}_j}}{D_{ij}^2}}{1+2+\cdots+(n+1)} \tag{3-5}$$

（二）人口与社会经济发展压力综合指标解释及量化辨识

（1）资源消耗指数 C_5，采用水资源和能量资源的均量指标，包括水资源开发利用率 D_{10}、地下水开发利用率 D_{11}、万元 GDP 耗水量 D_{12}、人均能源消费量 D_{13}、万元 GDP 能耗 D_{14} 指标。

（2）环境污染指数 C_6，以可完整获取并计算的大气质量指标来表征，包括空气质量达标率 D_{15} 和空气质量指数 D_{16}。

（3）生态需求指数 C_7，采用生态耗水量 D_{17} 这一项指标来表征。

（4）人口与经济发展指数 C_8，以数量、结构、速率量共五项指标充分反映城市群的人口发展与经济发展状况。人口发展类指标包括人口总数 D_{18} 和人口自然增长率 D_{19} 指标；经济发展类指标包括 GDP 值 D_{20}、二、三产业产值比重 D_{21}、GDP 年均增长率 D_{22} 指标。

第二节　城市群资源环境承载力评价模型与方法

运用层次分析法（AHP）分别对资源环境承载力系统和人口与社会经济发展压力系统两个综合评价体系中的指数层指标的权系数进行确定，然后用信息论熵技术对确定结果进行修正，最后采用专家群民主决策的赋权方法具体确定综合评价体系指标权系数。利用生物免疫学原理，构建城市群资源环境承载状态综合评价模型方法，通过对城市群资源环境承载力系统与其相对的人口与社会经济发展压力系统的综合评价结果的比较，判断城市群是否保持稳定或向健康方向发展，即判断城市群是否可持续发展。

一、城市群资源环境承载力评价指标权系数

（一）数据标准化处理

在提出初步评价指标基础上，征询专家意见，将最终确定的评价体系指标分为"效益指标"和"成本指标"两类。前者代表随该类指标量增大城市群资源环境承载力随之提升，如资源环境承载力系统层的人均水资源量指标；后者则反之，如人口与社会经济压力系统层的空气质量达标率指标。因不同指标数据的量纲和数量级存有差异，计算前需对原始数据进行标准化处理。本书采用极差标准化法来消除量纲差别，并将坐标统一向右平移 1 个单位得到指标标准化变换值，对于"效益指标"类采用公式（3-6），对于"成本指标"类采用公式（3-7）。

$$Y_{ij} = \frac{X_{ij} - \min(X_{1j}, X_{2j}, \cdots, X_{nj})}{\max(X_{1j}, X_{2j}, \cdots, X_{nj}) - \min(X_{1j}, X_{2j}, \cdots, X_{nj})} + 1 \quad i=1,2,\cdots,n;\ j=1,2,\cdots,m \quad (3\text{-}6)$$

$$Y_{ij} = \frac{\max(X_{1j}, X_{2j}, \cdots, X_{nj}) - X_{ij}}{\max(X_{1j}, X_{2j}, \cdots, X_{nj}) - \min(X_{1j}, X_{2j}, \cdots, X_{nj})} + 1 \quad i=1,2,\cdots,n;\ j=1,2,\cdots,m \quad (3\text{-}7)$$

公式（3-6）、（3-7）中：X_{ij}、Y_{ij}分别为标准化处理前、后的指标值，$\max(X_{1j}, X_{2j}, \cdots, X_{nj})$、$\min(X_{1j}, X_{2j}, \cdots, X_{nj})$分别为处理前某指标的最大、最小值。

（二）权重确定

因每个要素指标对研究目标的作用影响大小不一，在对指标体系综合评价前需对各指标赋予权重。权重确定方法总体可分为两类：其一主观赋权法采取综合咨询评分的定性方法确定权数，如综合指数法、专家评价法；其二客观赋权法根据各指标之间的相关关系或各项指标值的变异程度确定权数，如主成分分析法、熵值法、因子分析法等。依据参考文献[15, 24]对上述方法的优缺点比较，采用层次分析法（The analytic hierarchy process，AHP）计算权重后采用熵技术对其修正，主观与客观相结合尽可能规避赋权过程中的信息丢失。

1. AHP 法

根据评价指标体系的层次结构建立判断矩阵，根据指数层对系统层影响的重要程度两两判别赋予指标权重，再根据指标层对指数层影响的重要程度两两判别赋予指标权重；综合专家打分结果，按重要程度对其主观赋值，得出通过一致性检验的权重值。

第一步：建立判断矩阵 A。采用 $1 \sim 9$ 个等级标度与其倒数，对各评价因素两两比较标定其相对重要性，a_{ij} 表示第 i 因素对第 j 因素的重要程度，判断矩阵表达式为[33]：

$$A = (a_{ij})_{m \times n} = \begin{bmatrix} a_{11} & a_{12} & a_{13} & \cdots & a_{1n} \\ a_{21} & a_{22} & a_{23} & \cdots & a_{2n} \\ \cdots & \cdots & \cdots & \cdots & \cdots \\ a_{n1} & a_{n2} & a_{n3} & \cdots & a_{nn} \end{bmatrix} \tag{3-8}$$

第二步：计算权重。采用最大特征根法，计算判断矩阵 A 的最大特征根 λ_{max} 和权向量 T。每一行元素乘积表示为 M_i，$\overrightarrow{W_i}$ 为 M_i 的 n 次方根，W_i 为 $\overrightarrow{W_i}$ 的标准化值，$i=1$，2，$\cdots$，n，相关表达式如下。

$$M_i = \prod_{j=1}^{n} a_{ij} \tag{3-9}$$

$$\overrightarrow{W_i} = \sqrt[n]{M_i} \tag{3-10}$$

$$W_i = \frac{\overrightarrow{W_i}}{\sum_{j=1}^{n} \overrightarrow{W_i}} \tag{3-11}$$

得到判断矩阵 A 的最大特征根 λ_{max}：

$$\lambda_{max} = \frac{1}{n} \sum_{j=1}^{n} \frac{\sum_{j=1}^{n} a_{ij} W_j}{W_i} \tag{3-12}$$

第三步：计算一致性指标 CI 和随机一致性指标 RI，得到随机一致性指标 CR。

$$CI = \frac{\lambda_{max} - n}{n-1} \tag{3-13}$$

$$CR = \frac{CI}{RI} \tag{3-14}$$

且当 CR＜0.1 时，可判定矩阵 A 具有满意的一致性。此时，判断矩阵 A 的最大特征根 λ_{max} 所对应的特征向量经标准化后，即作为层次分析的排序权值 W_{oi}。

2. 熵值法修正

某指标数值变异程度若大，相应的信息熵值则小，在整个指标体系中该指标越重要，其客观权重也越大。基于此原理，采用指标的客观信息熵值对 AHP 主观赋权值进行结果修正。

第一步：计算第 i 项指标的熵值 e_i。将各指标数据标准化处理后，计算第 i 项指标层的第 j 个指标值的比重记为 P_{ij}，第 i 项指标的熵值记为 e_i（$0 \leqslant e_i \leqslant 1$），ln 为自然对数，$k>0$。表达式为：

$$P_{ij} = \frac{X_{ij}}{\sum\limits_{j=1}^{m} X_{ij}} \tag{3-15}$$

$$e_i = -k \cdot \sum_{j=1}^{m} P_{ij} \cdot \ln(P_{ij}) \tag{3-16}$$

第二步：计算第 i 项指标的差异性系数 δ_i。对于第 i 项指标，X_{ij} 差异性越小则 e_j 越大。定义差异性系数 $\delta_i = 1 - e_i$，即当 δ_i 值越大，该指标越重要。

第三步：定义权值 W_{oi}。

$$W_{oi} = \frac{\delta_i}{\sum\limits_{i=1}^{n} \delta_i} \tag{3-17}$$

第四步：修正后权重值 W_i'。

$$W_i' = \frac{W_{si} \cdot W_{oi}}{\sum\limits_{i=1}^{n} W_{si} \cdot W_{oi}} \tag{3-18}$$

二、城市群资源环境承载力综合指数

评价指标体系中有正向指标和逆向指标，故采用各指标数据的标准化处理结果值，通过指标加权计算系统层下的综合指数值，公式如下：

$$f(C_i) = \sum_{j=1}^{n} f(D_j) = \sum_{j=1}^{n} W_j' \cdot Y_{ij} \tag{3-19}$$

式中，$f(C_i)$ 为城市群资源环境承载力评价指标体系中指数层的 8 个指数，$i=1，2，\cdots，8$；$f(D_j)$ 为指数 C_i 的下一级指标值；n 为相对应的指标个数；W_j' 为第 j 个指标的权重值；Y_{ij} 为标准化处理后的指标值。

三、城市群资源环境承载力评价模型

天山北坡城市群资源环境承载力评价模型的核心为比较城市群资源环境承载力系统与人口与社会经济发展压力系统的评价结果，进而判定城市群可持续发展状态。对评价结果进行分级，可对城市群承载力大小和可持续发展状态有明确性地判别，助于有针对性地采取相应措施与对策。

（一）资源环境承载力系统评价模型

城市群资源环境对人口与社会经济发展系统的承载能力由资源禀赋、环境容量、集聚程度、整合水平等因素综合作用形成。根据各因素作用机理和影响程度的不同，可将城市群资源环境承载力分为自然承载力和获得性承载力两部分。其中，自然承载力是由城市群资源环境自然系统的本底属性所决定的承载力，获得性承载力是指受城市群人类社会因素作用下所获得的承载力。相应地，城市群资源环境承载力系统评价模型分解为以下两个计算模型：

1. 自然承载力评价模型

$$N = \alpha^2 \cdot e^{\beta} \tag{3-20}$$

式中，N 为城市群自然承载力指数；α 为资源禀赋指数；β 为环境容量指数。

2. 获得性承载力评价模型

$$F = \delta \cdot e^{Con} \tag{3-21}$$

式中，F 为城市群获得性承载力指数；δ 为集聚程度指数；Con 为整合水平指数。

3. 承载力耦合评价模型

$$\text{RECC} = N \cdot e^F \tag{3-22}$$

式中，RECC 为城市群资源环境承载力综合指数。

根据资源环境承载力耦合模型的评价结果，该值越大表示该系统支撑能力越强；反之则表示支撑能力越弱。依据承载力计算值大小，划分为弱承载、低承载、中等承载、高承载和强承载 5 个承载等级。

（二）人口与社会经济发展压力系统评价模型

城市群人口与社会经济发展对资源环境系统的压力由资源消耗、环境污染、生态需求、人口与经济发展水平等因素综合作用形成，根据各因素作用机理和影响程度的不同，构建城市群人口与社会经济发展压力评价模型如下：

$$\text{PSEPI} = (\alpha \cdot P)^2 \cdot e^{\beta \cdot P} \cdot \gamma \tag{3-23}$$

式中，PSEPI 为人口与社会经济发展压力综合指数；α 为资源消耗指数；β 为环境污染指数；

γ 为生态需求指数；P 为人口与经济发展指数。

根据人口与社会经济压力模型的评价结果，该值越大表示该系统所受压力越大；反之则所受压力越小。依据压力计算值大小，划分为弱压、低压、中压、高压和强压 5 个压力等级。

（三）资源环境承载压力度与饱和度评价模型

为定量明确研究期内城市群资源环境要素支撑能力和相应压力的变化趋势，构建城市群资源环境承载压力度和饱和度评价模型。

1. 将资源承载压力度表示为

$$\text{CCPS}^{\text{res}} = \left(\frac{P_t}{Q_t^{\text{res}} / Q_s^{\text{res}}} \times \frac{\text{GDP}_t}{Q_t^{\text{res}} / G_s^{\text{res}}} \right)^{\frac{1}{2}} \tag{3-24}$$

式中，CCPS^{res} 为 R 资源承载压力度；P_t 为城市群实际人口数量；Q_t^{res} 为 R 资源实有量；Q_s^{res} 为标准人均 R 资源占有量；GDP_t 为区域实际 GDP；G_s^{res} 为标准单位 GDP 的 R 资源消耗量。

相应地，资源承载饱和度表达式为

$$\text{CCF}^{\text{res}} = 1 - \left(\frac{P_t}{Q_t^{\text{res}} / Q_s^{\text{res}}} \times \frac{\text{GDP}_t}{Q_t^{\text{res}} / G_s^{\text{res}}} \right)^{-\frac{1}{2}} \tag{3-25}$$

2. 将环境承载压力度表示为

$$\text{CCPS}^{\text{env}} = \frac{E_t}{E_s} \tag{3-26}$$

式中，CCPS^{env} 为 E 环境承载压力度；E_t 为区域实际 E 环境质量；E_s 为一定的 E 环境质量标准。

相应地，环境承载饱和度表达式为

$$\text{CCF}^{\text{env}} = 1 - \frac{E_s}{E_t} \tag{3-27}$$

3. 城市群资源环境综合承载压力度评价模型

$$\text{UCCCPS} = \sum_{i=1}^{n} W_i \cdot \text{CCPS}_i \tag{3-28}$$

式中，UCCCPS 为城市群资源环境综合承载压力度；CCPS_i 为第 i 种资源或环境要素压力度；W_i 为第 i 种资源或环境要素权重，$\sum_{i=1}^{n} W_i = 1$；n 为资源与环境单要素的种类，本书中资源环境要素包括土地资源、水资源、大气环境三种类型，即 $n=3$。

相应地，将城市群资源环境综合承载饱和度评价模型定义为

$$\text{CCF} = 1 - \text{UCCCPS}^{-1} \tag{3-29}$$

CCF 值为 0 时，表明城市群资源环境承载压力度达到平衡，人口数量和社会经济活动规模适中；当 CCF 值为正数时，表明人口与社会经济系统压力大于资源环境承载力，CCF 值越大，压力度越大；相反，当 CCF 值为负数时，表明资源环境承载能力大于人口与社会

经济系统压力，CCF 值越小，压力度越小。

根据资源环境综合承载饱和度模型（公式 3-28）的评价结果，该值越大表示资源环境承载越接近饱和状态，所受人口与社会经济系统的压力度则越大。依据饱和度计算值大小，划分为强载、较强载、饱和、超载和严重超载五个饱和程度。

四、城市群可持续发展状态评价模型

通过对城市群资源环境承载力与其相对的人口与社会经济发展压力综合评价结果的比较，判断城市群是否保持稳定或向健康方向发展，即判断城市群是否可持续发展。基于城市群资源环境承载力，构建可持续发展状态评价模型（Sustainable Development Sate Evaluation，SDSE）。资源环境承载力是相对于人口与社会经济系统压力而存在，通过分析一定时间范围内两者的动态变化情况反映城市群发展态势，以期寻求变化规律来预测未来发展态势，最终将资源环境承载力评价的研究结果落实到调控城市群可持续发展。

某一时间段中，将城市群资源环境承载力与人口和社会经济发展压力归一化处理，模型如下：

$$RECC_{Ri} = \frac{RECC_{Ai} - \min RECC_{Ai}}{\max RECC_{Ai} - \min RECC_{Ai}} \quad （3-30）$$

$$PSEPI_{Ri} = \frac{PSEPI_{Ai} - \min PSEPI_{Ai}}{\max PSEPI_{Ai} - \min PSEPI_{Ai}} \quad （3-31）$$

式中，$RECC_{Ri}$ 为相对承载力；$RECC_{Ai}$ 为绝对承载力；$\max RECC_{Ai}$ 和 $\min RECC_{Ai}$ 则分别为绝对承载力的最大值和最小值；$PSEPI_{Ri}$ 为相对压力；$PSEPI_{Ai}$ 为绝对压力；$\max PSEPI_{Ai}$ 和 $\min PSEPI_{Ai}$ 分别为绝对压力的最大值和最小值。

在二维坐标系中，令资源环境承载力增长率（$\Delta RECC$）和人口与社会经济压力增长率（$\Delta PSEPI$）的夹角为 θ，以此来判断城市群能否可持续发展：

（1）$\theta > 0$ 时，即 $\Delta RECC > \Delta PSEPI$ 时，城市群资源环境承载力增长率大于人口与社会经济发展压力增长率，城市群可持续发展；

（2）$\theta = 0$ 时，即 $\Delta RECC = \Delta PSEPI$ 时，城市群资源环境系统稳定，人口规模与社会经济活动强度适度；

（3）$\theta < 0$ 时，即 $\Delta RECC < \Delta PSEPI$ 时，城市群资源环境承载力增长率小于人口与社会经济发展压力，当这种模式持续时间过长，压力最终远远超过承载力时，城市群系统将崩溃。

第三节　城市群资源环境承载力评价结果分析

在对天山北坡城市群资料收集与实地调研基础上，构建天山北坡城市群资源环境承载力评价指标体系，对资源环境承载力、人口与社会经济发展压力、资源环境承载压力度与饱和度等指数及可持续发展状态进行综合分析评价。

一、天山北坡城市群资源环境承载力评价

运用天山北坡城市群资源环境承载力评价指标体系、评价模型与方法，定量评价2007～

2017 年资源环境承载力综合指数、人口与社会经济发展压力综合指数、承载饱和度指数值，判定城市群可持续发展状态，对天山北坡城市群资源环境承载力作综合评价。

（一）评价指标体系与数据分析

依据天山北坡城市群资源环境承载力评价指标体系并按赋值方法分别确定指数层和指标层的权重系数，如表 3.3 所示。

表 3.3　天山北坡城市群资源环境承载力评价指标体系及指标权重

	指数层	指标层	权重赋值	指标编号
资源环境承载力综合指数	资源禀赋指数 0.28	人均粮食占有量/t	0.09	C_1
		人均水资源量/（m³/人）	0.11	C_2
		年均降水量/mm	0.08	C_3
	环境容量指数 0.10	大气环境容量/万 t	0.10	C_4
	集聚程度指数 0.34	人口密集度	0.09	C_5
		产业集中度	0.13	C_6
		城镇密集度	0.12	C_7
	整合水平指数 0.28	空间相互作用强度系数	0.14	C_8
		人均固定资产投资额/（万元/人）	0.14	C_9
人口与社会经济发展压力综合指数	资源消耗指数 0.37	水资源开发利用率/%	0.06	C_{10}
		地下水开发利用率/%	0.05	C_{11}
		万元 GDP 耗水量/m³	0.09	C_{12}
		人均能源消费量/（吨标准煤/人）	0.08	C_{13}
		万元 GDP 能耗/万吨标准煤	0.09	C_{14}
	环境污染指数 0.16	空气质量达标率/%	0.09	C_{15}
		空气质量指数	0.07	C_{16}
	生态需求指数 0.09	生态用水总量/亿 m³	0.09	C_{17}
	人口与经济发展指数 0.38	人口总数/万人	0.09	C_{18}
		人口自然增长率/‰	0.05	C_{19}
		GDP/亿元	0.09	C_{20}
		GDP 年均增长率/%	0.09	C_{21}
		二、三产业产值比例/%	0.06	C_{22}

（二）原始指标数据计算与变化态势分析

通过对 2007～2017 年天山北坡城市群相关指标数据计算，由表 3.4 可知如下分析结果。

1. 资源环境承载力系统各指标数据变化态势

（1）表征城市群资源禀赋程度的各项指标中，人均粮食占有量（C_1）整体呈现波动增加；生产食物是土地资源主要功能之一，我国人均粮食消费营养安全标准为 400kg/a[34]，表明天山北坡城市群土地资源的粮食作物生产能力波动提升。因年降水情况、地表径流及气候等因素具有随机不稳定性，年际人均水资源量（C_2）与年均降水量（C_3）不具有明显线性特征。对比国际公认的人均水资源使用量标准为 3000m³/人，水资源警戒线为 1760m³/人[35]，可以界定天山北坡城市群人均水资源量均低于国际水资源警戒线，处于重度缺水状态。

（2）以大气环境容量（C_4）作为表征城市群环境容量程度的指标，大气环境系统对外界污染的最大允许承受量或负荷量[28]。自 2016 年起，天山北坡城市群大气环境容量值骤然降低，因为该年度起实施新的《中华人民共和国环境空气质量标准（GB 3095—2012）》，更严格的新标准 PM_{10}、NO_2 两种污染物浓度标准值设定有所降低；2013～2015 年间，大气环境容量值有所提升，说明 2012 年新文件标准出版后，在法规政策因素下大气环境系统整体质量有所提升。而此前 2007～2012 年间，大气环境容量值呈现波动下降趋势，说明该时段内该指标承载能力并不乐观。

（3）表征城市群集聚程度的各项指标中，人口密集度（C_5）和产业集中度（C_6）呈现波动式上升后明显下降趋势，这与城市群总人口数在 2014 年达到峰值后接连下降有明显相关性，影响着各城市之间集聚与辐射的外向功能强度[36]；近年来，撤地设市、撤县（市）设区、乡镇撤并等行政区划调整下，天山北坡城市群内城镇（乡）数量由 213 个增加到 240 个，使得城镇密集度（C_7）增加。

（4）空间相互作用强度系数（C_8）和人均固定资产投资额（C_9）两项指标均呈现逐年增加态势，说明随着城市群整合水平逐年提升，其发育能力与演化阶段正向增强[36]。

表 3.4　2007～2017 年天山北坡城市群资源环境承载力评价体系原始指标数据表

指标	2007 年	2008 年	2009 年	2010 年	2011 年	2012 年	2013 年	2014 年	2015 年	2016 年	2017 年
C_1	0.23	0.27	0.45	0.51	0.43	0.39	0.49	0.48	0.57	0.51	0.51
C_2	1249.22	1537.89	1064.97	1201.23	1396.06	1106.59	1157.92	971.43	1346.47	1578.89	1390.27
C_3	1657.9	923.2	1549.3	1697.3	1519.6	1328.5	1597.8	1280.9	1748.6	1981.8	1258.3
C_4	133.87	109.49	121.45	110.91	112.49	86.33	98.23	110.98	147.20	32.12	30.42
C_5	1543.44	1535.87	1563.89	1545.99	1528.23	1518.97	1534.86	1599.76	1575.44	1343.46	1369.40
C_6	0.06	0.08	0.10	0.20	0.27	0.23	0.32	0.25	0.16	0.11	0.08
C_7	4.91	4.88	4.89	5.10	5.07	5.10	5.25	5.30	5.30	5.30	5.55
C_8	1.11	1.41	1.59	1.97	2.40	2.92	3.32	3.81	3.97	3.82	3.93
C_9	1.24	1.30	1.46	1.75	2.50	3.44	4.53	4.93	6.49	6.33	8.35
C_{10}	1.10	0.86	1.25	1.21	1.00	1.28	1.25	1.54	1.10	0.93	1.08
C_{11}	0.6	0.4	0.7	0.7	0.6	0.8	0.8	1.1	0.9	0.7	0.7
C_{12}	394.15	308.14	323.35	278.00	220.45	198.45	185.81	177.29	175.25	179.26	153.38
C_{13}	8.99	9.63	10.77	11.74	14.45	16.38	16.90	20.50	10.10	10.67	12.57
C_{14}	2.27	1.98	2.31	1.99	2.01	2.02	1.91	2.15	1.05	1.15	1.13
C_{15}	88.25	87.16	88.70	88.18	87.09	87.98	82.57	83.12	75.99	70.99	69.71

续表

指标	2007 年	2008 年	2009 年	2010 年	2011 年	2012 年	2013 年	2014 年	2015 年	2016 年	2017 年
C_{16}	21.17	22.09	21.26	22.81	22.82	23.77	23.74	22.63	24.82	33.22	34.29
C_{17}	3.37	2.30	2.25	1.79	4.41	3.88	2.25	2.30	3.17	3.17	4.73
C_{18}	597.34	607.85	617.84	622.37	626.90	635.16	643.27	650.99	645.88	640.12	598.45
C_{19}	6.13	5.29	5.46	5.28	5.09	3.99	7.33	6.92	3.60	5.71	0.97
C_{20}	2083.55	2602.62	2545.20	3253.82	3995.16	4575.80	5061.93	5521.08	5522.47	5306.60	5898.05
C_{21}	16.26	24.91	-2.21	27.84	22.78	14.53	10.62	9.07	0.03	-3.91	11.15
C_{22}	90.64	91.15	89.81	89.99	90.73	90.73	90.78	91.33	90.82	90.96	92.27

2. 人口与社会经济发展压力系统各指标数据变化态势

（1）表征城市群资源消耗指数中，水资源开发利用率（C_{10}）、地下水开发利用率（C_{11}）同样因年降水情况、地表径流及气候等因素具有随机不稳定性，城市群人类活动对水资源、地下水资源的攫取程度虽未具有明显线性变化特征，但两项指标均明显高于水资源安全界限，尤其地下水开发利用率值高达 0.4～1.1（安全阈值为 0.4）；近年来，新疆节水工作推进力度卓有成效，尤其是自《国务院关于实行最严格水资源管理制度的意见》《新疆节水型社会建设"十三五"规划》接连颁布以来，表征城市群水资源经济效率的万元 GDP 耗水量（C_{12}）指标大幅降低。人均能源消费量（C_{13}）、万元 GDP 能耗（C_{14}）则分别体现了城市群生产与生活对能源的需求程度增大与利用效率提升的双重趋势。

（2）环境污染指数。空气质量达标率（C_{15}）即空气质量好于二级的优良天数占全年监测总天数的比例，体现年际大气环境的总体质量；空气质量指数（C_{16}）反映空气污染程度，它是依据 PM_{10}、$PM_{2.5}$、SO_2、NO_2 四项污染物浓度值的综合表征量。

（3）生态需求指数。用狭义的生态耗水量（C_{17}）概念表征，指为维护生态环境不再恶化并逐渐改善所需要消耗的水资源量，其中涉及生产、生活、生态耗水量的合理分配[37]。同样因年降水情况、地表径流及气候等因素具有随机不稳定性，城市群生态耗水量未具有明显线性变化特征。

（4）人口与经济发展指数。除 GDP（C_{20}）基本呈现逐年增加态势外，其他人口总数（C_{18}）、人口自然增长率（C_{19}）、GDP 年均增长率（C_{21}）、二、三产业产值比例（C_{22}）呈现一定的年际非线性变动态势。

（三）指标处理及计算

对评价指标体系的 22 个指标采用标准差标准化处理法消除指标之间量纲的影响，其中，对"空气质量达标率"C_{15} 这一逆向指标取其相反数进行无量纲化处理。为消除负值，将坐标统一向右平移 3 个单位，得到指标标准化变换值[38]。由各指标标准化值和指标权系数值计算指标体系指数值结果见表 3.5。

表 3.5 天山北坡城市群资源环境承载力评价体系指数值

指标	2007 年	2008 年	2009 年	2010 年	2011 年	2012 年	2013 年	2014 年	2015 年	2016 年	2017 年
C_1	0.091	0.125	0.279	0.330	0.261	0.227	0.313	0.304	0.381	0.330	0.330

指标	2007 年	2008 年	2009 年	2010 年	2011 年	2012 年	2013 年	2014 年	2015 年	2016 年	2017 年
C_2	0.259	0.393	0.174	0.237	0.327	0.193	0.217	0.131	0.304	0.412	0.324
C_3	0.318	0.090	0.284	0.330	0.275	0.215	0.299	0.201	0.346	0.419	0.194
C_4	0.353	0.294	0.323	0.298	0.302	0.239	0.267	0.298	0.385	0.108	0.104
C_5	0.302	0.294	0.324	0.305	0.285	0.275	0.292	0.364	0.337	0.081	0.110
C_6	0.160	0.181	0.201	0.301	0.371	0.331	0.422	0.351	0.261	0.211	0.181
C_7	0.167	0.155	0.159	0.248	0.236	0.248	0.312	0.334	0.334	0.334	0.440
C_8	0.136	0.160	0.175	0.206	0.241	0.284	0.317	0.357	0.370	0.357	0.366
C_9	0.175	0.176	0.183	0.194	0.221	0.255	0.295	0.310	0.367	0.361	0.435
C_{10}	0.248	0.134	0.320	0.301	0.201	0.334	0.320	0.458	0.248	0.167	0.239
C_{11}	0.206	0.106	0.257	0.257	0.206	0.307	0.307	0.457	0.356	0.257	0.257
C_{12}	0.453	0.353	0.371	0.319	0.252	0.227	0.212	0.203	0.200	0.205	0.175
C_{13}	0.172	0.188	0.216	0.240	0.306	0.354	0.367	0.456	0.199	0.213	0.260
C_{14}	0.357	0.302	0.365	0.303	0.307	0.309	0.288	0.334	0.123	0.143	0.139
C_{15}	0.200	0.214	0.195	0.201	0.215	0.204	0.272	0.265	0.354	0.417	0.433
C_{16}	0.341	0.323	0.339	0.309	0.309	0.290	0.291	0.312	0.271	0.437	0.457
C_{17}	0.299	0.200	0.195	0.153	0.395	0.346	0.195	0.200	0.281	0.281	0.425
C_{18}	0.134	0.184	0.231	0.253	0.274	0.313	0.352	0.389	0.364	0.337	0.139
C_{19}	0.325	0.282	0.290	0.281	0.271	0.214	0.387	0.365	0.194	0.303	0.059
C_{20}	0.132	0.165	0.162	0.208	0.256	0.293	0.325	0.355	0.355	0.341	0.379
C_{21}	0.306	0.378	0.152	0.403	0.360	0.292	0.259	0.246	0.171	0.138	0.264
C_{22}	0.243	0.313	0.128	0.153	0.255	0.255	0.262	0.338	0.268	0.287	0.468

根据上表计算的指数值，结合公式（3-17），分别计算 2007~2017 年不同年份资源环境承载力系统和人口与社会经济发展压力系统分指标指数值，结果见表 3.6。将各分指标指数值分别代入公式（3-18）、（3-19）、（3-20）、（3-21），计算天山北坡城市群不同年份的资源环境承载力和人口与社经济发展压力综合评价指数值，结果如表 3.7 所示。

表 3.6 天山北坡城市群资源环境承载力评价指标指数值

年份	资源环境承载力系统				人口与社会经济发展压力系统			
	资源禀赋指数	环境容量指数	集聚程度指数	整合水平指数	资源消耗指数	环境污染指数	生态需求指数	人口与经济发展指数
2007	0.668	0.353	0.630	0.311	1.436	0.542	0.299	1.139
2008	0.607	0.294	0.629	0.337	1.083	0.537	0.200	1.322
2009	0.737	0.323	0.684	0.357	1.527	0.534	0.195	0.963
2010	0.897	0.298	0.854	0.400	1.419	0.510	0.153	1.297
2011	0.863	0.302	0.892	0.462	1.273	0.524	0.395	1.416
2012	0.636	0.239	0.855	0.538	1.531	0.494	0.346	1.368
2013	0.829	0.267	1.026	0.612	1.494	0.562	0.195	1.585

续表

年份	资源环境承载力系统				人口与社会经济发展压力系统			
	资源禀赋指数	环境容量指数	集聚程度指数	整合水平指数	资源消耗指数	环境污染指数	生态需求指数	人口与经济发展指数
2014	0.635	0.298	1.049	0.667	1.908	0.577	0.200	1.693
2015	1.031	0.385	0.932	0.737	1.128	0.625	0.281	1.352
2016	1.160	0.108	0.626	0.718	0.984	0.853	0.281	1.406
2017	0.848	0.104	0.731	0.801	1.069	0.890	0.425	1.308

表 3.7　天山北坡城市群资源环境承载力和人口与社会经济发展压力综合评价指数

综合评价指数	2007年	2008年	2009年	2010年	2011年	2012年	2013年	2014年	2015年	2016年	2017年
自然承载力	0.635	0.495	0.749	1.083	1.008	0.513	0.897	0.544	1.562	1.498	0.797
可获得性承载力	0.86	0.88	0.98	1.27	1.42	1.46	1.89	2.04	1.95	1.28	1.63
资源环境综合承载力	1.50	1.19	1.99	3.87	4.15	2.22	5.95	4.20	10.96	5.41	4.06
人口与社会经济发展压力	1.48	0.83	0.71	1.00	2.70	2.98	2.67	5.55	1.52	1.79	2.66

（四）结果分析

1. 分指标指数值变动情况分析

根据表 3.6 计算结果，绘制 2007～2017 年天山北坡城市群资源环境承载力系统和人口与社会经济发展压力系统下 8 个指数值的动态变化图（图 3.3）。近十年以来，天山北坡城市群资源环境承载力系统中，资源禀赋和集聚程度波动性较大，后期有微幅提升；整合水平增加明显；而环境容量指数受更严格的新国家大气环境质量标准颁布的影响，自 2016 年来有所降低。人口与社会经济发展压力系统中，除资源消耗指数表现为波动降低外，环境污染、生态需求、人口与经济发展 3 项指数皆为在波动中微幅提升趋势。

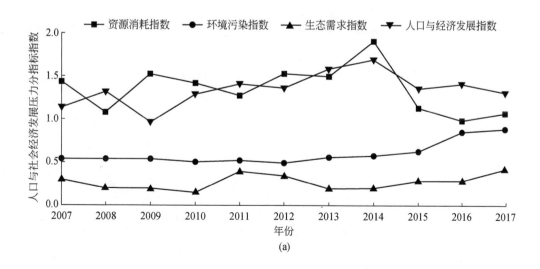

(a)

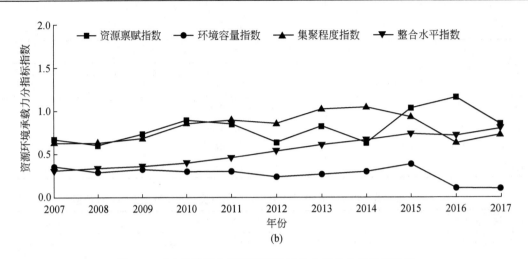

(b)

图 3.3　天山北坡城市群资源环境承载力系统分指标指数值

2. 综合测度指数动态变化情况分析

如图 3.4 所示，各年份自然承载力指数、可获得性承载为指数、资源环境综合承载力指数和人口与社会经济发展压力指数值均呈现波动增加态势。其中，资源环境综合承载力和人口与社会经济发展压力起伏变化幅度较大，而自然承载力和可获得性承载力起伏度较平缓。

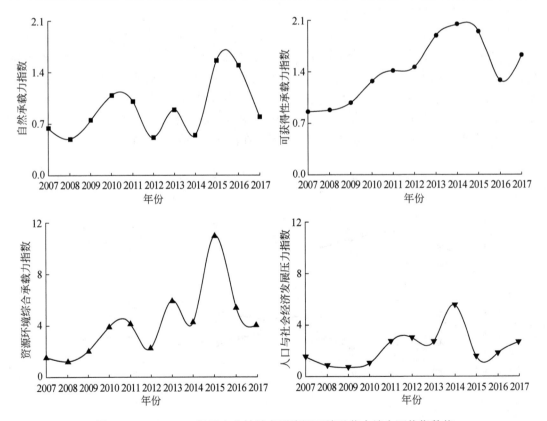

图 3.4　2007～2017 年天山北坡城市群资源环境承载力综合评价指数值

3. 城市群可持续发展状态动态变化分析

根据表 3.7 数据分别计算 2007～2017 年天山北坡城市群资源环境承载力和人口与社会经济发展压力年际变化率，通过比较两者大小判断天山北坡城市群可持续发展状态，结果如表 3.8 所示。根据 θ 的正负情况判断可得，天山北坡城市群除 2009 年、2013 年和 2015 年的可持续发展状态良好外，其余年份资源环境承载力年际变化率均小于人口与社会经济发展压力年际变化率，呈现不可持续发展状态。

表 3.8　天山北坡城市群可持续发展状态评价

综合评价指数	2007 年	2008 年	2009 年	2010 年	2011 年	2012 年	2013 年	2014 年	2015 年	2016 年	2017 年
资源环境承载力指数（RECC）	1.50	1.19	1.99	3.87	4.15	2.22	5.95	4.20	10.96	5.41	4.06
人口与社会经济发展压力指数（PSEPI）	1.48	0.83	0.71	1.00	2.70	2.98	2.67	5.55	1.52	1.79	2.66
θ 角	—	−	+	+	−	−	+	−	+	−	−
可持续发展状态评价	—	不可持续	可持续	不可持续	不可持续	不可持续	可持续	不可持续	可持续	不可持续	不可持续

注：θ 为 RECC 年际增长率与 PSEPI 年际增长率变化曲线的夹角。

二、天山北坡城市群资源环境承载压力度计算结果分析

（一）资源承载压力度

天山北坡城市群资源环境承载力研究界定的资源包括土地资源和水资源两个要素，资源承载压力度主要定量化包含人口压力度和经济规模（GDP）压力度两个方面。首先确定相关的指标标准如表 3.9 所示。依据公式（3-22）计算土地资源和水资源承载压力度，结果见表 3-10 和表 3-11。

表 3.9　天山北坡城市群水土资源开发利用指标标准

指标名称	标准值	标准确定依据
标准人均粮食占有量/kg	400	中国人均粮食消费营养安全标准[34]
标准土地平均 GDP 承载量/（万元/km²）	500	中国城市群科学界定[39]
标准人均水资源占有量/（m³/人）	1760	国际标准人均水资源占有量警戒线[35]
全国万元 GDP 用水量/m³	同期全国水平值	变化趋势与国家水资源管理政策背景统一

表 3.10　2007～2017 年天山北坡城市群土地资源承载压力度

指标名称	2007 年	2008 年	2009 年	2010 年	2011 年	2012 年	2013 年	2014 年	2015 年	2016 年	2017 年
实际粮食产量/万 t	120.3	145.7	243.1	280.8	239.7	219.3	279.6	283.2	330.5	291.8	274.3
理论承载人口/万人	300.8	364.2	607.9	701.9	599.2	548.3	699.0	708.1	826.1	729.6	685.8
实际人口/万人	526.5	535.7	545.3	550.3	555.4	564.1	571.9	578.0	573.3	573.3	529.6
理论承载 GDP/亿元	9689	9689	9674	9674	9674	9674	9674	9674	9674	9674	9674
实际 GDP/亿元	2084	2603	2545	3254	3995	4576	5062	5521	5522	5307	5898

续表

指标名称	2007年	2008年	2009年	2010年	2011年	2012年	2013年	2014年	2015年	2016年	2017年
土地资源人口承载压力度	1.75	1.47	0.90	0.78	0.93	1.03	0.82	0.82	0.69	0.79	0.77
土地资源GDP承载压力度	0.22	0.27	0.26	0.34	0.41	0.47	0.52	0.57	0.57	0.55	0.61
土地资源承载压力度	0.61	0.63	0.49	0.51	0.62	0.70	0.65	0.68	0.63	0.66	0.69

表 3.11 2007～2017 年天山北坡城市群水资源承载压力度

指标名称	2007年	2008年	2009年	2010年	2011年	2012年	2013年	2014年	2015年	2016年	2017年
实际水资源总量/亿m³	73.7	92.1	64.8	73.7	86.2	69.3	73.4	62.3	85.7	99.6	81.9
理论承载人口/万人	418.8	523.3	368.4	418.6	490.0	393.7	417.2	354.2	487.0	565.8	465.1
实际人口/万人	590.1	598.9	608.8	613.3	617.8	626.1	634.2	641.7	636.6	630.7	588.8
理论GDP/亿元	3772	4284	4740	6107	6936	7838	8867	10123	10683	11393	12056
实际GDP/亿元	2061	2572	2505	3203	3927	4481	4957	5404	5399	5163	5743
水资源人口承载压力度	1.41	1.14	1.65	1.47	1.26	1.59	1.52	1.81	1.31	1.11	1.27
水资源GDP承载压力度	0.55	0.60	0.53	0.52	0.57	0.57	0.56	0.53	0.51	0.45	0.48
水资源承载压力度	0.88	0.83	0.93	0.88	0.84	0.95	0.92	0.98	0.81	0.71	0.78

注：表 3.10 与表 3.11 中，天山北坡城市群实际人口与 GDP 规模有数值差异缘于兵团城市五家渠市，因在《新疆统计年鉴》等统计资料中，土地资源承载压力度计算有五家渠市相关统计指标，故将其纳入在内；而水资源承载压力度计算未有五家渠市相关统计指标，故不包含该市。

（二）环境承载压力度

以能完整获取并计算到统计数据的大气环境承载压力度表征环境承载压力度，主要测量大气环境与人类和工业排放密切相关的大气污染物可吸入颗粒物（PM_{10}）、二氧化硫（SO_2）、二氧化氮（NO_2）、细颗粒物（$PM_{2.5}$）的承载压力状况。其中，二氧化硫承载压力度主要采用公式（3-24），将各年份的 SO_2 实际浓度值与《环境空气质量》（GB3095—1996）、（GB3095—2012）新旧两个二级标准值进行对比计算，结果如表 3.12 所示。

表 3.12 2007～2017 年天山北坡城市群大气环境承载压力度

指标名称	2007年	2008年	2009年	2010年	2011年	2012年	2013年	2014年	2015年	2016年	2017年
PM_{10}二级标准浓度/（μg/m³）	100	100	100	100	100	100	100	100	100	70	70
PM_{10}实际平均浓度/（μg/m³）	91.38	95.75	90.25	95.13	93.63	106	110.13	108.75	102.25	99	103.38
SO_2二级标准浓度/（μg/m³）	60	60	60	60	60	60	60	60	60	60	60
SO_2实际平均浓度/（μg/m³）	23.25	27.75	25.25	30.13	31.00	28.13	19.13	15.00	12.13	12.13	11.88
NO_2二级标准浓度/（μg/m³）	80	80	80	80	80	80	80	80	80	40	40
NO_2实际平均浓度/（μg/m³）	19.25	19.13	18.25	23.5	23.5	26.88	35.25	31.38	26	27.25	30.625
$PM_{2.5}$二级标准浓度/（μg/m³）	—	—	—	—	—	—	—	—	35	35	35
$PM_{2.5}$实际平均浓度/（μg/m³）	—	—	—	—	—	—	—	—	51.5	59.13	59.25
大气资源承载压力度	0.64	0.66	0.64	0.69	0.69	0.71	0.71	0.68	0.75	1.00	1.03

注：天山北坡城市群大气污染物 $PM_{2.5}$ 浓度监测数据始于 2015 年，计算过程中，缺失年份 2007～2014 年 $PM_{2.5}$ 单要素压力度以 1 值表征。

（三）资源环境综合承载压力度

资源环境综合承载压力度，即为资源环境各要素承载压力度指数的加权求和。结合本小节前述内容分析，天山北坡城市群发展的主要约束因子是水资源，其次是大气环境、土地资源。因此按照这一实际情况，并结合专家咨询意见，确定这三个要素权系数分别为0.50、0.30、0.20。将各因子的权重与上述计算所得的土地资源承载压力度、水资源承载压力度、大气环境承载压力度指数分别代入公式（3-26），计算2007～2017年间天山北坡城市群资源环境综合承载压力度，并根据公式（3-27）计算天山北坡城市群资源环境综合承载饱和度，结果如表3.13所示。

表3.13　2007～2017年天山北坡城市群综合承载压力度和饱和度

指标名称	2007年	2008年	2009年	2010年	2011年	2012年	2013年	2014年	2015年	2016年	2017年
土地资源承载压力度	0.61	0.63	0.49	0.51	0.62	0.70	0.65	0.68	0.63	0.66	0.69
水资源承载压力度	0.88	0.83	0.93	0.88	0.84	0.95	0.92	0.98	0.81	0.71	0.78
大气环境承载压力度	0.64	0.66	0.64	0.69	0.69	0.71	0.71	0.68	0.75	1.00	1.03
资源环境综合承载压力度	0.75	0.74	0.76	0.75	0.75	0.83	0.80	0.83	0.76	0.79	0.84
资源环境综合承载饱和度	-0.33	-0.35	-0.32	-0.34	-0.33	-0.21	-0.25	-0.20	-0.32	-0.27	-0.19

根据表3.13中数据绘制天山北坡城市群资源环境承载压力度动态变化曲线图（图3.5），分析可知，近十年以来，天山北坡城市群土地资源、大气环境和资源环境综合承载压力度均波动变化中有所增加，其中大气环境骤然大幅增加与新颁布更严格浓度标准值的政策文件有关；水资源承载压力度自2015年起有明显降低趋势，缘于近三年来天山北坡城市群人口总量的减少。

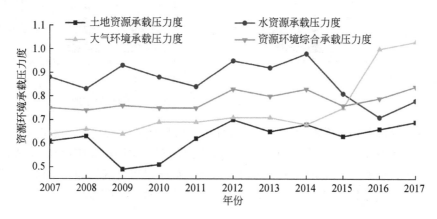

图3.5　天山北坡城市群资源环境承载压力度动态变化示意图

（四）天山北坡城市群资源环境承载力综合评价

根据上述综合测度结果，从资源环境承载力和人口与社会经济发展压力综合测度指数、资源环境承载饱和度、可持续发展状态三个方面，建立相应评价等级标准（表 3.14），对 2007～2017 年天山北坡城市群资源环境承载力进行综合评价，结果如图 3.6。

表 3.14　城市群资源环境承载状态综合评价等级划分

指标名称	标准/等级划分				
承载力指数	0≤REC<1	1≤REC<5	5≤REC<10	10≤REC<100	100≤REC
（REC）	弱承载	低承载	中等承载	高承载	强承载
压力指数	0≤PSE<0.05	0.05≤PSE<0.1	0.1≤PSE<0.15	0.15≤PSE<0.2	0.2≤PSE
（PSE）	弱压	低压	中压	高压	强压
承载饱和度	CCF<-1	-1≤CCF<0	CCF=0	0<CCF≤0.5	0.5<CCF≤1
（CCF）	强载	较强载	饱和	超载	严重超载
可持续发展状态	$\theta<0$		$\theta=0$		$\theta>0$
（SDSE）	不可持续		适度持续		可持续

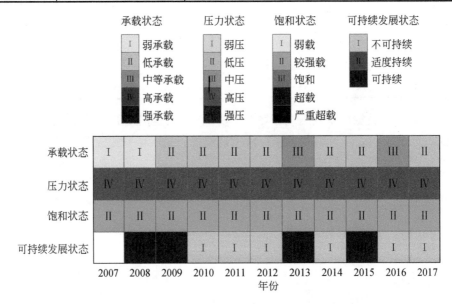

图 3.6　天山北坡城市群资源环境承载压力综合评价结果

由图 3.6 分析可知，天山北坡城市群大体为资源环境低承载状态，2007～2017 年间仅 2013 年和 2015 年为中等承载水平；人口与社会经济对资源环境均施加高压力状态；承载饱和状态均为较强承载；天山北坡城市群发展状态处于"可持续"与"不可持续"交替动态变化中，应尽快采取使其向稳定可持续状态方向转变的促进措施。

第四节　城市群资源环境承载力综合核算

由前述可知，城市群资源环境承载力是人类可持续发展资源环境门槛的阈值表达，可视为资源保障和环境容量的函数，也可视为人类生存和生活方式、类型、结构、效率等的函数[40]，是深化可持续性发展度量和调控的核心途径[41]。我国正经历着政府决策逐渐更科学化的转型过程，区域战略、空间管治、国土规划等成为调控人类影响自然环境的重要政策途径。天山北坡城市群可持续城镇化发展需要资源环境值作为保障，也是其发展的刚性约束。但目前该区域最大能够承载多少数量的人口发展规模、多少体量的社会经济发展规模，区域资源环境承载力"短板"限制影响程度为多大，这一区域资源环境承载力的科学定量核算预测尚未可知。本节根据天山北坡城市群资源环境承载力的历史、现状与未来趋势综合核算预测人口和经济规模的发展预景，优化调控存量资源环境，促进资源环境供给侧结构性改革[42]，落实国家"人口资源环境相均衡、经济社会生态效益相统一"的国土空间开发与利用原则，推动天山北坡城市群生态文明和美丽城市群建设。

一、城市群资源环境承载力综合核算预测的技术思路

城市群资源环境承载力大小受资源禀赋、开发利用水平、价值观念等因素动态非线性变化。从经济学成本效益视角考量，处于开放系统下的资源环境要素流动受各要素总量限制，自然层面的生物物理承载力始终高于人类社会因素下的获得性承载力[43]。资源环境承载力测评有两种视角，其一应用普遍的"短板"理论，核心思想是将一只木桶能装载水量取决于桶壁的最短木板原理引至资源环境承载力测评研究中，水量则代表城市群经济社会规模，木板则代表决定经济社会规模量的诸多自然承载力和获得性承载力要素，即承载力大小取决于稀缺资源环境要素的保障力度；其二综合补偿理论，依据自然资源环境短板要素与人类社会属性的获得性承载力要素的集成效应来综合测评承载力大小[44]。上述两种理论有共通之处，资源环境短板要素承载力与其它获得性承载力要素息息相关，例如人均水资源量为某一区域发展的短板因素，人均水资源量的增减既与区域水资源量、降水量等自然禀赋因素有关，也深受当地用水习惯、节水治水技术与观念等因素的集成影响。应用"短板"理论和综合补偿理论，核算预测期土地资源要素、水资源要素和大气环境要素所对应的资源承载力和环境承载力大小，最终得出天山北坡城市群资源环境承载力的综合核算结果。

二、城市群资源环境承载力综合核算预测方法

（一）土地资源承载力核算预测

土地资源是人类生存和社会发展的最基础要素[45]。土地资源承载力，指在特定地理区域可预见的技术、经济和社会诸因素下，土地资源所能持续供养的、具有相当生活水准的人口数量和持续的经济产出效益能力[27]，即土地资源的人口承载力和经济承载力。

（1）土地资源人口承载力，指在一定粮食消费水平下区域粮食生产力所能供养的人口规模。中国仍处于低水平的人粮平衡状态，一旦粮食产量供给不足，人多粮缺会导致承载力降低[46]；加之城市化和工业化导致耕地萎缩、农业劳动力流失，粮食安全成为可持续发展关注的重要命题之一[47]。土地资源人口承载力计算公式为

$$LCC_P = G/G_{pc} \tag{3-32}$$

式中，LCC_P 为土地资源人口承载规模；G 为城市群粮食总产量；G_{pc} 为人均粮食消费标准，

此处按中国结合联合国粮农组织人均营养热值标准设定的人均粮食消费 400kg 作为营养安全标准。

（2）土地资源经济承载力，指区域土地面积产出的经济效益。以 2017 年城市群单位土地经济产出效益为基准，参考其近十年平均增长率设定预测期增长率，计算天山北坡城市群单位土地经济产出值。土地资源经济承载力公式为

$$LCC_G = S \times GDP_i \tag{3-33}$$

式中，LCC_G 为土地资源经济承载规模；S 为城市群土地面积；GDP_i 为单位土地经济产出效益值。

（二）水资源承载力核算预测

水资源具有基础性自然资源和战略性经济资源双重属性[48]。水资源承载力，指在可持续发展原则、技术水平和生活、生产、生态福利标准下，水资源可供水量所能支撑的最大人口规模和经济规模[49]。如图 3.7 所示，在供水能力相对稳定的情况下，水资源承载力大小取决于全社会用水结构和用水效率，水资源管控不善通常是水资源承载力低下的重要原因[50]。《新疆用水总量控制方案》思路为：以水资源承载能力为约束，以节水型社会建设为抓手，以强化生态环境保护为重点，以控制农业用水量为核心，将国家下达新疆用水总量控制指标落实到各州（市、地）、兵团师及县（市）和兵团团场，落实到供水水源，落实到年度计划，落实到水资源管理政策要求与保障措施。鉴于此思路，结合新疆最严格水资源管理制度，将天山北坡城市群水资源承载力核算预测研究步骤分解如下。

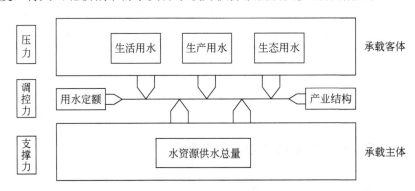

图 3.7　水资源承载力系统示意图

第一步：计算天山北坡城市群水资源供水总量，即地表水供水量（蓄水量、引水量及提调水量总和）、地下水利用量、中水利用量的总和。

第二步：按照城市群产业用水结构现状，分别计算预测期生活、生产、生态用水量。2015 年，天山北坡城市群生产、生活、生态用水结构比为 93.2：3.5：3.4，其中第一产业用水占生产用水量的 92.2%。在保证生态用水量逐年适度增加的情景下，控制农业生产用水，是控制城市群经济社会用水总量、提高水资源承载力的关键所在。

第三步：遵循《国务院关于实行最严格水资源管理制度的意见》《新疆实行最严格水资源管理制度实施方案》《新疆节水型社会建设"十三五"规划》等水生态文明建设系列决策

的用水指导思想和下达指标，设定天山北坡城市群水资源承载力计算的相关指标。在生活用水方面，在 2015 年居民生活用水定额为 141L/人·日基准上，落实生活节水控制系数，设定 2020 年、2030 年居民生活用水定额分别为 130L/人·日、120L/人·日。在生产用水方面，2015 年单位 GDP 用水量为 158m³/万元，落实生产节水控制系数，2020 年、2030 年生产用水定额分别为 106m³/万元、90m³/万元。

第四步：按预测年生活用水定额标准和生产用水定额标准，以可支撑最大人口规模和最大经济规模为目标函数，分别计算天山北坡城市群水资源人口承载规模和经济承载规模[①]，计算公式参见式（3-34）和式（3-35）：

$$城市群水资源可承载人口规模=可供生活用水量/预测期居民生活用水定额 \quad （3-34）$$

$$城市群水资源可承载经济规模=可供生产用水量/预测期 GDP 用水定额 \quad （3-35）$$

（三）环境承载力核算预测

环境承载力，指在一定生活水平和环境质量要求下，在不超出环境系统弹性限度条件下所能承纳的污染物数量以及相应可支撑的人口数量与经济规模，一般主要研究大气环境和水环境承载力[51]。根据研究期天山北坡城市群可量测的环境污染物来源特征，选用主要大气污染物二氧化硫（SO_2）指标测评天山北坡城市群环境承载力。

第一步：分析预测年 SO_2 控制排放总量。近三年以来，天山北坡城市群各城市 SO_2 年日均浓度均低于 $20\mu g/m^3$，达到《环境空气质量标准（GB3095—2012）》所规定的二级标准（$60\mu g/m^3$）。参考《新疆打赢蓝天保卫战三年行动计划（2018—2020 年）》之规定，设定 2020 年、2030 年 SO_2 年天山北坡城市群日均浓度标准分别为 $11.3\mu g/m^3$、$9.3\mu g/m^3$。

第二步：按《新疆环境统计年报 2015》天山北坡城市群生活 SO_2 排放量和工业 SO_2 排放量，设 2020 年、2030 年生活 SO_2 排放系数和工业 SO_2 排放系数分别为 0.0050t/人、0.0103t/万元和 0.0039t/人、0.0050t/万元。参考相关规划资料，设 2020 年、2030 天山北坡城市群工业产值占地区生产总值比例为 0.325、0.275。

第三步：依据预测期大气环境中生活 SO_2、工业 SO_2 控制排放总量和生活 SO_2、工业 SO_2 排放系数，计算天山北坡城市群大气环境可承载的人口规模和经济规模，见公式（3-36）和式（3-37）：

$$大气环境承载人口规模=生活 SO_2 控制排放总量/生活 SO_2 排放系数 \quad （3-36）$$

$$大气环境承载经济规模=工业 SO_2 控制排放总量/工业 SO_2 排放系数/工业产值比重$$
$$（3-37）$$

三、城市群资源环境承载力核算预测结果

根据"短板"理论，城市群资源环境综合承载力大小取决于其限制性"短板"因素。综合上述核算预测思路与方法步骤，依次计算预测期土地资源、水资源、大气环境各单要素所承载的人口规模和经济规模，取其最小值即确定为天山北坡城市群资源环境承载力。

---

① 由于天山北坡城市群相关统计资料未含兵团城市五家渠市水资源数值，本节水资源承载力先以除去五家渠市外的 16 县市计算，最终计算结果乘以五家渠市人口系数 $\alpha=1.015$ 和经济系数 $\beta=1.023$，得到完整天山北坡城市群水资源承载力结果。

（一）城市群资源环境单要素承载力核算预测结果

1. 土地资源承载力核算预测结果

近十年以来，天山北坡城市群年粮食产量以平均 1.09 倍增长为参考依据，预测 2020 年、2030 年粮食产量将达到 4838 千 t、13714 千 t，依据公式（3-31），可求得土地资源人口承载规模分别为 1209 万人、3428 万人；近十年来，天山北坡城市群年单位土地经济产出值以 1.11 倍增长为参考依据，预测 2020 年、2030 年单位土地经济产出值将达到 527 万元/km²、1875 万元/km²，依据公式（3-33），可求得土地资源经济承载规模分别为 10213 亿元、36286 亿元。

2. 水资源承载力核算预测结果

根据《新疆水资源公报》，2015 年天山北坡城市群供（用）水总量为 94.64 亿 m³。参考《天山北坡城市群发展规划（2017—2030）》提高水资源调配能力的水利重点工程建设，预测期分三种供水情景：①以现状年供水量为预测年供水量值：即设为 94.64 亿 m³。②跨流域调水量：推进 500 水库东延工程和头屯河"高水高用"供水工程，至 2020 年实现年调水量 5.2 亿 m³；推进落实引额济克、济吐等工程及玛纳斯河调水工程和水库建设，至 2030 年预实现年调水量 8 亿 m³。③非常规水源量：主要是推进社会节水治水工程以增加中水利用量，至 2020 年实现年中水利用量 1.2 亿 m³，至 2030 年实现年中水利用量 2 亿 m³。在用水结构方面，参考《天山北坡城市群发展规划（2017—2030）》和新疆水生态文明建设系列决策下达的用水指标，设定 2020 年和 2030 年生产、生活、生态用水结构比分别调整为 91：4.5：4.5 和 88：6：6。依据公式（3-34）和（3-35）计算可得如下结果。

（1）在现状水平供水量情景下，预测 2020 年、2030 年水资源人口承载规模分别为 918 万人、1320 万人；水资源经济承载规模分别为 8299 亿元、9457 亿元。

（2）在现状水平和区域调水的供水量情景下，预测 2020 年、2030 年水资源人口承载规模分别为 961 万人、1437 万人；水资源经济承载规模分别为 8763 亿元、10252 亿元。

（3）在现状水平、区域调水和节水治水的供水量情景下，预测 2020 年、2030 年水资源人口承载规模分别为 982 万人、1459 万人；水资源经济承载规模分别为 9882 亿元、10457 亿元。

3. 大气环境承载力核算预测结果

按公式（3-1），将预测期天山北坡城市群大气环境 SO_2 极限容载量作为 SO_2 控制排放总量值。计算可得，2020 年、2030 年天山北坡城市群 SO_2 容载量为 85.1 万 t、88.6 万 t；生活 SO_2 控制排放量为 9.1 万 t、9.5 万 t；工业 SO_2 控制排放量为 76.0 万 t、79.1 万 t。依据公式（3-36）和（3-37），预测 2020 年、2030 年大气环境人口承载规模分别为 1820 万人、2436 万人；大气环境经济承载规模分别为 22584 亿元、57233 亿元。

（二）城市群资源环境承载力综合核算预测结果

1. 天山北坡城市群资源环境最小承载力核算预测结果

综合上述天山北坡城市群土地资源、水资源、大气环境各单要素所承载人口规模和经济规模值，见图 3.8 和图 3.9。天山北坡城市群土地资源、水资源、大气环境各单要素所承载的

最小人口规模和经济规模值,即为天山北坡城市群资源环境承载力的综合核算结果(表3.15),用公式表示如下:

城市群资源环境综合承载人口规模=Min{土地资源可承载人口规模,水资源可承载

人口规模,大气环境可承载经济规模}　　　　(3-38)

城市群资源环境综合承载经济规模=Min{土地资源可承载经济规模,水资源可承载

经济规模,大气环境可承载经济规模}　　　　(3-39)

由资源环境综合承载力计算结果可得出定论:水资源为天山北坡城市群经济社会发展的"短板"限制性要素,水资源承载力决定了资源环境综合承载力大小。研究得出如下结论。

表 3.15　天山北坡城市群资源环境承载力综合核算预测结果表

承载力类别	情景设置	年份	人口承载规模/万人	经济承载规模/亿元
土地资源承载力		2020	1209	10213
		2030	3428	36286
水资源承载力	现状水平供水量情景	2020	918	8299
		2030	1320	9457
	现状水平和区域调水供水量情景	2020	961	8763
		2030	1437	10252
	现状水平、区域调水和节水的供水量情景	2020	982	9882
		2030	1459	10457
环境承载力		2020	1820	22584
		2030	2436	57233
资源环境承载力(最小值)		2020	918	8299
		2030	1320	9457
资源环境承载力(平均值)		2020	1180	11950
		2030	2020	24740

2020 年天山北坡城市群资源环境人口承载最小规模为 918 万人,经济承载最小规模为 8299 亿元;

2030 年天山北坡城市群资源环境人口承载最小规模为 1320 万人,经济承载最小规模为 9457 亿元。

2. 天山北坡城市群资源环境平均承载力核算预测结果

将天山北坡城市群土地资源承载力、水资源多情景承载力和环境承载力采用几何平均法核算,可得出天山北坡城市群资源环境平均承载力。

2020 年天山北坡城市群资源环境人口承载规模平均为 1180 万人,经济承载规模平均为 11950 亿元;

2030 年天山北坡城市群资源环境人口承载规模平均为 2020 万人,经济承载规模平均为 24740 亿元。

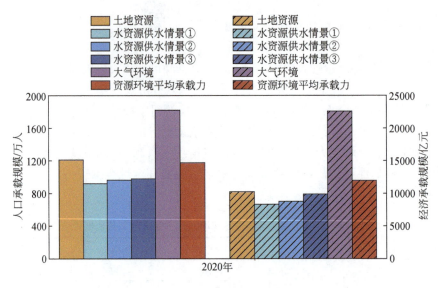

图 3.8   2020 年天山北坡城市群资源环境承载力综合核算结果

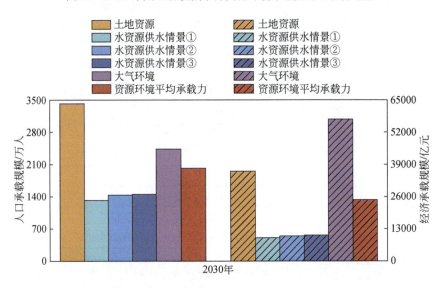

图 3.9   2030 年天山北坡城市群资源环境承载力综合核算结果

此外，对照《天山北坡城市群发展规划（2017—2030）》的经济社会发展预测指标，2020年城市群常住人口将达到 1100 万人（户籍人口 850 万人），地区生产总值将达到 8000 亿元；2030 年城市群常住人口将达到 1200 万人（户籍人口 900 万人），地区生产总值将达到 16500亿元。说明天山北坡城市群发展规划中确定的目标是可行的，没有超出其资源环境承载力。

特别指出的是，本书由于仅能获取到各地、州、市、县行政单元的经济社会统计数据，无法获取新疆生产建设兵团数据，因此，天山北坡城市群资源环境承载力研究范围不包含新疆生产建设兵团第六师 19 个团场、第七师 11 个团场、第八师 14 个团场、第十一师各建筑公司、第十二师 7 个团场，共计约 20000km^2 土地面积、近 200 万人口。如果加上兵团面积和人口，天山北坡城市群资源环境承载力将发生微小变化，但不会影响总体变动趋势与方向。

第五节　城市群资源环境承载力评测系统

天山北坡城市群资源环境承载力评测系统是在城市群统计数据的基础上，将天山北坡城市群作为研究单元，基于 GIS 空间分析平台，综合管理 2007～2017 年天山北坡城市群城镇发展、土地变化、人口变化、生态价值等要素，对具体指标作以解释与量化辨识而后建立系统的评价体系，对土地资源、水资源和大气环境的承载力指数、压力指数、饱和度指数及可持续发展状态进行综合评价，分别计算预测天山北坡城市群土地资源、水资源、大气环境各单要素可承载人口规模和经济规模值，确定天山北坡城市群资源环境承载力的综合评测结果，为城市群健康发展综合评估提供科学依据。该系统于 2019 年 8 月获得国家计算机软件著作权登记证书（证书号为 2019SR0857041）。系统由 4 个子系统构成，即城市群资源环境承载力评价、城市群资源环境承载力综合评测、用户管理模块和帮助模块。

一、系统运行界面及模块构成

在系统启动时，首先显示登录界面，如图 3.10 所示，提示用户输入登录用户名，点击"登录"，系统将启动并运行所选择的相应模块供用户使用。

图 3.10　系统登录主界面

为了方便用户操作，系统主界面采用 Office 2013 界面模式，主窗口按功能共分为 5 个功能区：菜单栏区、工具条区、数据显示区、数据分析区以及状态栏，具体界面如图 3.11 所示。

菜单栏区包括城市群资源环境承载力评价、城市群资源环境承载力综合评测、用户管理模块、帮助模块等 4 个主菜单模块。每个主菜单下面都有二、三级菜单。

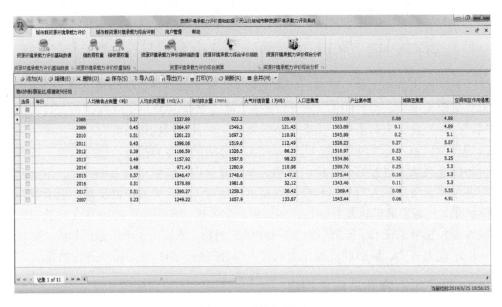

图 3.11　系统主界面

二、城市群资源环境承载力评价流程

点击城市群资源环境承载力评价菜单，系统会显示功能菜单的二级菜单。基础功能菜单主要包括资源环境承载力基础数据、资源环境承载力权重指标、资源环境承载力评价综合测算、资源环境承载力评价综合分析等 4 个二级菜单，如图 3.12 所示。

图 3.12　城市群资源环境承载力评价菜单

（一）资源环境承载力基础数据

资源环境承载力基础数据功能用于管理资源环境承载力分析的基础数据。点击菜单下的"基础数据"按钮，系统会自动跳出管理界面，如图 3.13。当用户关闭基础数据管理窗口后，若想再次显示该窗口，可再次点击菜单下的按钮即可。

基础数据管理界面按功能共分为 4 个功能区：工具条区、数据显示区、数据控制区以及数据状态栏。

（1）工具条区主要包括添加、编辑、删除、保持、导入、导出、打印、刷新、合并等功能。

添加：鼠标左键点击"添加"按钮，系统弹出新增数据界面，如图 3.14 所示。输入新的指标数据，点击"新增"即可。点击"取消"按钮则关闭该界面。

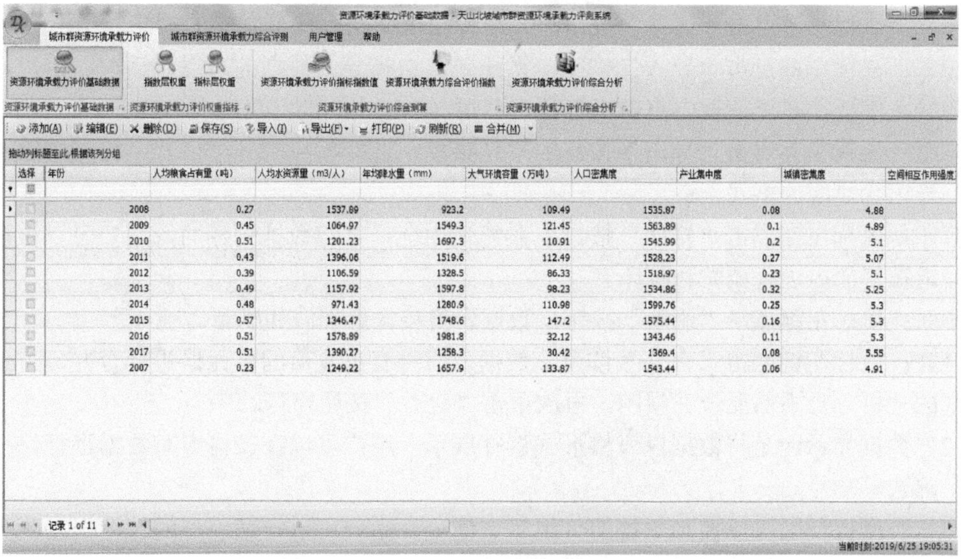

图 3.13　资源环境承载力基础数据管理界面

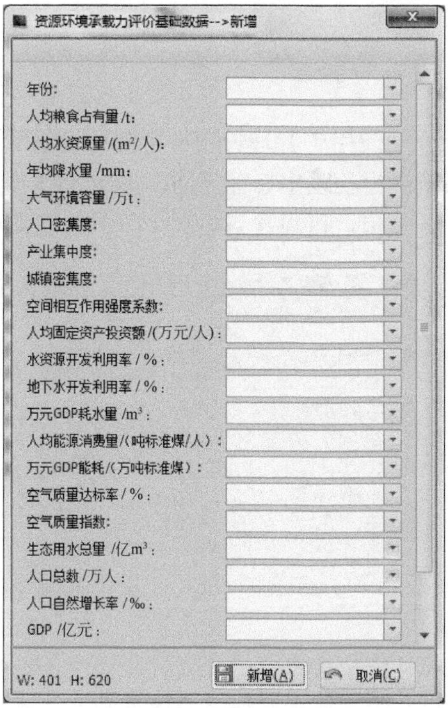

图 3.14　添加数据界面

编辑：鼠标左键点击"编辑"按钮，系统弹出编辑数据界面。更新数据，点击"保存"即可。点击"取消"按钮则关闭该界面。

删除：鼠标左键点击"删除"按钮，系统弹出确认删除的对话框。点击"是"按钮，确认删除；点击"否"按钮，则关闭该界面。

保存：鼠标左键点击"保存"按钮，系统弹出确认执行保存结果的消息对话框。

导入：鼠标左键点击"导入"按钮，系统弹出选择导入数据的消息对话框，用户选择相应的导入模板，在对话框中点击"打开"即可。

导出：鼠标左键点击"导出"按钮的下拉菜单，选择相应的导出格式，将数据表格中的数据导出为对应的格式。

打印：鼠标左键点击"打印"按钮，系统弹出选择打印数据的界面，用户可以根据相应的需求在界面内进行调整和打印。

刷新：鼠标左键点击"刷新"按钮，数据表格将重新加载和刷新。

合并：鼠标左键点击"合并"按钮，数据表格将有重复值的单元格进行合并，方便用户直观的分析。当不需要合并视图，再次单击"合并"按钮即可。

（2）数据显示区是将数据以表格形式进行展示，用户可以在表格中对数据进行修改、排序、筛选等功能。

（3）数据控制区可以控制数据的分组筛选情况，用户可以把某一列的标题拖动到数据控制区，数据显示区的数据可自动按照该列进行分组展示。

（4）数据状态栏是显示数据的记录条数，用户可以对数据集进行一定的操作，包括上一条记录、下一条记录、第一条记录、最后一条记录、上一页、下一页等功能。

（二）资源环境承载力权重指标

资源环境承载力权重指标功能用于管理城市群资源环境承载力的权重指标。点击菜单下的"权重指标"按钮，系统会自动跳出管理界面，如图 3.15 所示。当用户关闭权重指标管理窗口后，若想再次显示该窗口，可再次点击菜单下的按钮即可。

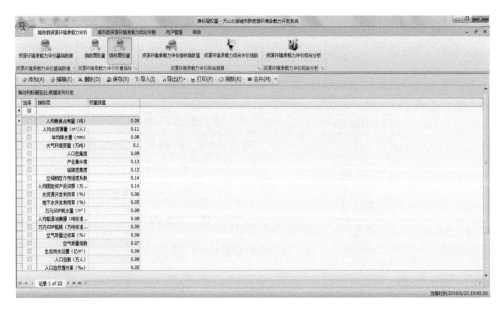

图 3.15　资源环境承载力权重指标管理界面

资源环境承载力权重指标管理界面按功能共分为 4 个功能区：工具条区、数据显示区、数据控制区以及数据状态栏。

（1）工具条区主要包括添加、编辑、删除、保持、导入、导出、打印、刷新、合并等功能，参考指标菜单中的工具条功能。

（2）数据显示区、数据控制区、数据状态栏的功能说明请参考指标菜单中对应的功能说明。

（三）资源环境承载力评价综合测算

资源环境承载力评价综合测算功能用于管理城市群资源环境承载力评价的综合测算。点击菜单下的"综合测算"按钮，系统会自动跳出管理界面，如图3.16、图3.17所示。当用户关闭管理窗口后，若想再次显示该窗口，可再次点击菜单下的按钮即可。

资源环境承载力评价综合测算界面按功能共分为4个功能区：工具条区、数据显示区、数据控制区以及数据状态栏。

（1）工具条区主要包括添加、编辑、删除、保持、导入、导出、打印、刷新、合并等功能，请参考指标菜单中的工具条功能。

（2）数据显示区、数据控制区、数据状态栏的功能说明请参考指标菜单中对应的功能说明。

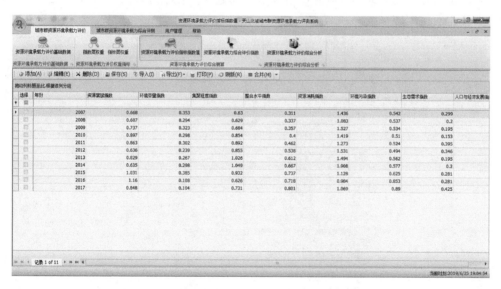

图 3.16　资源环境承载力评价综合测算管理界面

（四）资源环境承载力评价综合分析

资源环境承载力评价综合分析功能用于分析城市群资源环境承载力评价的综合测算结果。点击菜单下的"综合分析"按钮，系统会自动跳出管理界面，如图3.18所示，用户可以选择需要分析的指标，点击"查询"按钮即可。用户可根据实际需要，选择是否分析所有数据。当用户关闭管理窗口后，若想再次显示该窗口，可再次点击菜单下的按钮即可。点击"分析"按钮后，系统自动分析各年份自然承载力指数、承载力潜力指数、资源环境

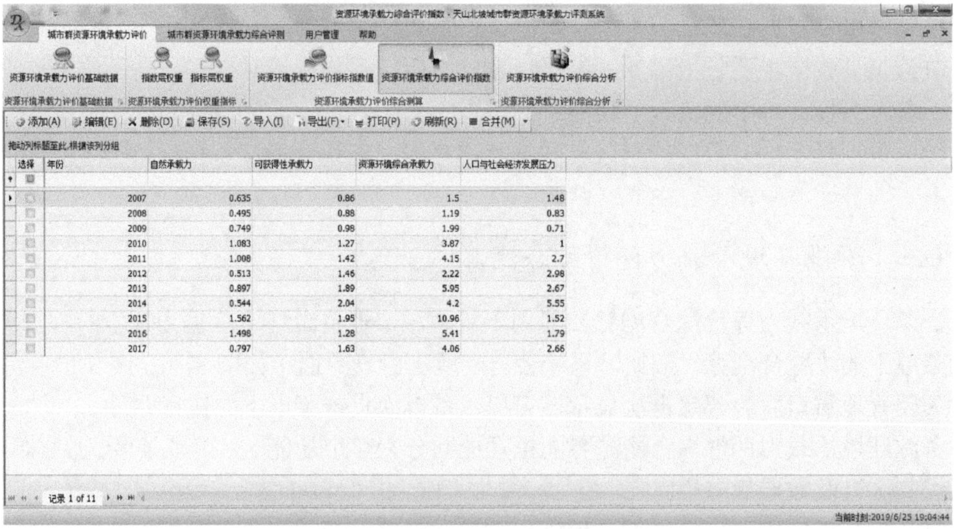

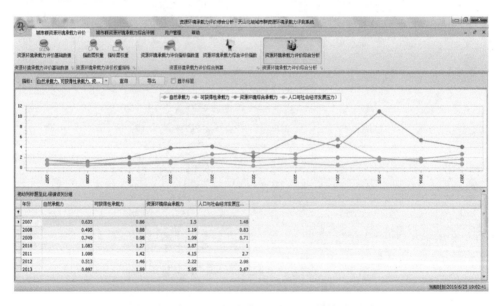

图 3.17　资源环境承载力评价指数值界面

综合承载力指数和人口与社会经济发展压力指数值，各类指数均呈现波动增加态势。其中，资源环境综合承载力和人口与社会经济发展压力起伏变化幅度较大，而自然承载力和可获得性承载力起伏度较平缓。

图 3.18　资源环境承载力评价综合测算管理界面

分析界面按功能共分为 3 个功能区：工具条区、图表显示区以及数据显示区。

（1）工具条区主要包括指标、查询、导出、显示标签等功能。

指标：鼠标左键点击指标旁的下拉框，选择相应的指标作为查询的数据。

查询：鼠标左键点击"查询"按钮，进行查询。

导出：鼠标左键点击"导出"按钮，选择相应的导出格式，将数据表格中的数据和图表导出为对应的格式。

显示标签：鼠标左键点击勾选显示标签按钮。如果选中，则图表区中的数据将显示标签；如果不选中，则图表区中的数据将不显示标签。

（2）图表显示区是按照年份、指标的不同，将数据以图表的形式进行可视化展示。

（3）数据显示区是将数据以表格形式进行展示，用户可以在表格中对数据进行修改、排序、筛选等。

三、城市群资源环境承载力综合评测流程

点击城市群资源环境承载力综合评测菜单，系统会显示功能菜单的二级菜单。基础功能菜单主要包括可持续发展状态评价、资源承载压力分析、资源环境承载力评测的二级菜单。

（一）可持续发展状态评价

可持续发展状态评价功能用于管理城市群的可持续发展状态。点击菜单下的"可持续发展状态评价""水土资源开发利用指标标准"按钮，系统会自动跳出管理界面，如图 3.19 所示。当用户关闭基础数据管理窗口后，若想再次显示该窗口，可再次点击菜单下的按钮即可。

可持续发展状态评价管理界面按功能共分为 4 个功能区：工具条区、数据显示区、数据控制区以及数据状态栏。

（1）工具条区主要包括添加、编辑、删除、保持、导入、导出、打印、刷新、合并等功能，请参考指标菜单中的工具条功能。

（2）数据显示区、数据控制区、数据状态栏的功能说明请参考指标菜单中对应的功能说明。

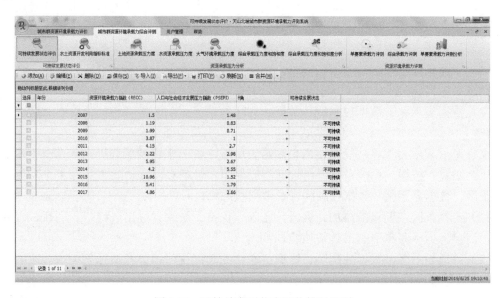

图 3.19　可持续发展状态评价管理界面

（二）资源承载压力分析

资源承载压力分析功能用于分析资源承载压力测算情况。点击菜单下的“土地资源承载压力度”“水资源承载压力度”“大气环境承载压力度”“综合承载压力度和饱和度”“综合承载压力度和饱和度分析”按钮，系统会自动跳出管理界面，如图 3.20、图 3.21、图 3.22、图 3.23、图 3.24 所示。当用户关闭管理窗口后，若想再次显示该窗口，可再次点击菜单下的按钮即可。

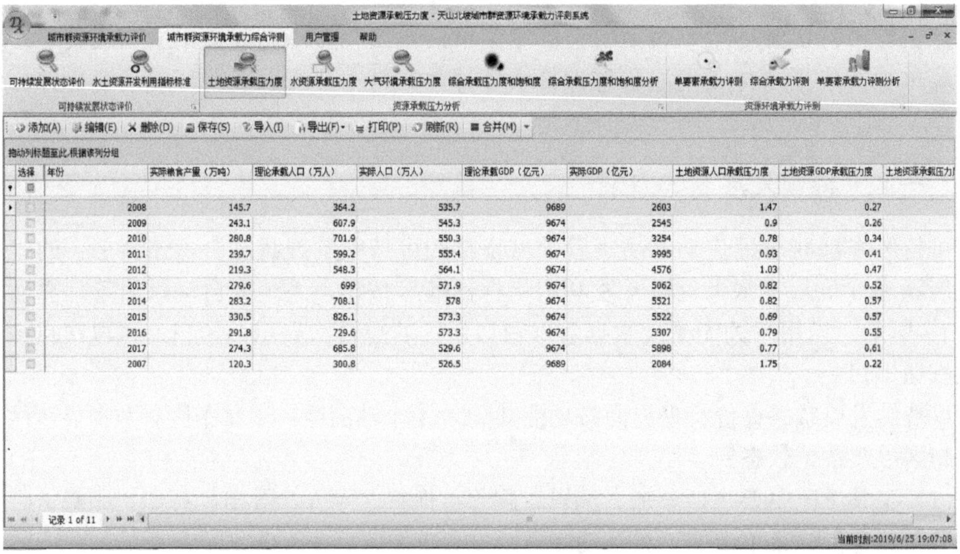

选择	年份	实际粮食产量（万吨）	理论承载人口（万人）	实际人口（万人）	理论承载GDP（亿元）	实际GDP（亿元）	土地资源人口承载压力度	土地资源GDP承载压力度	土地资源承载压力
	2008	145.7	364.2	535.7	9689	2603	1.47	0.27	
	2009	243.1	607.9	545.3	9674	2545	0.9	0.26	
	2010	280.8	701.9	550.3	9674	3254	0.78	0.34	
	2011	239.7	599.2	555.4	9674	3995	0.93	0.41	
	2012	219.3	548.3	564.1	9674	4576	1.03	0.47	
	2013	279.6	699	571.9	9674	5062	0.82	0.52	
	2014	283.2	708.1	578	9674	5521	0.82	0.57	
	2015	330.5	826.1	573.3	9674	5522	0.69	0.57	
	2016	291.8	729.6	573.3	9674	5307	0.79	0.55	
	2017	274.3	685.8	529.6	9674	5898	0.77	0.61	
	2007	120.3	300.8	526.5	9689	2084	1.75	0.22	

图 3.20　土地资源承载压力测算界面

土地资源承载压力测算功能主要用来测算天山城市群的土地资源承载压力，点击“土地资源承载压力测算”按钮，系统自动弹出管理测算界面。管理界面按功能共分为 4 个功能区：工具条区、数据显示区、数据控制区以及数据状态栏。

（1）工具条区主要包括添加、编辑、删除、保持、导入、导出、打印、刷新、合并等功能，请参考指标菜单中的工具条功能。

（2）数据显示区、数据控制区、数据状态栏的功能说明请参考指标菜单中对应的功能说明。

水资源承载压力测算功能主要用来测算天山城市群的水资源承载压力，点击“水资源承载压力测算”按钮，系统自动弹出管理测算界面。管理界面按功能共分为 4 个功能区：工具条区、数据显示区、数据控制区以及数据状态栏。

（1）工具条区主要包括添加、编辑、删除、保持、导入、导出、打印、刷新、合并等功能，请参考指标菜单中的工具条功能。

（2）数据显示区、数据控制区、数据状态栏的功能说明请参考指标菜单中对应的功能说明。

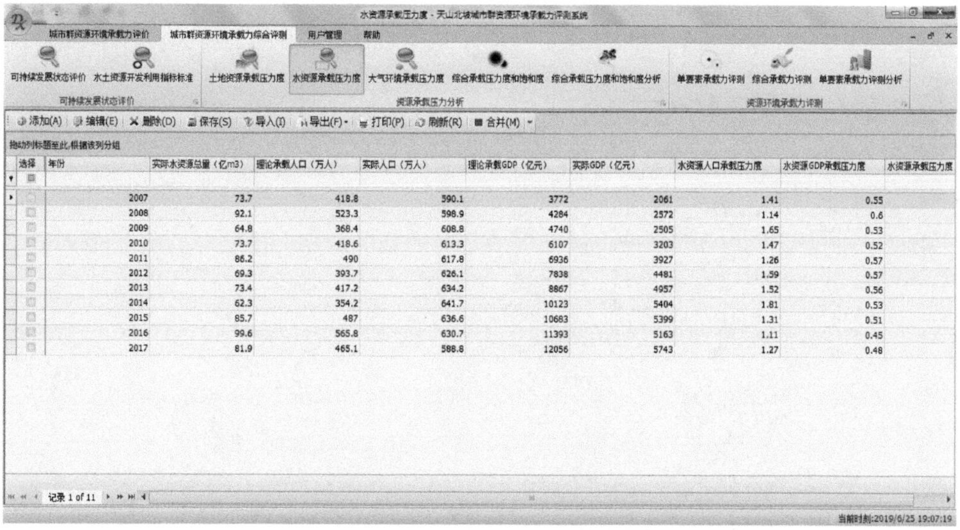

选择	年份	实际水资源总量（亿m3）	理论承载人口（万人）	实际人口（万人）	理论承载GDP（亿元）	实际GDP（亿元）	水资源人口承载压力度	水资源GDP承载压力度	水资源承载压力度
	2007	73.7	418.8	590.1	3772	2061	1.41	0.55	
	2008	92.1	523.3	598.9	4284	2572	1.14	0.6	
	2009	64.8	368.4	608.8	4740	2505	1.65	0.53	
	2010	73.7	418.6	613.3	6107	3203	1.47	0.52	
	2011	86.2	490	617.8	6936	3927	1.26	0.57	
	2012	69.3	393.7	626.1	7838	4481	1.59	0.57	
	2013	73.4	417.2	634.2	8867	4957	1.52	0.56	
	2014	62.3	354.2	641.7	10123	5404	1.81	0.53	
	2015	85.7	487	636.6	10683	5399	1.31	0.51	
	2016	99.6	565.8	630.7	11393	5163	1.11	0.45	
	2017	81.9	465.1	588.8	12056	5743	1.27	0.48	

图 3.21　水资源承载压力测算界面

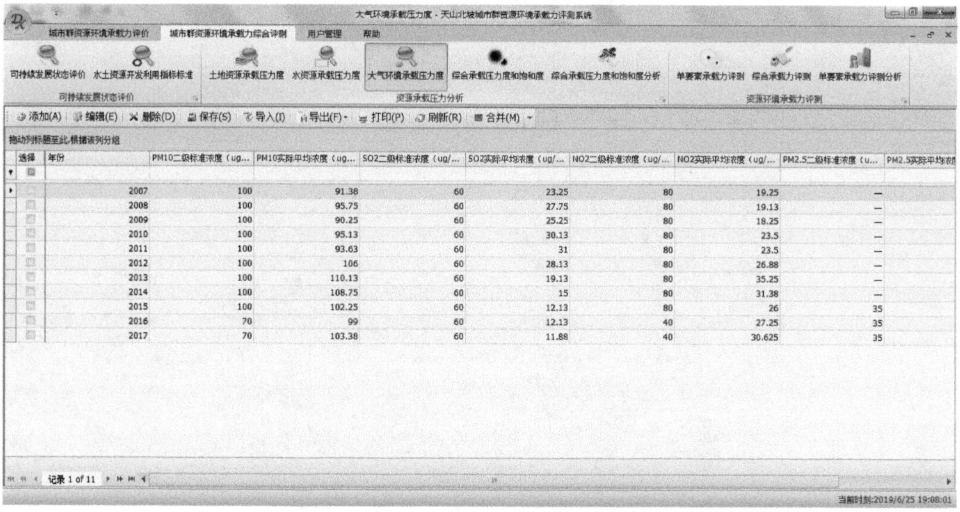

选择	年份	PM10二级标准浓度（ug...	PM10实际平均浓度（ug...	SO2二级标准浓度（ug/...	SO2实际平均浓度（ug/...	NO2二级标准浓度（ug/...	NO2实际平均浓度（ug/...	PM2.5二级标准浓度（u...	PM2.5实际平均浓度
	2007	100	91.38	60	23.25	80	19.25	—	
	2008	100	95.75	60	27.75	80	19.13	—	
	2009	100	90.25	60	25.25	80	18.25	—	
	2010	100	95.13	60	30.13	80	23.5	—	
	2011	100	93.63	60	31	80	23.5	—	
	2012	100	106	60	28.13	80	26.88	—	
	2013	100	110.13	60	19.13	80	35.25	—	
	2014	100	108.75	60	15	80	31.38	—	
	2015	100	102.25	60	12.13	80	26	35	
	2016	70	99	60	12.13	40	27.25	35	
	2017	70	103.38	60	11.88	40	30.625	35	

图 3.22　大气环境承载压力测算界面

大气环境承载压力测算功能主要用来测算天山城市群的大气环境承载压力，点击“大气环境承载压力测算”按钮，系统自动弹出管理测算界面。管理界面按功能共分为 4 个功能区：工具条区、数据显示区、数据控制区以及数据状态栏。

（1）工具条区主要包括添加、编辑、删除、保持、导入、导出、打印、刷新、合并等功能，请参考指标菜单中的工具条功能。

（2）数据显示区、数据控制区、数据状态栏的功能说明请参考指标菜单中对应的功能说明。

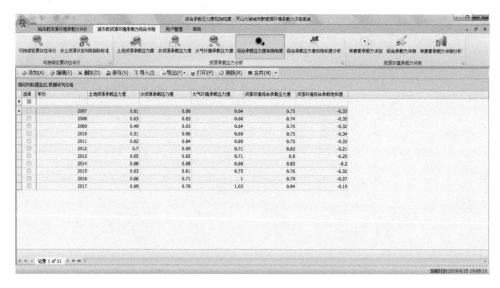

图 3.23　综合承载压力度和饱和度测算界面

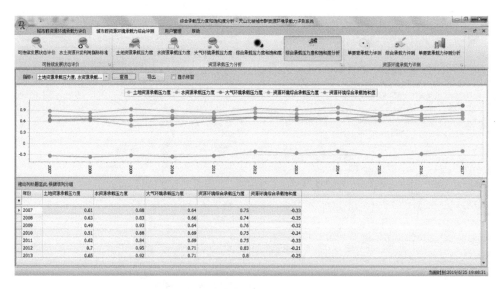

图 3.24　资源承载压力分析界面

综合承载压力度和饱和度测算功能主要用来测算天山城市群的综合承载压力度和饱和度，点击"综合承载压力度和饱和度测算"按钮，系统自动弹出管理测算界面。管理界面按功能共分为 4 个功能区：工具条区、数据显示区、数据控制区以及数据状态栏。

（1）工具条区主要包括添加、编辑、删除、保持、导入、导出、打印、刷新、合并等功能，请参考指标菜单中的工具条功能。

（2）数据显示区、数据控制区、数据状态栏的功能说明请参考指标菜单中对应的功能说明。

综合承载压力度和饱和度分析功能主要用来分析天山城市群的综合承载压力度和饱和度，点击"综合承载压力度和饱和度分析"按钮，系统自动弹出管理测算界面，并自动绘制天山北坡城市群资源环境承载压力度动态变化曲线图，由图 3.24 可看出近 10 年来，天山北坡城市群土地资源、大气环境和资源环境综合承载压力度均在波动变化中有所增加，其中大气环境骤然大幅增加与新颁布更严格浓度标准值的政策文件有关；水资源承载压力度自 2015 年起有明显降低趋势，缘于近三年来天山北坡城市群人口总量的减少。

分析界面按功能共分为 3 个功能区：工具条区、图表显示区以及数据显示区。

（1）工具条区主要包括指标、查询、导出、显示标签等功能。

指标：鼠标左键点击指标旁的下拉框，选择相应的指标作为查询的数据。

查询：鼠标左键点击"查询"按钮，进行查询。

导出：鼠标左键点击"导出"按钮，选择相应的导出格式，将数据表格中的数据和图表导出为对应的格式。

显示标签：鼠标左键点击勾选显示标签按钮。如果选中，则图表区中的数据将显示标签；如果不选中，则图表区中的数据将不显示标签。

（2）图表显示区是按照年份、指标的不同，将数据以图表的形式进行可视化展示。

（3）数据显示区是将数据以表格形式进行展示，用户可以在表格中对数据进行修改、排序、筛选等。

（三）资源环境承载力评测

资源环境承载力评测功能用于管理天山北坡城市群资源环境承载力评测测算。点击菜单下的"单要素承载力评测""综合承载力评测""单要素承载力评测分析"按钮，系统会自动跳出管理界面，如图 3.25 所示。当用户关闭基础数据管理窗口后，若想再次显示该窗口，可再次点击菜单下的按钮即可。

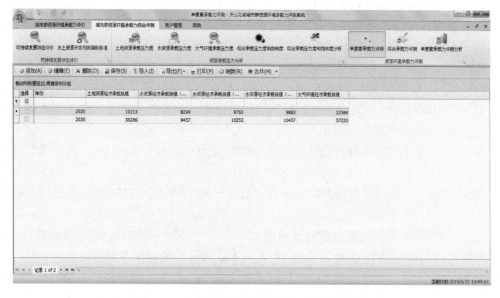

图 3.25　单要素资源环境承载力评测管理界面

单要素资源环境承载力评测功能主要用来测算天山城市群的单要素资源环境承载力，点击"单要素资源环境承载力评测"按钮，系统自动弹出管理测算界面。

土地资源承载力评测方面，近十年以来，天山北坡城市群年粮食产量以平均 1.09 倍增长为参考依据，预计 2020 年、2030 年粮食产量将达到 483.8 万 t、1371.4 万 t，依据公式（3-30），可求得土地资源人口承载规模分别为 1209 万人、3428 万人；近十年来，天山北坡城市群年单位土地经济产出值以 1.11 倍增长为参考依据，预计 2020 年、2030 年单位土地经济产出值将达到 527 万元/km^2、1875 万元/km^2，求得土地资源经济承载规模分别为 10213 亿元、36286 亿元。

水资源承载力评测方面，①在现状水平供水量情景下，预计 2020 年、2030 年水资源人口承载规模分别为 918 万人、1320 万人；水资源经济承载规模分别为 8299 亿元、9457 亿元。②在现状水平和区域调水的供水量情景下，预计 2020 年、2030 年水资源人口承载规模分别为 961 万人、1437 万人；水资源经济承载规模分别为 8763 亿元、10252 亿元。③在现状水平、区域调水和节水治水的供水量情景下，预计 2020 年、2030 年水资源人口承载规模分别为 982 万人、1459 万人；水资源经济承载规模分别为 9882 亿元、10457 亿元。

大气环境承载力评测方面，2020 年、2030 年天山北坡城市群 SO_2 容载量为 85.1 万 t、88.6 万 t；生活 SO_2 控制排放量为 9.1 万 t、9.5 万 t；工业 SO_2 控制排放量为 76.0 万 t、79.1 万 t。依据公式（3-34）和（3-35），预计 2020 年、2030 年大气环境人口承载规模分别为 1820 万人、2436 万人；大气环境经济承载规模分别为 22584 亿元、57233 亿元。

管理界面按功能共分为 4 个功能区：工具条区、数据显示区、数据控制区以及数据状态栏。

（1）工具条区主要包括添加、编辑、删除、保持、导入、导出、打印、刷新、合并等功能，请参考指标菜单中的工具条功能。

（2）数据显示区、数据控制区、数据状态栏的功能说明请参考指标菜单中对应的功能说明。

资源环境承载力综合评测功能主要用来测算天山城市群的资源环境综合承载力，点击"资源环境承载力综合评测"按钮，系统自动弹出管理测算界面（图 3.26）。由于水资源为天山北坡城市群经济社会发展的"短板"限制性要素，水资源承载力决定了资源环境综合承载力大小，因此，测算结果如下。

2020 年天山北坡城市群资源环境人口承载规模为 918 万～982 万人，经济承载规模为 8299 亿～9882 亿元。

2030 年天山北坡城市群资源环境人口承载规模为 1320 万～1459 万人，经济承载规模为 9457 亿～10457 亿元。

此外，对照《天山北坡城市群发展规划（2017—2030）》的经济社会发展预测指标，2020 年城市群常住人口将达到 1100 万人（户籍人口 850 万人），地区生产总值将达到 8000 亿元；2030 年城市群常住人口将达到 1200 万人（户籍人口 900 万人），地区生产总值将达到 16500 亿元。

管理界面按功能共分为 4 个功能区：工具条区、数据显示区、数据控制区及数据状态栏。

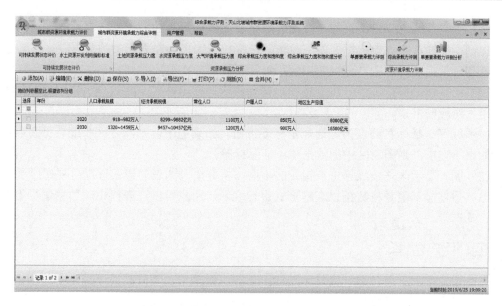

图 3.26　资源环境承载力综合评测管理界面

（1）工具条区主要包括添加、编辑、删除、保持、导入、导出、打印、刷新、合并等功能，请参考指标菜单中的工具条功能。

（2）数据显示区、数据控制区、数据状态栏的功能说明请参考指标菜单中对应的功能说明。

资源环境承载力评测分析功能主要用来分析天山城市群的资源环境承载力评测结果，点击"资源环境承载力评测分析"按钮，系统自动弹出管理测算界面（图 3.27）。分析界面按功能共分为 3 个功能区：工具条区、图表显示区以及数据显示区。

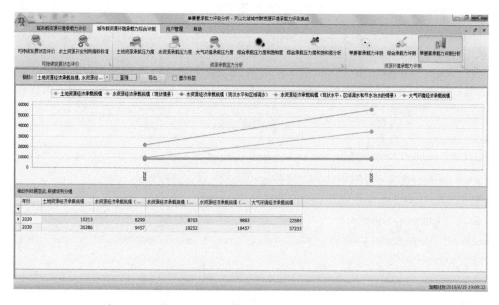

图 3.27　资源环境承载力评测分析界面

（1）工具条区主要包括指标、查询、导出、显示标签等功能。

指标：鼠标左键点击指标旁的下拉框，选择相应的指标作为查询的数据。

查询：鼠标左键点击"查询"按钮，进行查询。

导出：鼠标左键点击"导出"按钮，选择相应的导出格式，将数据表格中的数据和图表导出为对应的格式。

显示标签：鼠标左键点击勾选显示标签按钮。如果选中，则图表区中的数据将显示标签；如果不选中，则图表区中的数据将不显示标签。

（2）图表显示区是按照年份、指标的不同，将数据以图表的形式进行可视化展示。

（3）数据显示区是将数据以表格形式进行展示，用户可以在表格中对数据进行修改、排序、筛选等。

四、用户管理

点击用户管理菜单，系统会显示功能菜单的二级菜单。基础功能菜单主要包括修改密码、用户变更两个二级菜单。

修改密码用于修改用户当前使用的密码。点击"修改密码"按钮，系统会自动跳出修改密码界面。当用户关闭修改密码窗口后，若想再次显示该窗口，可再次点击"修改密码"按钮即可。用户依次输入原始密码和新密码，点击"确定"即可修改。点击"取消"，关闭该窗口。

用户变更用于管理当前使用系统的用户。点击"添加用户"按钮，系统会自动跳出添加用户界面。当用户关闭添加用户窗口后，若想再次显示该窗口，可再次点击"添加用户"按钮即可。用户依次输入新用户名和新密码，点击"确定"即可修改。点击"取消"，关闭该窗口。

点击"删除用户"按钮，系统会自动跳出删除用户界面。当用户关闭删除用户窗口后，若想再次显示该窗口，可再次点击"删除用户"按钮即可。用户勾选需要删除的用户，点击"确定"即可删除。点击"取消"，关闭该窗口。

点击"帮助"菜单，系统会显示功能菜单的二级菜单。基础功能菜单为用户帮助文档的二级菜单，点击"用户帮助"文档按钮，系统自动弹出用户帮助文档，便于用户参考。

主要参考文献

［1］Shen L Y，Ochoa J J，Shah M N，et al. The application of urban sustainability indicators—A comparison between various practices. Habitat International，2011，35（1）：17-29

［2］United Nations. Department of Economic and Social Affairs. World urbanization prospects：the 2007 revision. Highlights，2008

［3］Gretchen C，Daily. Nature's services：Societal dependence on natural ecosystems. Washington，DC：Island Press，1997

［4］陈成忠，葛绪广，孙琳，等. 物种急剧丧失·生态严重超载·跨越"地球边界"·区域公平失衡·"一个地球"生活. 生态学报，2016，36（9）：2779-2785

［5］曾维华. 环境承载力理论、方法及应用. 北京：化学工业出版社，2014

［6］Graymore M L M，Sipe N G，Rickson R E. Sustaining human carrying capacity：A tool for regional sustainability assessment. Ecological Economics，2010，69：459-468

［7］方创琳. 改革开放 40 年来中国城镇化与城市群取得的重要进展与展望. 经济地理，2018，38（9）：1-9

［8］方创琳，王振波，马海涛. 中国城市群形成发育规律的理论认知与地理学贡献. 地理学报，2018，73（4）：651-665

［9］方创琳，王振波，刘海猛. 美丽中国建设的理论基础与评估方案探索. 地理学报，2019，74（4）：619-632

［10］Liu R Z，Borthwick A G L. Measurement and assessment of carrying capacity of the environment in Ningbo，China. Journal of Environmental Management，2011，92（8）：2047-2053

［11］Oh K.，Jeong Y，Lee D，et al. Determining development density using the urban carrying capacity assessment system. Landscape and Urban Planning，2005，73（1）：1-15

［12］Lane M. The carrying capacity imperative：Assessing regional carrying capacity methodologies for sustainable land-use planning. Land Use Policy，2010，27（4）：1038-1045

［13］Seidl I，Tisdell C A. Carrying capacity reconsidered：From Malthus' population theory to cultural carrying capacity. Ecological Economics，1999，31（3）：395-408

［14］Yue T X，Tian Y Z，Liu J Y，et al. Surface modeling of human carrying capacity of terrestrial ecosystems in China Tian-Xiang. Ecological Modelling，2008，214：168-180

［15］刘晓丽. 城市群地区资源环境承载力研究. 北京：中国科学院研究生院博士学位论文，2009

［16］傅鸿源，胡焱. 城市综合承载力研究综述. 城市问题，2009，5：27-31

［17］景跃军. 东北地区相对资源承载力动态分析. 吉林大学社会科学学报，2006，46（4）：104-110

［18］Zalasiewicz J，Williams M，Steffen W，et al. The new world of the anthropocene. Environmental Science and Technology，2010，44（7）：2228-2231

［19］Onishi T. A capacity approach for sustainable urban development：An empirical study. Regional Studies，1994，28（1）：39-51

［20］Yu D L，Mao H Y. Regional carrying capacity：case studies of Bohai Rim area. Journal of Geographical Sciences，2002，12（2）：177-185

［21］张小雷，杜宏茹. 中国干旱区城镇化发展现状及新型城镇化路径选择. 中国科学院院刊，2013，1：46-53

［22］方创琳. 中国城市群研究取得的重要进展与未来发展方向. 地理学报，2014，69（8）：1130-1144

［23］Saveriades A. Establishing the social tourism carrying capacity for the tourist resorts of the east coast of the Republic of Cyprus. Tourism Management，2000，21（2）：147-156

［24］Wei Y G，Huang C，Li J，et al. An evaluation model for urban carrying capacity：A case study of China's mega-cities. Habitat International，2016，53：87-96

［25］Wei Y G，Huang C，Lam P T I，et al. Sustainable urban development：A review on urban carrying capacity assessment. Habitat International，2015，46：64-71

［26］余丹林. 区域承载力的理论、方法与实证研究. 北京：中国科学院研究生院，2000

［27］王书华，毛汉英. 土地综合承载力指标体系设计及评价——中国东部沿海地区案例研究. 自然资源学报，2001，16（3）：248-254

[28] 郭怀成，尚金城，张天柱. 环境规划学. 北京：高等教育出版社，2009

[29] 国家环境保护局. 制定地方大气污染物排放标准的技术方法（GB/T3840—91）. 北京：国家环境保护局，1992

[30] 徐勇，张雪飞，李丽娟，等. 我国资源环境承载约束地域分异及类型划分. 中国科学院院刊，2016，1：34-43

[31] 方创琳，祁巍锋，宋吉涛. 中国城市群紧凑度的综合测度分析. 地理学报，2008，63（10）：1011-1021

[32] 吴传清，龚晨. 长江经济带沿线省市的工业集聚水平测度. 改革，2015，10：71-81

[33] 宋建波，武春友. 城市化与生态环境协调发展评价研究——以长江三角洲城市群为例. 中国软科学，2010，2：78-87

[34] 刘东，封志明，杨艳昭，等. 中国粮食生产发展特征及土地资源承载力空间格局现状. 农业工程学报，2011，27（7）：1-6

[35] 张利平，夏军，胡志芳. 中国水资源状况与水资源安全问题分析. 长江流域资源与环境，2009，18（2）：116-120

[36] 肖汝琴，陈景. 山东半岛蓝色经济区城市群空间联系定量研究. 经济地理，2014，34（8）：75-80

[37] 夏军，孙雪涛，丰华丽，等. 西部地区生态需水问题研究面临的挑战. 中国水利，2003，9：57-60

[38] 郭显光. 改进的熵值法及其在经济效益评价中的应用. 系统工程理论与实践，1998，12：98-102

[39] 方创琳，毛其智，倪鹏飞. 中国城市群科学选择与分级发展的争鸣及探索，2015，70（4）：515-527

[40] 樊杰. 人地系统可持续过程、格局的前沿探索. 地理学报，2014，69（8）：1060-1068

[41] Carey D I. Development based on carrying capacity. Global Environment Change，1993，3：140-148

[42] 殷志强，李瑞敏，李小磊，等. 地质资源环境承载能力研究进展与发展方向. 中国地质，2018，45（6）：1103-1115

[43] Arrow K，Bolin B，Costanza R，et al. Economic growth，carrying capacity，and the environment. Ecological economics，1995，15（2）：91-95

[44] 付金存，李豫新，徐刿刿. 城市综合承载力的内涵辨析与限制性因素发掘. 城市发展研究，2014，21（3）：106-111

[45] 刘彦随，陈百明. 中国可持续发展问题与土地利用/覆被变化研究. 地理研究，2002，21（3）：324-330

[46] 封志明，杨艳昭，张晶. 中国基于人粮关系的土地资源承载力研究：从分县到全国. 自然资源学报，2008，23（5）：865-875

[47] 范晨辉，马蓓蓓，薛东前. 基于土地综合承载力的西安市适度人口测度. 水土保持通报，2015，35（1）：205-209+219

[48] 夏军，左其亭. 我国水资源学术交流十年总结与展望. 自然资源学报，2013，28（9）：1488-1497

[49] 王友贞，施国庆，王德胜. 区域水资源承载力评价指标体系的研究. 自然资源学报，2005，20（4）：597-604

[50] Easter K W，Feder G，Duda A M，et al. Water resources management：World bank policy paper. Washington D C：International Bank for Reconstruction and Development，1993

[51] 刘年磊，卢亚灵，蒋洪强，等. 基于环境质量标准的环境承载力评价方法及其应用. 地理科学进展，2017，36（3）：296-305

第四章　天山北坡城市群空间扩展的生态环境效应

天山北坡城市群是国家"十三五"期间推动建设的 19 个城市群之一，也是重点建设的两个边疆地区城市群和丝绸之路经济带核心区建设的唯一一个城市群[1]。加快天山北坡城市群发展，对引领丝绸之路经济带核心区建设、保障国家经济安全与国防安全、确保新疆社会稳定和长治久安、促进兵地融合发展和区域协同发展都具有十分重大的战略意义[2]。未来将天山北坡城市群建成丝绸之路经济带重要的战略支撑点、全国重要的战略资源加工储运基地、新疆城镇化与经济发展的核心引擎、边疆民族团结和兵地融合发展示范区[3]。天山北坡城市群的空间扩展包含城镇建设用地的空间扩展和生态用地内部之间的交互置换两大方面，城镇建设用地拓展必然引起生态用地发生变化，生态用地的增减必然会对城市群的生态环境产生影响。如何调控这种影响的合理程度和影响幅度，需要对城市群空间扩展与生态环境之间的影响机理进行分析[4]。通过机理分析，提出与生态环境容量相适应的城市群空间扩展的合理规模，确保城市群实现可持续发展，进而为建设生态型城市群提供科学依据[5]。本章以天山北坡城市群为例，采用中国科学院资源环境科学数据中心 1980、1990、1995、2000、2005、2010、2015 年 7 个年份中国土地利用现状遥感监测数据，土地利用类型包括耕地、林地、草地、水域、居民地和未利用土地 6 个一级类型以及 24 个二级类型，用于分析天山北坡城市群空间拓展的生态响应。根据研究目标，将 24 个二级类型划分为两大类：一类是居民点及工矿用地，包括城镇建设用地、农村居民点、其它建设用地 3 小类；另一类是生态用地，包括耕地、林地、草地、水域和未利用土地 5 小类。具体研究思路为，首先以城市群生态功能区的研究为基础，进一步研究各类用地类型之间的变动情况，包括各用地类型之间的变更关系以及空间关系，着重分析城镇建设用地与生态用地的关系；其次以 2000 年为界，在 1980~2000 年和 2000~2015 年两期天山北坡城市群土地利用现状数据分析的结果上，总结城市群空间扩展与生态要素之间的相互作用机理，提出天山北坡城市群空间扩展对生态环境的影响程度，研发出天山北坡城市群空间扩展的用地转换系统，为天山北坡城市群可持续发展提供决策依据。

第一节　城市群空间扩展分析的数据来源与生态价值研究方法

一、数据来源

（1）城市群空间拓展的生态价值贡献采用 1980~2015 年七期天山北坡城市群土地利用现状数据，共分为 6 个一级类型和 24 个二级类型，各年份二级类型土地利用现状图，见图 4.1。参照生态价值贡献率赋值方法[6]，并结合本研究区实际情况作以修改，分别对 24 个土地利用二级类型的生态价值进行赋值，结果见表 4.1。重点研究城市群空间拓展载体——城镇建设用地、农村居民点、其它建设用地的分类及其变化对生态环境影响。

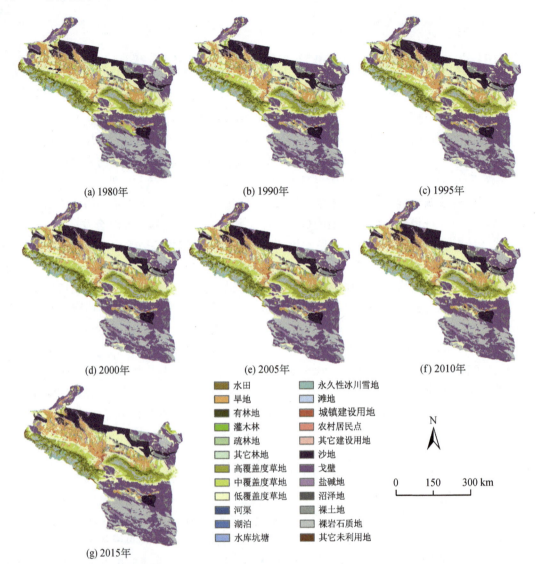

(a) 1980年　　(b) 1990年　　(c) 1995年

(d) 2000年　　(e) 2005年　　(f) 2010年

(g) 2015年

水田	永久性冰川雪地
旱地	滩地
有林地	城镇建设用地
灌木林	农村居民点
疏林地	其它建设用地
其它林地	沙地
高覆盖度草地	戈壁
中覆盖度草地	盐碱地
低覆盖度草地	沼泽地
河渠	裸土地
湖泊	裸岩石质地
水库坑塘	其它未利用地

N

0　　150　　300 km

图 4.1　1980～2015 年天山北坡城市群空间扩展的土地利用结构变化示意图

表 4.1　天山北坡城市群不同土地利用类型的生态价值赋值表

一级类型	编号	二级类型	生态价值赋值
耕地	11	水田	0.55
	12	旱地	0.25
林地	21	有林地	0.95
	22	灌木林	0.65
	23	疏林地	0.45
	24	其它林地	0.36

续表

一级类型	编号	二级类型	生态价值赋值
草地	31	高覆盖度草地	0.42
	32	中覆盖度草地	0.35
	33	低覆盖度草地	0.55
水域	41	河渠	0.86
	42	湖泊	0.75
	43	水库坑塘	0.55
	44	永久性冰川雪地	0.65
	45	滩地	0.45
居民点及工矿用地	51	城镇建设用地	0.22
	52	农村居民点	0.28
	53	其它建设用地	0.11
未利用土地	61	沙地	0.01
	62	戈壁	0.12
	63	盐碱地	0.05
	64	沼泽地	0.65
	65	裸土地	0.05
	66	裸岩石质地	0.01
	67	其它未利用地	0.08

（2）城市群用地转换的生态价值贡献采用 1980、2000、2015 三个年份天山北坡城市群变化的土地利用现状数据，基于 GIS 方法，首先将不同年份各用地层从栅格数据库中分离出来单独作为一层；其次转化为矢量格式，将不同年份各用地层叠加，求出变化的土地利用类型范围，并判定侵占与被侵占关系[①]。

二、城市群空间扩展的生态价值及贡献率计算方法

天山北坡城市群空间拓展的生态价值及贡献率采用用地生态价值指数和用地变动的生态价值贡献率指数计算。其中：城市群扩展的用地生态价值指数反映城市群空间拓展带来的各用地类型的生态价值总量，同时反映各用地类型对城市群生态价值总量的贡献率[7,8]。

$$Ev_i = LU_i C_i \tag{4-1}$$

$$Evr_i = \frac{LU_i C_i}{\sum_{i=1}^{24} LU_i C_i} \times 100\% \tag{4-2}$$

式中，LU_i 为研究期内生态用地类型的面积；C_i 为生态用地类型 i 的生态价值贡献率；Evr_i 则为生态用地类型 i 的区域生态价值贡献率；Ev_i 为各用地类型的生态价值总量。

① 文中的高昌区，在 2015 年撤县设区前属于吐鲁番市。

城市群扩展的生态价值贡献率指数。不考虑生态质量的年度变化，只考虑期间内同一用地类型的生态价值变动情况及其占城市群生态价值变动总量，即贡献率。若令 $Ev_{i\max}$ 和 $Ev_{i\min}$ 分别为某一土地利用类型某一时段内的最大生态价值和最小生态价值，则用地变动的生态价值贡献率指数计算公式为

$$\text{Lecv}_i = \frac{(Ev_{i\max} - Ev_{i\min})}{\sum\limits_{i=1}^{24}(Ev_{i\max} - Ev_{i\min})} \times 100\% \qquad (4\text{-}3)$$

三、城市群用地转换的生态价值及贡献率计算方法

城市群用地转换的生态价值及贡献率计算采用城市群用地类型的变化率指数、土地利用类型的流向指数、土地利用类型相对变化率和土地利用变更的生态贡献率指数等指标体现。

城市群用地类型的变化率指数。该指数测度不同用地类型的变动强度及类型间的差异[9,10]，可分析城市群空间拓展阶段在用地变动上的特征与机制。

$$K_i = \frac{LU_{it_1} - LU_{it_0}}{LU_{it_0}} \times \frac{1}{T} \qquad (4\text{-}4)$$

式中，K_i 为研究时段内某一种生态用地类型的变化率；LU_{it_0} 和 LU_{it_1} 分别为研究初期和末期不同生态用地类型 i 的面积；T 代表研究时段。

城市群用地类型的流向指数。通过分析特定利用类型的流出类型来揭示城市群土地利用类型变化的动因。该方法涉及的指数是各流出类型面积占该分析类型面积的百分比（流向百分比），而流向百分比的求算可依据土地利用类型的转移矩阵[11]。

$$Pc_i = \frac{\Delta LU_{i-j}}{LU_i} \times 100\% \qquad (4\text{-}5)$$

$$Rpc_i = \frac{\Delta LU_{i-j}}{\sum\limits_{i=1}^{n} LU_i} \times 100\% \qquad (4\text{-}6)$$

式中，LU_i 表示研究初期不同生态用地类型 i 的面积；ΔLU_{i-j} 为研究时段内 i 类用地转为非 i 类（j 类，$j=1，2，3，\cdots，n$）用地类型的面积；Pc_i 表示在某一分析类型范围内的流向比例；Rpc_i 表示在所有用地类型范围内的流向比例。其中该模型可以模拟城市群和各地区范围两个层面的土地流向。

城市群用地类型的相对变化率。城市群用地类型的相对变化率是在土地利用类型变化率指数的基础上建立的，将局部地区的类型变化率与全区的类型变化率相比较，用以分析研究区范围内特定土地利用类型变化的区域差异与特定类型变化的热点区域。该指数的意义在于揭示土地利用变化的区域差异，是针对某一种用地类型进行分析的，计算公式如下[3]：

$$R_{ij} = \frac{(LU_{ijt_1} - LU_{ijt_0}) \times \sum_{j=1}^{17} LU_{ijt_0}}{LU_{ijt_0} \times \left| \sum_{j=1}^{17} LU_{ijt_1} - \sum_{j=1}^{17} LU_{ijt_0} \right|} \tag{4-7}$$

城市群用地变更的生态贡献率指数。是指特定时段内某一种土地利用类型的变化所导致的区域生态质量的改变。在具体应用中，可以通过地图代数、土地利用转移矩阵获得的诸多土地利用类型中，分离与城市用地有关的变化类型，进而分离与城镇建设用地、居民点和工矿用地有关的用地变化类型，也可以提取与城市扩展和城市收缩有关的用地变化类型，从而为深入分析城市用地变化对区域生态环境的影响奠定基础，也有利于探讨区域生态环境变化的主导因素。其表达式为

$$Ecr_{i \to j} = \frac{LU_{i \to j}C_j - LU_{i \to j}C_i}{LU_{it}C_i} \tag{4-8}$$

$$Recr_{ij} = \frac{LU_{i \to j}C_j - LU_{i \to j}C_i}{\sum_{i=1}^{n} LU_{it}C_i} = \frac{LU_{i \to j}(C_j - C_i)}{\sum_{i=1}^{n} LU_{it}C_i} \tag{4-9}$$

式中，$Ecr_{i \to j}$ 为土地利用类型转为非 i 类（j 类，$j=1，2，3，\cdots，n$）土地利用类型所引起的生态价值变化占 i 类土地生态价值的比例；$LU_{i \to j}$ 为研究期内 i 用地类型转化为非 i 类（j 类，$j=1，2，3，\cdots，n$）土地利用类型的面积；$Recr_{ij}$ 则表示土地利用类型转为非 i 类（j 类，$j=1，2，3，\cdots，n$）土地利用类型所引起的生态价值变化占区域生态价值的比例；LU_i 为研究期内生态用地类型的面积；C_i 为生态用地类型 i 的生态价值贡献率；C_j 为生态用地类型 j 的生态价值贡献率。这一模型可以模拟城市群和各城市两个空间层面的土地生态价值变动强度。

第二节　城市群用地扩展转换特征及对生态环境的影响

天山北坡城市群空间扩展对区域生态价值贡献造成了显著影响，城市群空间拓展导致用地类型变动对区域生态价值贡献率的差异很大，城市群空间扩展与用地变更对生态环境造成了负面影响。未来发展与空间扩展需要充分考虑脆弱生态环境的敏感性和承载力。考虑到天山北坡城市群发育在干旱脆弱的生态环境，特别是水资源缺乏，是制约未来城市群可持续发展的最主要瓶颈，随着经济社会进一步发展和人口及产业的进一步集聚，未来发展的脆弱生态环境约束加大，生态环境保护的任务更加艰巨。为此，需要进一步研究天山北坡城市群的水资源承载力和生态环境承载力，以可容许的水资源与生态环境容量调控天山北坡城市群的人口与产业集聚规模，降低城市群空间拓展对生态环境的压力，提升其发展的韧性和可持续性。

一、城市群空间扩展对区域生态价值贡献造成了显著影响

（一）草地是决定城市群扩展引起生态环境变化的最主导类型

采用 1980～2015 年天山北坡城市群土地利用现状遥感监测数据，采用公式（4-3）计算表明，近 35 年来草地共增加了 3410km²，草地对生态价值贡献率高达 62.22%，且基本保持稳定，年度变化幅度只有 5%（表 4.2，图 4.2）。可见，草地是决定城市群扩展引起生态环境变化的最主导类型，城市群空间扩展尽量不占草地。

表 4.2 天山北坡城市群不同土地利用类型不同年份的生态价值贡献率 （单位：%）

土地类型	1980 年	1990 年	1995 年	2000 年	2005 年	2010 年	2015 年	平均
耕地	8.35	7.76	7.69	8.29	8.86	9.32	10.05	8.62
水田	0.13	0.14	0.13	0.15	0.15	0.15	0.16	0.14
旱地	8.22	7.62	7.56	8.14	8.71	9.17	9.89	8.47
林地	8.77	9.10	9.19	9.20	9.19	9.18	9.09	9.10
有林地	7.34	7.36	7.40	7.49	7.52	7.51	7.51	7.45
灌木林	0.73	0.87	0.88	0.97	0.91	0.90	0.87	0.88
疏林地	0.62	0.79	0.81	0.66	0.64	0.64	0.59	0.68
其它林地	0.08	0.08	0.10	0.08	0.13	0.14	0.13	0.11
草地	63.22	63.19	63.24	62.56	61.77	61.24	60.34	62.22
高覆盖度草地	16.12	15.92	15.88	16.16	16.12	16.12	16.13	16.06
中覆盖度草地	10.17	9.47	9.58	9.90	9.83	9.78	9.67	9.77
低覆盖度草地	36.93	37.80	37.78	36.50	35.81	35.35	34.55	36.39
水域	4.32	4.30	4.23	4.49	4.51	4.61	4.61	4.44
河渠	0.01	0.00	0.00	0.00	0.00	0.00	0.00	0.00
湖泊	0.22	0.16	0.15	0.16	0.24	0.24	0.20	0.20
水库坑塘	3.71	3.68	3.65	3.73	3.74	3.75	3.77	3.72
永久性冰川雪地	0.13	0.21	0.19	0.24	0.19	0.28	0.31	0.22
滩地	0.25	0.25	0.24	0.36	0.34	0.34	0.33	0.30
居民点及工矿用地	0.52	0.65	0.67	0.81	0.87	0.88	1.16	0.79
城镇建设用地	0.13	0.20	0.20	0.26	0.28	0.29	0.44	0.26
农村居民点	0.34	0.38	0.39	0.49	0.49	0.50	0.53	0.45
其它建设用地	0.05	0.08	0.08	0.06	0.09	0.09	0.19	0.09
未利用土地	14.81	14.98	14.98	14.65	14.80	14.77	14.75	14.82
沙地	0.42	0.41	0.41	0.42	0.42	0.42	0.42	0.42
戈壁	12.40	12.67	12.68	12.23	12.23	12.24	12.26	12.39
盐碱地	0.43	0.51	0.50	0.54	0.51	0.50	0.47	0.49
沼泽地	0.25	0.09	0.08	0.15	0.32	0.30	0.31	0.21
裸土地	0.63	0.70	0.70	0.64	0.65	0.64	0.62	0.65
裸岩石质地	0.58	0.53	0.53	0.58	0.59	0.59	0.59	0.57
其它未利用地	0.08	0.08	0.08	0.09	0.09	0.09	0.09	0.09
生态价值贡献率合计	100	100	100	100	100	100	100	100

（二）未利用地、林地、耕地和水域的生态价值贡献率较小

城市群未利用地、林地、耕地和水域是生态价值贡献率总体在 4.44%～14.82% 范围内。1980～2015 年的 35 年间，天山北坡城市群未利用地的生态价值贡献率平均为 14.82%，其中戈壁的生态价值平均贡献率为 12.39%，裸土地等 6 种未利用土地子类型各平均贡献率均不超过 0.65%。在林地用地中，有林地是生态价值贡献率最大的子类型，平均值为 7.45%，灌木林等 3 种林地子类型各平均贡献率均不超过 1%。在耕地用地中，水田和旱地的平均生态价值贡献率分别为 0.14% 和 8.47%。在水域用地中，则以水库坑塘为主导，平均贡献率为 3.72%，河渠平均贡献率近乎为 0，湖泊、永久性冰川雪地和滩地三子类的平均贡献率和为 0.72%。这种差异性变化告诉我们，在城市群空间扩展中，尤为要利用好戈壁、有林地、旱地产生的生态价值，避免由此扩张对城市群生态环境的影响。再从年度变化来看，耕地和水域生态价值贡献率的变化率较高，分别达到 27% 和 9%，林地和未利用土地分别为 5% 和 2%。说明城市群空间拓展，导致耕地和水域生态价值变化是相对剧烈的，未利用土地虽年际变动幅度较小，但由于其生态价值占总量的近 15%，其"正向"生态贡献率也不容忽视。

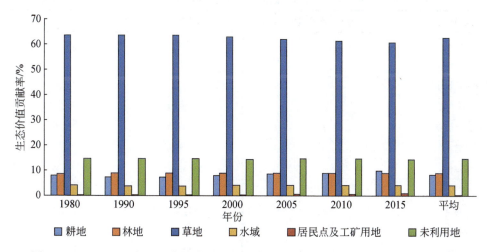

图 4.2　1980～2015 年天山北坡城市群土地利用类型的生态价值贡献率及年度变化图

（三）城乡居民点及工矿用地的生态价值贡献极低

天山北坡城市群城乡居民点及工矿用地生态价值贡献极低，平均仅为 0.79%，为六类一级用地最小值，但年际变化幅度强。从年际变化情况看，居民点及工矿用地生态价值变化幅度却是六大用地类型中最强的，其生态价值平均贡献率由 1980 年的 0.52% 提升至 2015 年的 1.16%，幅度达到 81%。说明城市群空间扩展中，居民点及工矿用地作为主要扩展载体的变化是相当剧烈的，但限于该用地类型分布面积量占总面积的比例低，用地变化的"正向"平均贡献率很低。

二、城市群用地变动对区域生态环境造成了负面影响

（一）城市群空间拓展导致地类变动对区域生态价值贡献的差异很大

主要表现在两个方面：一是不同用地类型区域生态价值贡献率总体差异很大，介于 2%～700%（表 4.3）。变动贡献率大的是河渠、其它建设用地、城镇建设用地和沼泽地，变化幅度均超过 100%，其中河渠用地面积出现了缩减致使变动贡献率高达 700%。水库坑塘和其它林地变动率超过 50%，戈壁、永久性冰川雪地、有林地、沙地和高覆盖度草地的变动率均不足 5%，湖泊等 13 种用地类型变动率在 5%～50%。二是用地类型内部区域生态价值贡献率差异很大。如居民点及工矿用地中的其它建设用地和城镇建设用地变动贡献率超过 100%，而农村居民点仅为 43%；林地用地中的其它林地（57%）、疏林地（32%）、灌木林（27%）明显高于有林地（2%）；水域中的永久性冰川雪地变动率为 3%，其它子用地类型变动率均高于 20%；未利用地中沼泽地和滩地变动贡献率分别为 112% 和 40%，戈壁和沙地变动率仅为 4% 和 2%。

表 4.3 1980～2015 年天山北坡城市群不同土地利用类型变动的生态价值贡献表

用地类型	用地变动的生态价值贡献率/%	用地类型	用地变动的生态价值贡献率/%
河渠	700	盐碱地	22
其它建设用地	153	水田	21
城镇建设用地	121	裸土地	12
沼泽地	112	其它未利用地	12
水库坑塘	81	裸岩石质地	11
其它林地	57	低覆盖度草地	9
湖泊	46	中覆盖度草地	7
农村居民点	43	戈壁	4
滩地	40	永久性冰川雪地	3
疏林地	32	有林地	2
旱地	27	沙地	2
灌木林	27	高覆盖度草地	2

（二）水域、未利用地、林地和居民点及工矿用地对生态贡献较小

采用公式（4-4）计算表明，1980～2000 年天山北坡城市群各用地面积变化率超过 30% 的有 4 种用地类型，具体包括河渠 100%、沼泽地 70.33%、湖泊 47.06%、其它林地 32.73%，各用地变动面积分别为 7km²、128km²、64km² 和 36km²（表 4.4，图 4.3）。这些用地是对城市群生态价值影响贡献相对较小的用地类型，各年际平均生态价值贡献率均不超过 21%。

表 4.4　1980～2015 年天山城市群各用地类型的变动规模及其比例关系

时段	用地类型	总面积/km²	变动面积/km²	变动面积占该类型面积比例/%
1980～2000 年	河渠	7	7	100.00
	沼泽地	182	128	70.33
	湖泊	136	64	47.06
	其它林地	110	36	32.73
	农村居民点	568	116	20.42
	水库坑塘	109	22	20.18
	旱地	15403	3023	19.63
	中覆盖度草地	13617	2343	17.21
	其它建设用地	213	28	13.15
	低覆盖度草地	31466	3613	11.48
	疏林地	646	72	11.15
	滩地	259	27	10.42
	灌木林	523	51	9.75
	裸土地	5940	558	9.39
	城镇建设用地	286	26	9.09
	水田	115	9	7.83
	盐碱地	4072	309	7.59
	高覆盖度草地	17990	1018	5.66
	有林地	3623	151	4.17
	戈壁	48431	994	2.05
	沙地	19810	388	1.96
	永久性冰川雪地	2678	19	0.71
	裸岩石质地	27326	48	0.18
	其它未利用地	493	0	0.00
2000～2015 年	其它建设用地	274	507	185.04
	沼泽地	107	111	103.74
	城镇建设用地	553	368	66.55
	其它林地	103	59	57.28
	水库坑塘	206	58	28.16
	湖泊	102	23	22.55
	旱地	15213	3099	20.37
	盐碱地	5056	690	13.65
	疏林地	683	78	11.42
	灌木林	697	78	11.19
	农村居民点	811	73	9.00

续表

时段	用地类型	总面积/km²	变动面积/km²	变动面积占该类型面积比例/%
	滩地	370	32	8.65
	水田	127	10	7.87
	低覆盖度草地	31006	1918	6.19
	裸土地	5984	234	3.91
	中覆盖度草地	13216	428	3.24
2000~2015年	沙地	19736	319	1.62
	高覆盖度草地	17980	193	1.07
	有林地	3683	24	0.65
	戈壁	47612	308	0.65
	裸岩石质地	27303	6	0.02
	永久性冰川雪地	2683	0	0.00
	其它未利用地	498	0	0.00

而到了2000~2015年，天山北坡城市群各用地变面积变化率超过30%的仍有4种用地类型，具体包括其它建设用地185.04%、沼泽地103.74%、城镇建设用地66.55%、其它林地57.28%。各用地变动面积分别为507km²、111km²、368km²、59km²。这些用地仍是对城市群生态价值影响贡献相对较小的用地类型，各年际平均生态价值贡献率均不超过26%。

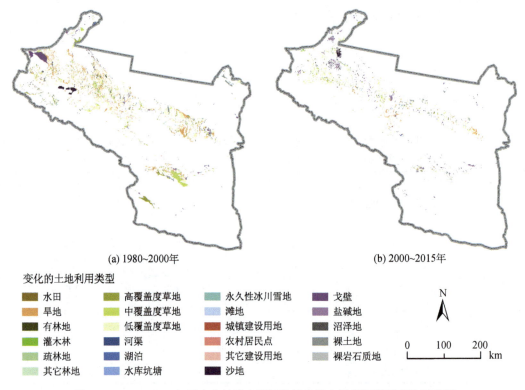

(a) 1980~2000年   (b) 2000~2015年

变化的土地利用类型

水田	高覆盖度草地	永久性冰川雪地	戈壁
旱地	中覆盖度草地	滩地	盐碱地
有林地	低覆盖度草地	城镇建设用地	沼泽地
灌木林	河渠	农村居民点	裸土地
疏林地	湖泊	其它建设用地	裸岩石质地
其它林地	水库坑塘	沙地	

N

0 100 200
km

图4.3 1980~2015年天山北坡城市群用地转换的土地利用类型变化示意图

生态价值贡献率较大的草地和耕地类型，其中，水田和旱地分别共计增加 22km²、2909km²；高覆盖度草地、中覆盖度草地、低覆盖度草地分别共计增加 203km²、829km²、2378km²。面积绝对变化量大（图 4.4），但相对变化量占比值较小。由此可见，导致天山北坡城市群用地类型发生重大变化的是水域、未利用地、林地和居民点及工矿用地，并非生态价值贡献率较大的草地和耕地类型。

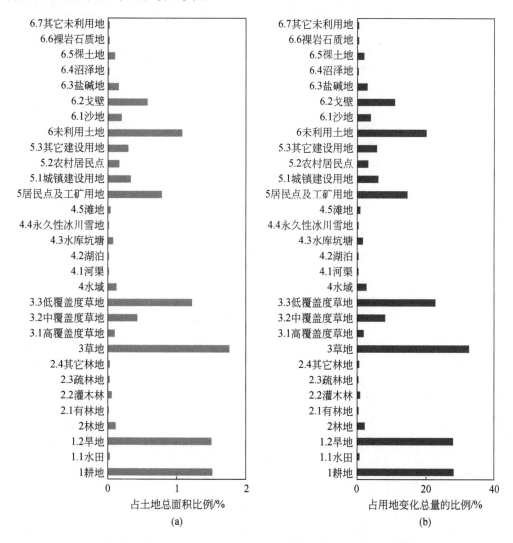

图 4.4　天山北坡城市群土地变更规模占土地总面积比例（a）及变化总量的比例（b）

（三）用地增加幅度较大的类型为居民点及工矿用地和耕地，减少幅度较大的类型为草地

从 6 个一级土地利用类型的变化情况分析，1980～2015 年用地变化率较大的类型依次为居民点及工矿用地（142.36%）、耕地（18.89%）、水域（7.17%）、草地（-5.41%）、林地

（2.92%）和未利用土地（-1.32%），但这些用地变化方向各不相同，居民点及工矿用地、耕地、水域和林地增加幅度较大，而草地和未利用土地减少幅度较大。其中耕地和居民点及工矿用地为变化量最大、增加幅度也最大的类型（表 4.5）。

表 4.5　1980～2015 年天山北坡城市群不同土地利用类型的变化率及比例关系表

用地类型	用地变化率/%	用地变化量占土地总面积比例/%	用地变化量占变化总量的比例/%
1 耕地	18.89	1.511	28.16
1.1 水田	19.13	0.011	0.21
1.2 旱地	18.89	1.500	27.95
2 林地	2.92	0.116	2.16
2.1 有林地	0.99	0.019	0.35
2.2 灌木林	18.36	0.049	0.92
2.3 疏林地	-6.35	0.021	0.39
2.4 其它林地	47.27	0.027	0.50
3 草地	-5.41	1.758	32.76
3.1 高覆盖度草地	-1.13	0.105	1.95
3.2 中覆盖度草地	-6.09	0.427	7.96
3.3 低覆盖度草地	-7.56	1.226	22.85
4 水域	7.17	0.129	2.47
4.1 河渠	-100	0.004	0.07
4.2 湖泊	-8.09	0.006	0.11
4.3 水库坑塘	142.20	0.080	1.49
4.4 永久性冰川雪地	0.19	0.003	0.05
4.5 滩地	30.50	0.041	0.76
5 居民点及工矿用地	142.36	0.783	14.59
5.1 城镇建设用地	222.03	0.327	6.10
5.2 农村居民点	55.63	0.163	3.04
5.3 其它建设用地	266.67	0.293	5.46
6 未利用土地	-1.32	1.069	19.93
6.1 沙地	-1.98	0.203	3.78
6.2 戈壁	-2.33	0.581	10.83
6.3 盐碱地	7.22	0.152	2.82
6.4 沼泽地	19.78	0.019	0.35
6.5 裸土地	-3.20	0.098	1.83
6.6 裸岩石质地	-0.11	0.015	0.28
6.7 其它未利用地	1.01	0.003	0.05

从二级土地利用类型的变化情况分析，用地增加率超过 50% 的类型分别为其它建设用地（266.67%）、城镇建设用地（222.03%）、水库坑塘（142.20%）、河渠（100%）和农村居

民点（55.63%），基本上以居民点及工矿用地和水域为主。用地减少率超过-5%的类型分别为湖泊（-8.09%）、低覆盖度草地（-7.56%）、疏林地（-6.35%）和中覆盖度草地（-6.09%）。

三、非建设用地转化为建设用地的规模较大

（一）非建设用地转化为建设用地的规模较大

从非建设用地转化为建设用地的转变面积分析，1980～2000 年和 2000～2015 年两个时段，由其它用地类型转变为城镇建设用地的量分别为 293km^2 和 377km^2，由其它用地类型转变为农村居民点用地的量分别为 359km^2 和 102km^2，由其它用地类型转变为其它建设用地的量分别为 89km^2 和 508km^2。上述三种建设用地合计转变量，1980～2000 年为 741km^2，2000～2015 年为 987km^2，分别占变动总面积的 5.68% 和 17.29%（表 4.6）。建设用地变动主体由农村居民点演变为其它建设用地。如从规模上看，1980～2000 年以农村居民点为核心的用地类型转变规模达到 359km^2，2000～2015 年只有 102km^2，分别占变动用地总规模的 2.75% 和 1.79%，主体地位明显下降。相反，以其它建设用地为核心的用地类型变动由 0.68% 大幅上升到 8.9%，城镇建设用地类型变动始终处于第 2 位。

表 4.6 1980～2015 年天山北坡城市群土地利用类型变更方向与面积

1980～2000 年	面积/km^2	占总面积比例/%	占变动面积比例/%	2000～2015 年	面积/km^2	占总面积比例/%	占变动面积比例/%
旱地—水田	230.02	0.40	14.58	水田—旱地	225.60	0.39	12.34
滩地—湖泊	121.54	0.21	7.70	水田—水库坑塘	169.66	0.29	9.28
旱地—疏林地	106.26	0.18	6.73	湖泊—滩地	155.14	0.27	8.49
水田—水库坑塘	101.02	0.17	6.40	疏林地—旱地	122.14	0.21	6.68
滩地—水田	80.25	0.14	5.09	水田—滩地	94.23	0.16	5.16
水库坑塘—水田	73.06	0.13	4.63	湖泊—水库坑塘	93.13	0.16	5.10
水田—湖泊	62.58	0.11	3.97	水库坑塘—滩地	73.51	0.13	4.02
水田—城镇建设用地	124.35	0.22	7.88	湖泊—沼泽地	60.15	0.10	3.29
旱地—城镇建设用地	168.65	0.29	10.69	河渠—滩地	41.25	0.07	2.26
滩地—水库坑塘	46.03	0.08	2.92	旱地—水田	37.41	0.06	2.05
水库坑塘—湖泊	40.96	0.07	2.60	水田—河渠	37.11	0.06	2.03
水田—旱地	40.01	0.07	2.54	疏林地—有林地	31.89	0.06	1.74
河渠—水田	39.15	0.07	2.48	疏林地—水田	30.34	0.05	1.66
旱地—水库坑塘	35.23	0.06	2.23	旱地—水库坑塘	30.31	0.05	1.66
水田—疏林地	30.48	0.05	1.93	灌木林—旱地	28.82	0.05	1.58
有林地—疏林地	29.45	0.05	1.87	湖泊—水田	26.81	0.05	1.47
旱地—灌木林	25.12	0.04	1.59	水田—其它建设用地	25.21	0.04	1.38
水库坑塘—旱地	18.96	0.03	1.20	水库坑塘—沼泽地	24.86	0.04	1.36
疏林地—旱地	18.21	0.03	1.15	旱地—其它建设用地	472.27	0.82	25.82

续表

1980～2000 年	面积/km²	占总面积比例/%	占变动面积比例/%	2000～2015 年	面积/km²	占总面积比例/%	占变动面积比例/%
水田—其它建设用地	89.0	0.15	5.64	旱地—农村居民点	88.30	0.15	4.82
河渠—旱地	15.79	0.03	1.00	滩地—水库坑塘	18.28	0.03	1.00
旱地—湖泊	14.30	0.02	0.91	城镇建设用地—水田	17.57	0.03	0.96
水库坑塘—滩地	13.34	0.02	0.85	沼泽地—水库坑塘	17.52	0.03	0.96
水田—农村居民点	12.96	0.02	0.82	城镇建设用地—旱地	15.65	0.03	0.86
滩地—旱地	1.93	0.02	0.76	灌木林—疏林地	15.62	0.03	0.85
滩地—河渠	1.61	0.02	0.74	旱地—滩地	15.21	0.03	0.83
疏林地—灌木林	1.07	0.02	0.70	旱地—河渠	14.28	0.02	0.78
水田—沼泽地	9.97	0.02	0.63	旱地—疏林地	14.09	0.02	0.77
湖泊—水田	9.93	0.02	0.63	旱地—城镇建设用地	377.0	0.66	20.61
河渠—滩地	9.84	0.02	0.62	水田—农村居民点	13.70	0.02	0.75
疏林地—水田	9.42	0.02	0.60	有林地—旱地	13.21	0.02	0.72
旱地—有林地	9.22	0.02	0.58	沼泽地—水田	12.03	0.02	0.66
农村居民点—旱地	9.16	0.02	0.58	水库坑塘—旱地	1.66	0.02	0.64
旱地—农村居民点	346.04	0.60	21.93	湖泊—其它建设用地	10.52	0.02	0.58

进一步从非建设用地内部的转换面积分析，首位表现戈壁与低覆盖度草地之间的双向变化规模。即 1980～2000 年，戈壁转化为低覆盖度草地的面积达到 685km²，占变动面积的5.25%；低覆盖度草地转化为戈壁的只有 75km²，占变动面积的 0.57%。但 2000～2015 年，戈壁转化为低覆盖度草地的面积仅为 11km²，占变动面积的 0.19%，而未发生低覆盖度草地向戈壁转化。沙地与低覆盖度草地、有林地与旱地等几个类型之间的转化也相对较大。

（二）建设用地转化为非建设用地类型的规模很小

从建设用地转化为非建设用地的转变面积分析，天山北坡城市群建设用地包括城镇建设用地、农村居民点用地和其它建设用地，向其它地类型的转变相对较小。1980～2000年转化面积 170km²，占用地变化总面积的 0.65%，2000～2015 年有所减少，总计转化面积39km²，占用地变化总面积的 0.27%。其中城镇建设用地转化为非建设用地的变化面积呈现出明显的快速减少态势，由 1980～2000 年的 26km² 减少到 2000～2015 年的 9km²，主要低覆盖度草地用地转变（7km²）及旱地（1km²）和林地（1km²）（图 4.5、图 4.6，表 4.7）。其它建设用地向其它用地类型转变的规模大有缩减，由 1980～2000 年的 28km² 减少到2000～2015 年的 1km²，变动幅度较明显。农村居民点用地转化为非建设用地的规模最大。1980～2000 年天山北坡城市群农村居民点用地主要转化为旱地（89km²）、低覆盖度草地（16km²）、中覆盖度草地（6km²）、城镇建设用地（4km²）以及戈壁（1km²）；2000～2015年，农村居民点转化为其它用地规模明显较小，主要转化为城镇建设用地（9km²）、旱地（8km²）、低覆盖度草地（4km²）、其它建设用地（3km²）、盐碱地（3km²）和水田（2km²）。

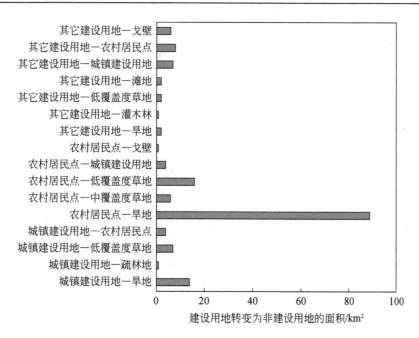

图 4.5　天山北坡城市群 1980～2000 年建设用地转换为非建设用地类型的规模示意图

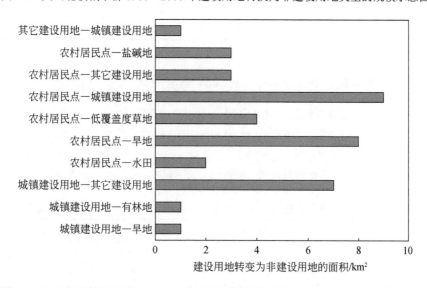

图 4.6　天山北坡城市群 2000～2015 年建设用地转换为非建设用地类型的规模示意图

表 4.7　1980～2015 年天山北坡城市群建设用地向其它用地变更的变动面积

1980～2000 年变动类型	面积/km²	2000～2015 年变动类型	面积/km²
城镇建设用地一旱地	14	城镇建设用地一旱地	1
城镇建设用地一疏林地	1	城镇建设用地一疏林地	1
城镇建设用地一低覆盖度草地	7	城镇建设用地一低覆盖度草地	7
城镇建设用地一农村居民点	4	小计	9
小计	26	农村居民点一水田	2

续表

1980~2000 年变动类型	面积/km²	2000~2015 年变动类型	面积/km²
农村居民点—旱地	89	农村居民点—旱地	8
农村居民点—中覆盖度草地	6	农村居民点—低覆盖度草地	4
农村居民点—低覆盖度草地	16	农村居民点—城镇建设用地	9
农村居民点—城镇建设用地	4	农村居民点—其它建设用地	3
农村居民点—戈壁	1	农村居民点—盐碱地	3
小计	116	小计	29
其它建设用地—旱地	2	其它建设用地—城镇建设用地	1
其它建设用地—灌木林	1	小计	1
其它建设用地—低覆盖度草地	2		
其它建设用地—滩地	2		
其它建设用地—城镇建设用地	7		
其它建设用地—农村居民点	8		
其它建设用地—戈壁	6		
小计	28		

（三）转变为城镇建设用地和农村居民点用地的主要是耕地

旱地对城乡居民点用地转化的贡献率超过 50%，1980~2000 年，旱地转化为城镇建设用地和农村居民点面积分别为 44km² 和 246km²，占所有向城乡居民点转变用地类型总面积（497km²）的 58%（表 4.8、图 4.7、图 4.8）。转化为其它建设用地的主要是戈壁（33km²）和盐碱地（29km²），占所有转化为其它建设用地总面积（89km²）的 70%。

表 4.8　1980~2015 年天山北坡城市群非建设用地向建设用地转化的类型及面积

1980~2000 年	面积/km²	2000~2015 年	面积/km²
旱地—城镇建设用地	44	水田—城镇建设用地	2
疏林地—城镇建设用地	9	旱地—城镇建设用地	184
中覆盖度草地—城镇建设用地	25	灌木林—城镇建设用地	5
滩地—城镇建设用地	7	疏林地—城镇建设用地	6
农村居民点—城镇建设用地	4	其它林地—城镇建设用地	3
其它建设用地—城镇建设用地	7	高覆盖度草地—城镇建设用地	4
戈壁—城镇建设用地	42	中覆盖度草地—城镇建设用地	12
小计	138	低覆盖度草地—城镇建设用地	126
旱地—农村居民点	246	水库坑塘—城镇建设用地	1
有林地—农村居民点	1	农村居民点—城镇建设用地	9

续表

1980~2000 年	面积/km²	2000~2015 年	面积/km²
灌木林—农村居民点	1	其它建设用地—城镇建设用地	1
疏林地—农村居民点	3	戈壁—城镇建设用地	19
高覆盖度草地—农村居民点	6	盐碱地—城镇建设用地	1
中覆盖度草地—农村居民点	16	裸土地—城镇建设用地	4
低覆盖度草地—农村居民点	53	小计	377
农村居民点—农村居民点	4	旱地—农村居民点	62
其它建设用地—农村居民点	8	有林地—农村居民点	3
沙地—农村居民点	1	灌木林—农村居民点	2
戈壁—农村居民点	15	疏林地—农村居民点	1
沼泽地—农村居民点	1	其它林地—农村居民点	1
裸土地—农村居民点	4	高覆盖度草地—农村居民点	3
小计	359	中覆盖度草地—农村居民点	8
旱地—其它建设用地	4	低覆盖度草地—农村居民点	11
高覆盖度草地—其它建设用地	1	湖泊—农村居民点	1
中覆盖度草地—其它建设用地	5	戈壁—农村居民点	5
低覆盖度草地—其它建设用地	16	裸土地—农村居民点	5
戈壁—其它建设用地	33	小计	102
盐碱地—其它建设用地	29	旱地—其它建设用地	44
裸岩石质地—其它建设用地	1	灌木林—其它建设用地	1
小计	89	疏林地—其它建设用地	1
		高覆盖度草地—其它建设用地	1
		中覆盖度草地—其它建设用地	13
		低覆盖度草地—其它建设用地	137
		滩地—其它建设用地	2
		城镇建设用地—其它建设用地	7
		农村居民点—其它建设用地	3
		沙地—其它建设用地	1
		戈壁—其它建设用地	172
		盐碱地—其它建设用地	56
		沼泽地—其它建设用地	1
		裸土地—其它建设用地	65
		裸岩石质地—其它建设用地	4
		小计	508

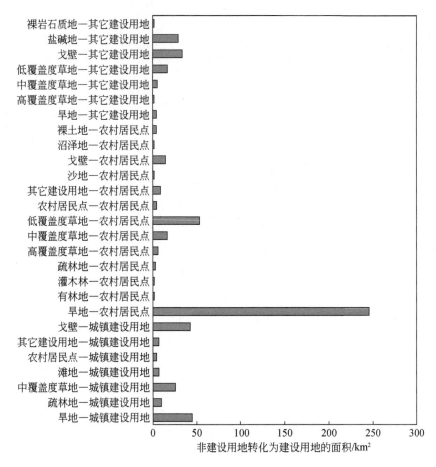

图 4.7　天山北坡城市群 1980～2000 年非建设用地转换为建设用地的规模示意图

2000～2015 年，天山北坡城市群转化为城镇建设用地的主要是旱地（184km²）、低覆盖度草地（126km²），占所有转化为城镇建设用地总面积（12.1km²）的 82%，其它类型转变面积均较小。转化为农村居民点用地的主要是旱地（62km²），占所有转化为农村居民点用地类型总面积（102km²）的 61%。转化为其它建设用地的主要是戈壁（172km²）、低覆盖度草地（137km²）、裸土地（65km²）、盐碱地（56km²）和旱地（44km²），占所有转化为其它建设用地类型总面积（508km²）的 93%。

由此可见，从 1980～2015 年的 35 年间，天山北坡城市群土地利用类型中转化为城乡居民点的主要为耕地中的旱地和低覆盖度草地，其它如低覆盖度草地、戈壁、裸土地以及盐碱地等都有不同程度地向其它建设用地转变；建设用地和耕地，尤其是旱地，伴随着城市群用地拓展与用地类型变更的全过程，彼此消长，并以建设用地拓展为主体。

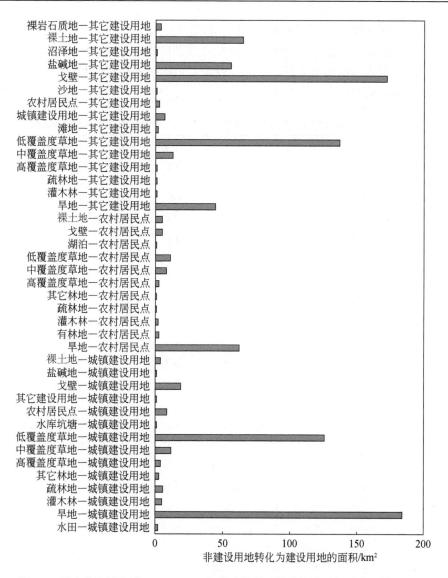

图4.8　天山北坡城市群2000～2015年非建设用地转换为建设用地的规模示意图

四、城市群用地主要扩展区集中在乌鲁木齐、克拉玛依和昌吉市

（一）城市群用地主要扩展区集中在乌鲁木齐、克拉玛依和昌吉市

（1）用地变化的主要类型集中水域和未利用地。在天山北坡城市群各类土地利用类型中，用地处于相对"紧张"状态的一级用地类型主要集中在未利用地（-3.41）和草地（-1.53）上。用地处于相对"紧张"状态的二级用地类型主要集中在未利用地中的裸土地（-26.4）处于快速下降态势，草地中的高覆盖度草地（-7.61），以及未利用地中的沙地（-1.79）和戈壁（-1.13）。在天山北坡城市群各类土地利用类型中，用地处于相对"松弛"状态的一

级用地类型集中在水域（3.95）、耕地（1.38）和居民点及工矿用地上（1.17）三类用地上。用地处于相对"松弛"状态的二级用地类型主要集中在林地中的疏林地，水域中的水库坑塘，居民点及工矿用地中的其它建设用地，及未利用地中的盐碱地和沼泽地。其中，其它建设用地处于明显的快速上升态势（表4.9）。

表4.9 1980～2015年天山北坡城市群内部各县市土地利用类型的变化率指数

地区名称	乌鲁木齐市	昌吉市	阜康市	高昌区	呼图壁县	吉木萨尔县	克拉玛依市	奎屯市	玛纳斯县
耕地	0.23	1.31	2.94	-0.67	2.87	1.14	4.68	9.76	0.46
水田	0.44	10.85	0.00	0.00	-5.23	0.00	0.00	15.68	0.00
旱地	0.20	1.28	2.93	-0.67	2.87	1.14	4.68	9.73	0.46
林地	-0.53	0.16	1.00	26.66	-1.55	-2.91	8.07	-11.41	-2.41
有林地	-0.37	0.05	3.87	12.58	-3.95	-0.46	43.57	-45.11	-5.11
灌木林	-0.18	0.00	2.56	7.76	-0.60	1.08	1.48	5.45	-5.40
疏林地	1.90	-0.19	-1.57	0.00	1.13	8.22	-0.44	15.76	2.35
其它林地	1.13	1.09	2.12	2.45	4.23	0.00	0.00	0.00	0.76
草地	-0.88	-1.24	-0.87	-0.85	-2.77	-1.34	-3.65	-8.16	-2.95
高覆盖度草地	-0.29	-1.96	0.47	3.77	2.49	-7.09	9.06	-63.43	-1.53
中覆盖度草地	0.87	-0.02	2.61	6.06	0.21	-2.97	6.16	10.18	3.05
低覆盖度草地	1.13	2.65	0.56	-2.17	3.41	2.28	2.14	5.67	3.98
水域	-0.13	-0.07	3.43	0.00	0.62	9.15	15.15	8.19	0.30
河渠	0.00	0.00	1.00	0.00	0.00	0.00	0.00	1.00	0.00
湖泊	4.12	2.23	0.00	0.00	7.76	0.00	-7.02	11.86	0.00
水库坑塘	1.61	0.23	12.98	0.00	0.92	0.94	37.59	5.17	0.14
永久性冰川雪地	0.00	12.60	0.00	0.00	0.00	0.00	0.00	0.00	2.30
滩地	0.57	-0.49	1.26	0.00	0.00	5.43	0.49	0.02	-0.14
居民点及工矿用地	1.39	1.60	0.91	0.69	0.37	1.35	0.84	2.47	0.32
城镇建设用地	0.92	2.37	1.60	0.04	0.71	2.25	1.23	1.13	0.90
农村居民点	2.29	1.71	0.35	1.57	0.36	0.83	1.47	1.92	0.49
其它建设用地	1.15	0.69	1.44	0.72	7.88	1.90	0.34	9.60	3.38
未利用土地	-0.75	-4.80	-4.02	0.17	0.09	-0.41	-3.19	-9.97	6.64
沙地	0.05	-0.08	0.03	-35.51	0.02	-0.73	3.61	-10.65	-0.86
戈壁	0.24	0.00	8.56	0.23	-7.16	1.05	1.06	0.00	0.00
盐碱地	-0.81	-8.43	69.25	1.19	-0.38	7.91	-2.11	-7.06	10.15
沼泽地	-2.08	-0.87	0.00	2.53	-3.11	15.17	20.71	34.25	-3.27
裸土地	2.50	2.23	5.40	-8.76	-562.74	0.55	7.82	0.00	26.80
裸岩石质地	-1.51	0.00	0.00	1.22	0.00	6.88	0.00	0.00	1.62
其它未利用地	0.00	0.00	0.00	0.00	0.00	0.00	0.00	0.00	0.00

续表

地区名称	奇台县	沙湾县	木垒哈萨克自治县	鄯善县	石河子市	托克逊县	乌苏市	五家渠市	天山北坡城市群均值
耕地	-0.67	1.37	-0.20	0.57	-0.81	-0.24	0.99	-0.32	1.38
水田	0.00	15.68	0.00	0.00	5.23	0.00	5.23	1.07	2.88
旱地	-0.67	1.37	-0.20	0.57	-0.83	-0.24	0.98	-0.34	1.37
林地	3.66	-0.05	-0.10	3.86	-34.41	6.14	2.80	10.73	0.57
有林地	1.74	-1.26	0.59	-12.58	0.00	3.11	9.90	18.87	1.50
灌木林	16.05	-0.91	0.65	-1.92	0.00	3.37	0.35	0.00	1.75
疏林地	1.63	-1.25	2.25	1.75	15.76	0.00	5.93	0.00	3.13
其它林地	-1.59	-0.65	-2.12	1.16	-2.12	0.00	0.00	5.24	0.69
草地	1.26	-0.99	0.26	-1.33	0.14	-1.42	0.72	-2.02	-1.53
高覆盖度草地	-5.72	0.25	-3.19	0.51	11.91	40.02	1.07	-115.67	-7.61
中覆盖度草地	-6.19	0.69	-0.86	6.22	2.79	-0.22	-1.21	2.55	1.76
低覆盖度草地	0.52	1.52	0.19	-3.10	-1.27	-0.50	-0.96	1.80	1.05
水域	13.46	0.26	1.70	9.62	3.50	-0.60	1.36	1.13	3.95
河渠	0.00	0.00	0.00	0.00	0.00	1.00	1.00	0.00	0.24
湖泊	0.00	12.36	0.00	-12.36	0.00	-12.36	7.49	0.00	0.83
水库坑塘	2.81	0.55	2.11	0.00	0.29	0.00	6.25	-0.14	4.20
永久性冰川雪地	0.00	-5.99	0.00	0.00	0.00	0.00	9.36	0.00	1.07
滩地	5.62	1.32	-0.41	0.00	0.71	0.00	0.94	18.14	1.97
居民点及工矿用地	1.29	0.29	0.58	1.42	1.04	2.12	1.90	1.23	1.17
城镇建设用地	3.00	0.28	0.45	0.68	0.68	17.57	2.85	1.20	2.23
农村居民点	0.81	0.56	0.90	0.60	0.87	1.63	4.11	0.38	1.23
其它建设用地	20.78	0.68	0.86	1.67	9.04	1.35	1.13	13.05	4.45
未利用土地	-1.69	-11.13	-1.11	0.11	-23.16	1.11	-14.13	8.34	-3.41
沙地	-0.21	9.60	0.00	-0.14	0.00	0.00	4.40	0.00	-1.79
戈壁	0.26	-42.97	1.53	0.25	0.00	0.30	17.46	0.00	-1.13
盐碱地	1.24	-1.52	0.41	4.02	-3.78	11.71	-0.54	10.91	5.42
沼泽地	0.00	-2.15	0.00	0.00	-3.49	0.00	-2.57	2.95	3.42
裸土地	6.57	31.26	-0.71	-3.60	0.00	-1.55	31.26	14.16	-26.40
裸岩石质地	0.00	-19.61	0.00	0.26	0.00	0.00	28.15	0.00	1.00
其它未利用地	0.00	0.00	0.00	0.00	0.00	0.00	1.45	0.00	0.09

（2）主要扩展地区主要集中在乌鲁木齐市、克拉玛依市和昌吉市（图 4.9）。从居民点及工矿用地的扩展面积规模分析，上述 3 市建设用地处于大规模扩张态势，扩展面积分别达到 399km^2、186km^2 和 126km^2。鄯善县、奇台县和阜康市，在经济发展驱动下，该类用地也处于较快扩张的状态。其中，乌鲁木齐市、昌吉市、石河子市是在经济发展和人口集

聚双重驱动下,以城镇建设用地扩展为主要增加类型;克拉玛依市、鄯善县、奇台县、阜康市、吉木萨尔县、高昌区、五家渠市等以其它建设用地为主导扩展类型,成为二、三产业发展的用地表现。[12]

图 4.9 1980～2015 年天山北坡城市群建设用地扩展区域示意图

快速扩展区集中在奎屯市、托克逊县和乌苏市。从居民点及工矿用地的面积变化率指数分析,上述 3 市处于快速扩展的态势,扩展变化率指数分别达到 2.47、2.12 和 1.9。昌吉市、鄯善县、乌鲁木齐市、吉木萨尔县、五家渠市的居民点及工矿用地变化率指数也均高于天山北坡城市群平均值 1.17。

(二)城市扩展导致生态价值变动的区域差异很大,少数几个用地类型变更对城市群生态环境造成负面影响

(1)天山北坡城市群空间扩展对生态价值的变动造成负面影响。1980～2015 年 35 年间,除鄯善县、托克逊县、木垒哈萨克自治县、高昌区和石河子市 5 县市在 1980～2000 年由于土地整理导致生态价值提高以外，其他所有城市在 1980～2000 年和 2000～2015 年的生态价值指数均表现为负值（表 4.10）。后期（2000～2015 年）空间拓展与前期（1980～2000 年）相比，对生态的破坏作用更加突出。表现天山北坡城市群所有城市后期对生态环境的破坏作用要更大。其中，沙湾县和鄯善县空间扩展对生态环境破坏的变化不大，但总体上仍引起城市生态环境质量的持续下降；昌吉市、阜康市和奇台县随着空间拓展，对生态环境的破坏作用下降。

表 4.10　天山北坡城市群及各城市建设用地扩展导致的生态价值指数变动情况

地区名称	1980～2000 年	2000～2015 年	地区名称	1980～2000 年	2000～2015 年
乌鲁木齐市	−67.64	−116.45	奇台县	−10.54	−114.4
昌吉市	−10.93	−116.66	沙湾县	−68.41	−75.19
阜康市	−15.35	−107.19	木垒哈萨克自治县	7.82	−65.05
高昌区	7.44	−59.03	鄯善县	13.28	−1.58
呼图壁县	−8.58	−47.23	石河子市	5.55	−55.36
吉木萨尔县	−8.78	−61.36	托克逊县	10.26	−49.05
克拉玛依市	−63.96	−99.79	乌苏市	−64.37	−115.63
奎屯市	−58.08	−109.88	五家渠市	−6.93	−65.06
玛纳斯县	−17.65	−64.48	天山北坡城市群	−356.87	−1323.39

（2）各城市空间拓展对城市群整体生态环境质量的影响差异较大。影响力高值区域为乌鲁木齐市和奎屯市 2 个工业化水平较高的县市和石河子市及五家渠市 2 个兵团城市，单位行政区面积范围内（生态价值的变化量/行政区面积），由于空间拓展所承担的生态压力，乌鲁木齐市一直处于领先地位，即在培育天山北坡城市群的过程中，中心城市的生态压力一直处于最大状态；石河子市、奎屯市和五家渠市对生态环境的破坏作用较强，其中石河子市生态环境的压力的增加幅度大。其他 13 县市无明显变化幅度。

（3）少数几个土地利用变更类型影响城市群空间拓展的生态价值。在天山北坡城市群范围内，导致生态价值指数发生明显变化的仅有少数几个用地类型，这些用地类型生态价值变化量均超过 5（表 4.11）。1980～2000 年由于城市群空间拓展导致生态环境恶化的生态过程包括：低覆盖度草地—城镇建设用地、低覆盖度草地—农村居民点、低覆盖度草地—其它建设用地 3 个类型；导致环境优化的类型是旱地—农村居民点。2000～2015 年，导致生态环境恶化的生态过程包括：低覆盖度草地—其它建设用地、低覆盖度草地—城镇建设用地、旱地—城镇建设用地 3 个类型。可见，1980～2015 年，导致天山北坡城市群生态环境恶化的生态过程数量增加，而优化的生态过程数减少的态势。具体到各城市中，导致环境破坏和优化的生态过程相对较少，均不超过 4 个；恶化程度加剧明显的区域是昌吉市、奇台县和石河子市，其破坏过程数的增加量均达到 3 个；恶化程度有改善的区域在克拉玛依市和沙湾县，其破坏过程数均减少了 1 个。

表 4.11　天山北坡城市群及各城市建设用地拓展导致的生态价值变动的主要生态过程数量情况

地区名称	前期（1980~2000 年）			后期（2000~2015 年）		
	生态过程总数/个	破坏的生态过程数（>-5）/个	优化的生态过程数（>5）/个	生态过程总数/个	破坏的生态过程数（>-5）/个	优化的生态过程数（>5）/个
乌鲁木齐市	12	3	1	17	4	0
昌吉市	6	1	1	10	4	0
阜康市	8	2	1	9	3	0
高昌区	5	0	1	7	1	0
呼图壁县	6	1	1	9	2	0
吉木萨尔县	6	1	1	6	2	0
克拉玛依市	9	3	1	10	2	0
奎屯市	3	2	1	7	3	0
玛纳斯县	8	2	1	4	2	0
奇台县	6	1	1	11	4	0
沙湾县	8	3	1	7	2	0
木垒哈萨克自治县	4	0	1	7	2	0
鄯善县	5	0	1	8	2	0
石河子市	3	0	1	8	3	0
托克逊县	3	0	1	12	2	0
乌苏市	8	2	1	8	4	0
五家渠市	2	1	1	8	3	0
天山北坡城市群	24	3	1	36	3	0

第三节　城市群空间扩展的用地动态转换系统运行过程

天山北坡城市群空间扩展的用地动态转换系统是在城市群统计数据的基础上，基于 GIS 空间分析平台，综合管理 1980~2010 年天山北坡城市群城镇发展、土地变化、生态价值等要素，并对相关结果进行综合分析，为城市群空间扩展综合评估提供科学依据。该系统于 2018 年 9 月 1 日获得国家计算机软件著作权登记证书（证书号 2018SR735523），系统由 4 个模块构成，即城市群空间扩展的生态用地价值分析模块、城市群空间扩展的生态用地价值置换模块、用户管理模块和帮助模块。

一、系统登录界面

在系统启动时，首先显示登录界面，如图 4.10、图 4.11 所示，提示用户输入登录用户名，点击"登录"，系统将启动并运行所选择的相应模块供用户使用。

图 4.10 系统登录界面

为了方便用户操作，系统主界面采用 Office 2013 界面模式，主窗口按功能共分为 5 个功能区：菜单栏区、工具条区、图层控制区、地图显示区以及状态栏，具体界面如图 4.11所示。

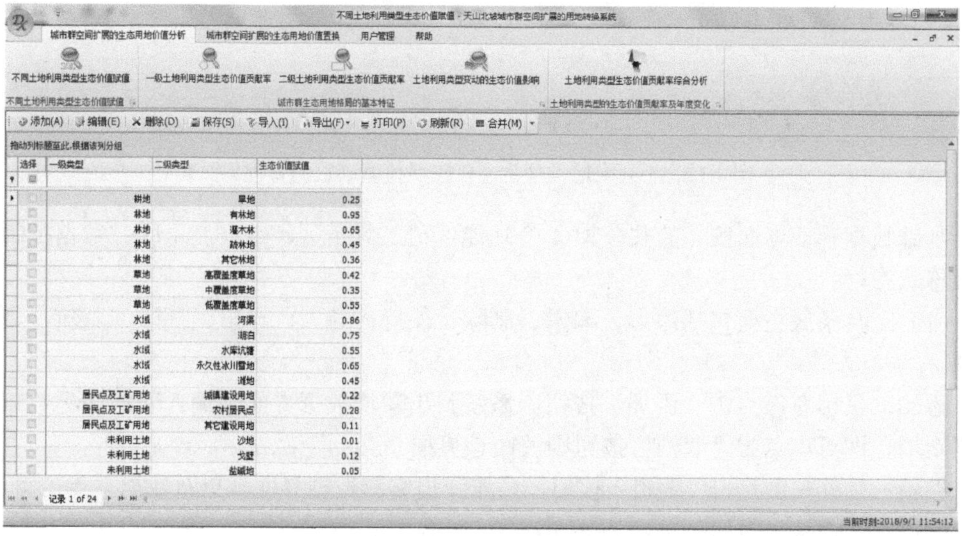

图 4.11 系统主界面

系统菜单栏区包括城市群空间扩展的生态用地价值分析、城市群空间扩展的生态用地价值置换、用户管理模块、帮助模块等 4 个主菜单。每个主菜单下面都有二、三级菜单。

二、城市群空间扩展的生态用地价值分析模块

点击城市群空间扩展的生态用地价值分析菜单，系统会显示功能菜单的二级菜单。基础功能菜单主要包括不同土地类型生态价值赋值、城市群生态用地格局的基本特征分析、土地利用类型的生态价值贡献率及年度变化子系统二级菜单。

（一）不同土地类型生态价值赋值功能

不同土地类型生态价值赋值功能用于管理不同土地类型生态价值赋值的基础数据。点击菜单下的"生态价值赋值"按钮，系统会自动跳出管理界面，如图4.12所示。当用户关闭基础数据管理窗口后，若想再次显示该窗口，可再次点击菜单下的按钮即可。

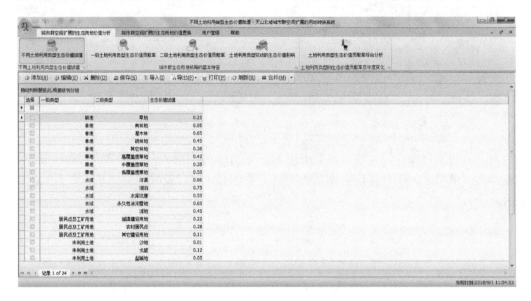

图4.12　不同土地类型生态价值赋值基础数据管理界面

基础数据管理界面按功能共分为4个功能区：工具条区、数据显示区、数据控制区以及数据状态栏。

（1）工具条区主要包括添加、编辑、删除、保持、导入、导出、打印、刷新、合并等功能。

添加：鼠标左键点击"添加"按钮，系统弹出新增数据界面。输入新的指标数据，点击"新增"即可。点击"取消"按钮则关闭该界面。

编辑：鼠标左键点击"编辑"按钮，系统弹出编辑数据界面。更新数据，点击"保存"即可。点击"取消"按钮则关闭该界面。

删除：鼠标左键点击"删除"按钮，系统弹出确认删除的对话框。点击"是"按钮，确认删除；点击"否"按钮，则关闭该界面。

保存：鼠标左键点击"保存"按钮，系统弹出确认执行保存结果的消息对话框。

导入：鼠标左键点击"导入"按钮，系统弹出选择导入数据的消息对话框，用户选择

相应的导入模板，在对话框中点击"打开"即可。

导出：鼠标左键点击"导出"按钮的下拉菜单，选择相应的导出格式，将数据表格中的数据导出为对应的格式。

打印：鼠标左键点击"打印"按钮，系统弹出选择打印数据的界面，用户可以根据相应的需求在界面内进行调整和打印。

刷新：鼠标左键点击"刷新"按钮，数据表格将重新加载和刷新。

合并：鼠标左键点击"合并"按钮，数据表格将有重复值的单元格进行合并，方便用户直观的分析。当不需要合并视图，再次单击"合并"按钮即可。

（2）数据显示区是将数据以表格形式进行展示，用户可以在表格中对数据进行修改、排序、筛选等。

（3）数据控制区可以控制数据的分组筛选情况，用户可以把某一列的标题拖动到数据控制区，数据显示区的数据可自动按照该列进行分组展示。

（4）数据状态栏是显示数据的记录条数，用户可以对数据集进行一定的操作，包括上一条记录、下一条记录、第一条记录、最后一条记录、上一页、下一页等功能。

（二）城市群生态用地格局的基本特征分析功能

城市群生态用地格局的基本特征分析功能用于管理城市群土地利用类型的生态价值贡献率以及生态价值影响的基础数据。点击菜单下的"土地利用类型的生态价值贡献率"按钮，系统会自动跳出管理界面，如图 4.13 所示。当用户关闭基础数据管理窗体后，若想再次显示该窗口，可再次点击菜单下的按钮即可。

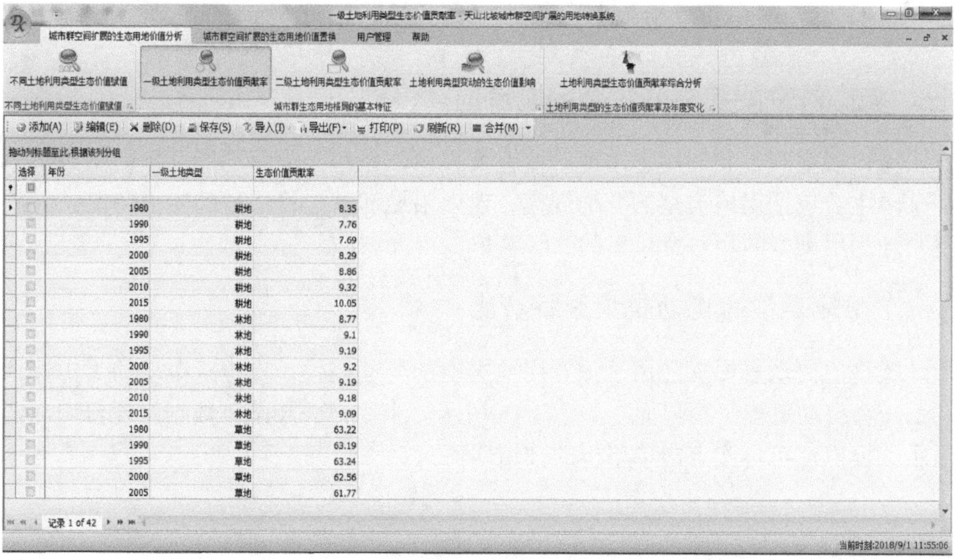

图 4.13　土地利用类型的生态价值贡献率管理界面

（三）土地利用类型的生态价值贡献率及年度变化分析功能

土地利用类型的生态价值贡献率及年度变化功能用于管理城市群土地利用类型的生态价值贡献率以及生态价值。点击菜单下的"土地利用类型的生态价值贡献率综合分析"按钮，系统会自动跳出管理界面，如图4.14所示。当用户关闭管理窗口后，若想再次显示该窗口，可再次点击菜单下的按钮即可。

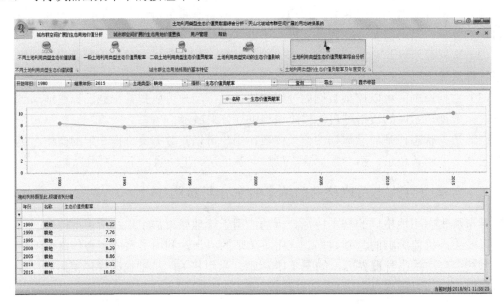

图4.14　土地利用类型的生态价值贡献率综合分析管理界面

三、城市群空间扩展的生态用地价值置换模块

点击城市群空间扩展的生态用地价值置换菜单，系统会显示功能菜单的二级菜单。基础功能菜单主要包括用地类型的变动规模、建设用地和非建设用地的变更情况、天山北坡城市群土地利用类型的相对变化率的二级菜单。

（一）用地类型的变动规模分析功能

用地类型的变动规模功能用于测算用地类型的变动规模。点击菜单下的"指标体系"按钮，系统会自动跳出管理界面，如图4.15所示。当用户关闭基础数据管理窗口后，若想再次显示该窗口，可再次点击菜单下的按钮即可。

（二）建设用地和非建设用地变更分析功能

建设用地和非建设用地的变更情况功能用于分析建设用地和非建设用地的变更情况。点击菜单下的"建设用地和非建设用地的变更情况"按钮，系统会自动跳出管理界面，如图4.16所示。当用户关闭管理窗口后，若想再次显示该窗口，可再次点击菜单下的按钮即可。

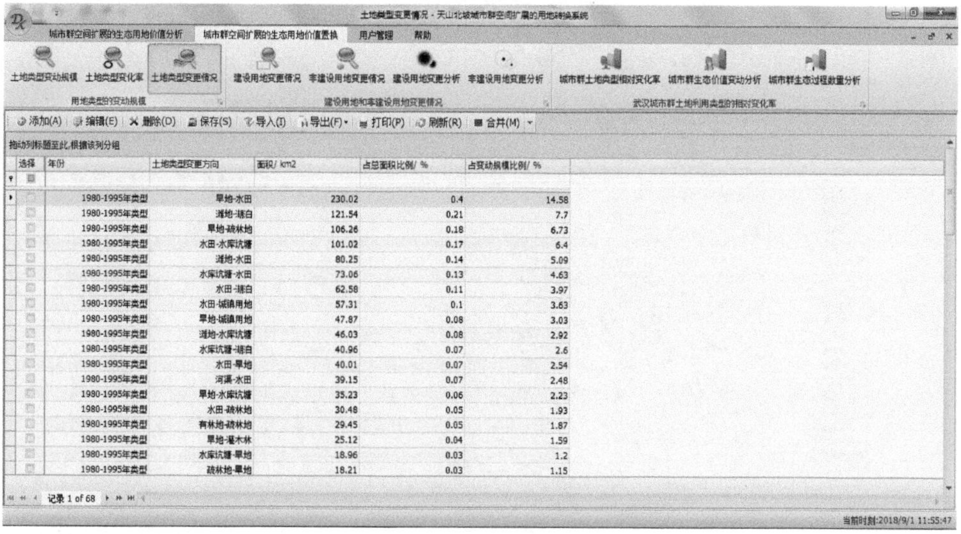

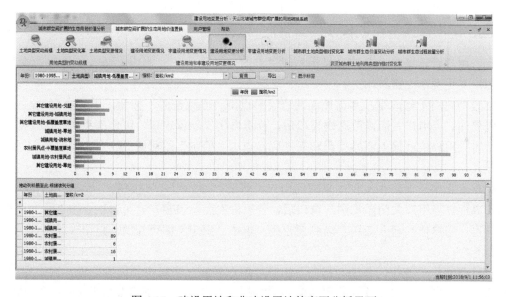

图 4.15　用地类型的变动规模管理界面

图 4.16　建设用地和非建设用地的变更分析界面

（三）土地利用类型相对变化率计算功能

天山北坡城市群土地利用类型的相对变化率功能用于管理天山北坡城市群土地利用类型的相对变化率。点击菜单下的"生态价值动态分析"按钮，系统会自动跳出管理界面，如图 4.17 所示。当用户关闭基础数据管理窗口后，若想再次显示该窗口，可再次点击菜单下的按钮即可。

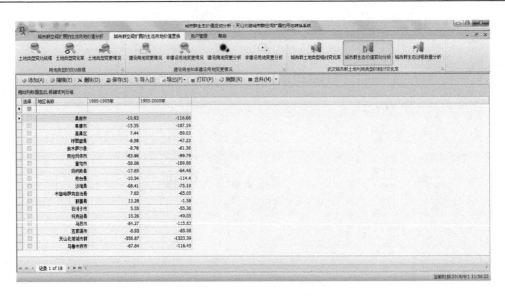

图 4.17　生态价值动态分析管理界面

四、用户管理与帮助模块

点击用户管理菜单，系统会显示功能菜单的二级菜单。基础功能菜单主要包括修改密码、用户变更两个二级菜单。

修改密码用于修改用户当前使用的密码。点击"修改密码"按钮，系统会自动跳出修改密码界面。当用户关闭修改密码窗口后，若想再次显示该窗口，可再次点击"修改密码"按钮即可。用户依次输入原始密码和新密码，点击"确定"即可修改。点击"取消"，关闭该窗口。

用户变更用于管理当前使用系统的用户。点击"添加用户"按钮，系统会自动跳出添加用户界面。当用户关闭添加用户窗口后，若想再次显示该窗口，可再次点击"添加用户"按钮即可。用户依次输入新用户名和新密码，点击"确定"即可修改。点击"取消"，关闭该窗口。

点击删除用户按钮，系统会自动跳出删除用户界面。当用户关闭删除用户窗口后，若想再次显示该窗口，可再次点击"删除用户"按钮即可。用户勾选需要删除的用户，点击"确定"即可删除。点击"取消"，关闭该窗口。

点击帮助菜单，系统会显示功能菜单的二级菜单。基础功能菜单为用户帮助文档的二级菜单，点击用户帮助文档按钮，系统自动弹出用户帮助文档，便于用户参考。

主要参考文献

[1] Chuanglin Fang, Danlin Yu. Urban agglomeration: An evolving concept of an emerging phenomenon. Landscape and Urban Planning, 2017, 162: 126-136

[2] 方创琳，姚士谋，刘盛和，等.2010 中国城市群发展报告.北京：科学出版社，2011，25-33

[3] 姚士谋，周春山，王德，等.中国城市群新论.北京：科学出版社，2016，14-15

［4］方创琳，宋吉涛，蔺雪芹.中国城市群可持续发展理论与实践. 北京：科学出版社，2010，56-89

［5］ChuangLin Fang，YuFei Ren.Analysis of emergy-based metabolic efficiency and environmental pressure on the local coupling and telecoupling between urbanization and the eco-environment in the Beijing-Tianjin-Hebei urban agglomeration，Science China Earth Sciences，2017，60 （6）：1083-1097

［6］李晓文，方创琳，黄金川，等.西北干旱区城市土地利用变化及其区域生态环境效应.第四纪研究，2003，23（3）：281-290

［7］王思远，刘纪远， 张增祥，等.中国土地利用时空特征分析.地理学报，2001，56（1）：631-640

［8］徐立，刘少博，刘云国，等.湘中红壤丘陵区土地利用变化对生态系统服务价值的影响——以长沙市为例.环境科学学报，2009，29（8）：1788-1792

［9］刘盛和，何书金.土地利用动态变化的空间分析测算模型.自然资源学报，2002，17（5）：533-540

［10］姜广辉，张凤荣，祥斌，等.北京山区建设用地扩展空间分异分析.地理研究，2006，25（5）：905-912

［11］朱会义，李秀彬.关于区域土地利用变化指数模型方法的讨论.地理学报，2003，58（5）：643-650

［12］方创琳，高倩，张小雷，等.城市群扩展的时空演变特征及对生态环境的影响——以天山北坡城市群为例.中国科学·地球科学，2019，49（9）：1413-1424

第五章　天山北坡城市群可持续发展思路与空间布局

在全面推动"一带一路"建设和中央全力支疆稳疆的形势下，《中华人民共和国国民经济和社会发展第十三个五年规划纲要》提出加快城市群发展，将城市群作为推进国家新型城镇化的主体形态，首次提出规划引导天山北坡城市群建设，这使得加快建设天山北坡城市群面临着前所未有的历史性发展机遇。需要紧紧围绕新疆社会稳定和长治久安总目标，坚持创新、协调、绿色、开放、共享发展理念，统筹推进"五位一体"总体布局和协调推进"四个全面"战略布局，尊重城市群发展规律，以全面深化改革和创新发展为动力，建立开放合作、互利共赢、共建共享的一体化发展机制，注重突出以人为本，注重优化空间布局，注重强化产城融合，注重实现兵地协同，注重增强承载能力，注重改善生态环境。统筹推进天山北坡城市群经济社会发展、基础设施建设、生态环境保护和基本公共服务的一体化发展，确保在新疆率先基本实现现代化。

第一节　城市群可持续发展的基本思路

按照"创新驱动、开放带动、内外联动、重点撬动、兵地互动"的发展思路，充分发挥天山北坡城市群独特的地缘区位优势和交通枢纽优势，面向疆内疆外及国内国外，推动城市群经济社会发展由资源驱动型向创新驱动型、由投资拉动型向开放带动型转变[1]。

一、天山北坡城市群可持续发展的基本原则

加快天山北坡城市群发展，充分发挥城市群在丝绸之路经济带核心区建设中的引领作用，对确保新疆社会稳定和长治久安，加快绿色崛起和繁荣发展都具有十分重要的战略意义。通过天山北坡城市群建设，将新疆融入到国家新型城镇化发展的大格局和国家现代化建设及国际经济合作的大局中去，全方位提升新疆在国家和丝绸之路经济带建设中的国内国际战略地位。

（一）创新驱动，市场主导，互利共赢

实行创新驱动发展战略，由资源推动转为创新驱动，全面加大引进创新力度，充分发挥市场机制在城市群发展中的主体作用，在生产要素合理流动中谋求优势互补。正确处理好天山北坡城市群发展中单赢与多赢的关系，实现对等公平与互利合作。

（二）开放带动，先行先试，探索创新

以改革开放为动力，大胆探索，先行先试，力求在开放模式、开放机制和开放政策等方面实现新突破。把天山北坡城市群建成为立足全疆、辐射中亚、联动"一带一路"地区

的开放型城市群。

（三）内外联动，以内促外，以外推内

进一步发挥天山北坡城市群独特的地缘优势、资源优势和市场优势，推动疆内疆外和境内境外的产业互补与资源共享，以内促外，以外推内，形成内外联动、快出快进、多出多进、大出大进的外向型经济发展新格局。

（四）重点撬动，点线突破，全域辐射

重点加快天山北坡城市群关键节点城市、关键轴线和关键区域的发展，在近期点线突破、局域辐射的基础上，逐步推动城市群辐射带动天山南北和新疆全域的经济社会发展[2, 3]。

（五）兵地互动，产城融合，地企联合

正确处理好天山北坡城市群产业发展与城市建设、城市发展与兵团建设、地方发展与油田建设的相互促进关系，以产促城，以城兴产，产城融合，兵地协同，地企联合，形成优势互补、和谐发展新态势，将城市群建成兵地协同发展示范区。

二、天山北坡城市群可持续发展的总体定位

天山北坡城市群可持续发展的总体定位是：发挥地缘优势，挖掘区域特质，建设立足新疆、辐射中亚西亚、服务丝绸之路经济带的战略枢纽型边疆城市群。具体发展定位如下。

（一）丝绸之路经济带核心区的重要支撑

建成丝绸之路经济带面向中亚、西亚、南亚地区的国际性商贸中心、文化交流中心和区域联络中心；我国西部对外开放的前沿地带、能源资源合作基地、出口商品加工基地和中转集散中心，国际货运班列集结与物流枢纽服务示范基地；建成丝绸之路经济带内外联动创新发展先行区和丝绸之路经济带中蒙俄经贸合作的先导区。

（二）全国重要的战略资源加工储运基地

充分发挥天山北坡城市群丰富的能源及矿产资源优势，以及进口境外资源的区位优势，建成我国综合能源生产、加工、外送基地和战略储备基地，我国进口中亚、俄蒙等周边国家资源加工外送基地。加快打造国际产能合作先行基地和国家新型综合能源加工输出贸易示范基地。

（三）新疆新型城镇化与经济发展的核心引擎

加快人口与生产要素向城市群地区有序集聚，推进天山北坡城市群成为丝绸之路经济带核心区新疆新型城镇化的主体区、新兴工业化的主体区、经济社会发展的核心区、创新驱动发展示范区、公共服务均等化典范区和生态文明示范区，成为丝绸之路经济带核心区建设的重要支撑。

（四）边疆民族团结和兵地融合发展示范区

努力将天山北坡城市群打造成为兵地融合发展示范区、国防安全和社会稳定保障区，为实现新疆社会稳定和长治久安发挥更加重要的作用。

三、天山北坡城市群可持续发展的战略目标

立足于天山北坡城市群可持续发展的战略定位，按照"坚守一个底线、突出一条主线、强化一个引领、提升一个能力、保持一个率先"的基本思路提出战略目标。

（一）坚守一个底线：坚守生态底线

以生态优先，蓝天碧水为目标，打造绿色发展先行区。到 2020 年，天山北坡城市群万元 GDP 能耗降至 0.9 吨标煤/万元，清洁能源使用率达到 30%，区域环境空气质量高于二级标准的天数比例达到 90%；万元工业增加值用水量降至 20m³/万元。2030 年万元 GDP 能耗降至 0.8 吨标煤/万元，清洁能源使用率达到 50%，区域环境空气质量高于二级标准的天数比例达到 95%，万元工业增加值用水量降至 15m³/万元。

（二）突出一条主线：保持经济高质量发展

集中精力建好边疆地区城市群，以稳中求进为基调，以转型创新为动力，重点提高经济发展质量和效益。到 2020 年，天山北坡城市群经济总量达到 8000 亿元，年均增长 7.5%，到 2030 年，天山北坡城市群经济总量达到 16500 亿元，年均增长 7.5%（表 5.1）。

表 5.1 2016～2030 年天山北坡城市群发展指标预测表

指标	2016 年	2020 年预测	2025 年预测	2030 年展望	2016～2030 年增速/%
地区生产总值/亿元	5981.27	8000	12000	16500	7.5
人均生产总值/万元	73450	94000	130000	180000	
三次产业结构比例/%	9.65：42.13：48.22	8.0：40.0：52.0	7.0：37.0：56.0	6.0：35.0：59.0	
公共财政预算收入/亿元	831.82	1100	1700	2200	7
全社会固定资产投资/亿元	4761.25	7500	14500	23300	12
社会消费品零售总额/亿元	1968.0	3000	5500	7500	10
进出口总额/亿美元	85.43	120	180	250	8
R&D 投入占 GDP 比例/%	1.67	>2.0%	>2.3%	>2.5%	
核心城市 GDP 中心度/%	41.11	45.00	47.00	50.00	
常住总人口/万人	991.35	1100	1150	1200	
户籍人口/万人	814.35	850	870	900	

指标	2016 年	2020 年预测	2025 年预测	2030 年展望	2016~2030 年增速/%
常住人口城镇化率/%	67.21	70	73	75	
户籍人口城镇化率/%	60.2	62	65	70	
核心城市人口集中度/%	62.1	63	65	70	
城镇居民人均可支配收入/元	31777	46500	85000	120000	10
农村居民人均可支配收入/元	16144	22800	36000	55000	9
人口自然增长率/‰	11.0	11.6	11.6	11.6	
万元 GDP 能耗/（吨标煤/万元）	1.04	0.9	0.8	0.8	
万元工业增加值水耗/（m³/万元）	24.8	20	18	15	
用水总量控制红线（地方/兵团）/亿 m³	103.9/36.4	98.03/29.4	98.03/29.4	98.03/29.4	
清洁能源使用率/%	17	30	40	50	

注：2016 年乌鲁木齐市常住流动人口 120 万人，昌吉州 25 万人，奎独乌地区 15 万人，克拉玛依 12 万人，吐鲁番 7 万人，合计约 179 万人。

（三）强化一个引领：永当新疆新型城镇化的排头兵

人口集聚效应进一步凸显，到 2020 年，天山北坡城市群总人口集聚到 1100 万人，常住人口城镇化水平达到 70%，到 2030 年，天山北坡城市群总人口集聚到 1200 万人，常住人口城镇化水平达到 75%。推动形成一体化发展新格局。统筹城乡发展，统筹经济社会发展，统筹国内发展和对外开放，统筹天山南北的联动发展，促进兵地融合发展，形成产业发展、基础设施建设、生态环境保护与污染防治的一体化发展新格局。

（四）提升一个能力：保持社会大局总体稳定

坚持稳定压倒一切，提升社会稳定和长治久安能力，建成国防安全和社会稳定保障示范区。为全疆的民族团结和社会政治稳定做出垂范，发挥更大作用。

（五）保持一个率先：在全疆率先基本实现现代化

到 2020 年天山北坡城市群城镇居民人均可支配收入和农村居民人均可支配收入分别达到 46500 元和 22800 元，年均分别增长 10% 和 9%；到 2030 年天山北坡城市群城镇居民人均可支配收入和农村居民人均可支配收入分别达到 12 万元和 5.5 万元。在全疆率先基本实现现代化。

第二节　城市群可持续发展的空间布局

立足天山北坡城市群生态系统服务价值和资源环境承载能力，将天山北坡城市群划分为干旱脆弱的生态功能区、产业集聚的生产功能区、城镇集聚的生活功能区三大功能区，构建由"一带一圈、两轴四区"组成的兵地融合发展"夫"字型空间新格局。

一、天山北坡城市群可持续发展的三大功能分区管控

依托《新疆主体功能区规划》，将天山北坡城市群划分为干旱脆弱的生态功能区、产业集聚的生产功能区、城镇集聚的生活功能区三大功能区进行管控（图 5.1）。

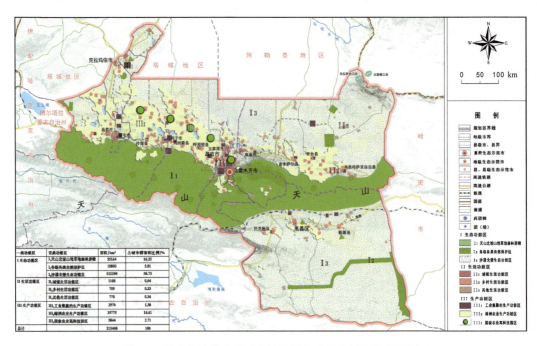

图 5.1　天山北坡城市群可持续发展的功能分区管控示意图

（一）干旱脆弱的生态功能区

包括天山北坡山地草地森林屏障生态功能区、各级各类自然保护区和沙漠戈壁生态功能区，以禁止开发、保护修复为主，兼顾发展生态旅游、沙疗养生旅游等，生态功能区面积 16.82 万 km²，占城市群总面积的 78.06%。

（二）产业集聚的生产功能区

包括工业集聚的生产功能区和绿洲集中的农业功能区两部分，其中工业集聚的生产功能区包括综合能源资源综合开发区、国家综合能源战略储备区、国家级高新技术产业开发区、国家级经济技术开发区、国家创新驱动发展试验区、省级或兵团级工业园区等，以集

约发展先进制造业和高新技术产业为主，面积 0.29 万 km²，占城市群总面积的 1.38%；绿洲农业集中的生产功能区包括国家农业高科技园区和国家农产品主产区等，以高效发展现代化特色精品农业为主，面积 4.16 万 km²，占城市群总面积的 19.32%。

（三）人口集聚的生活功能区

包括 1 个都市圈、4 个都市区等高度城镇化地区，是城市群人口及生产要素集聚区，也是重点生活功能区，以发展现代服务业为主，面积 0.26 万 km²，占城市群面积的 1.23%。

二、天山北坡城市群可持续发展的兵地融合型空间格局

依据天山北坡城市群功能分区管控要求，构建由"一带一圈、两轴四区"组成的兵地融合发展"夫"字形空间新格局（图 5.2）。

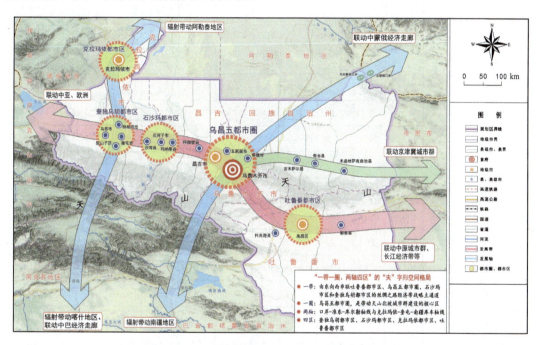

图 5.2　天山北坡城市群可持续发展的空间格局示意图

（一）做实一带：丝绸之路经济带城镇化发展带

是贯穿天山北坡城市群东西的丝绸之路经济带战略主通道，以连霍高速、兰新高铁—乌伊高铁等东西向交通为依托，由东向西串联吐鲁番都市区、乌昌五都市圈（乌鲁木齐—昌吉—五家渠都市圈）、石沙玛都市区（石河子—沙湾—玛纳斯都市区）和奎独乌胡都市区（奎屯—独山子—乌苏—胡杨河都市区）都市区，建成丝绸之路经济带核心区开放发展的城镇化主轴带，西联中亚，东接内地，辐射北疆，拉动南疆。

（二）做强一圈：兵地融合发展的乌昌五都市圈

由乌鲁木齐大外环连接五家渠市、昌吉市和阜康市，构成半小时经济圈。面积占城市群的 21.2%，集聚了城市群 59.4%的人口、62.9%的城镇人口、51.7%的少数民族人口、59.5%的经济总量、73.2%的第三产业增加值、78.4%的社会消费品零售总额和 63.4%的地方财政收入（表 5.2，表 5.3），是带动天山北坡城市群建设的核心区。未来推动乌鲁木齐市向北拓展，五家渠市、昌吉市和阜康市向南发展，形成相向发展的聚合格局，推动自治区行政中心北迁，推动建设乌鲁木齐国家级丝路新区，成为践行新发展理念的先行区。推动乌昌五都市圈与吐鲁番都市区的一体化发展。

表 5.2　天山北坡城市群"一圈四区"经济社会发展指标统计表（2000~2016 年）

都市圈（区）名称	年份	面积/km²	总人口/万人	城镇人口/万人	少数民族人口/万人	GDP/亿元	第一产业增加值/亿元	第二产业增加值/亿元	第三产业增加值/亿元	全社会固定资产投资/亿元	社会消费品零售总额/亿元	地方财政收入/亿元	城镇居民人均可支配收入/元	农村居民人均可支配收入/元
乌昌五都市圈	2000	44475.67	254.23	189.90	60.63	386.09	34.79	156.15	195.21	148.71	136.40	47.94	7030.42	3427.01
	2010	44475.67	342.30	238.42	87.80	1729.76	96.93	797.46	876.93	725.82	663.20	168.36	14469.46	8014.53
	2016	45563.67	483.78	307.95	111.19	3558.64	152.23	1295.66	2110.74	2572.65	1543.50	527.12	32870.10	16532.62
奎独乌胡都市区	2000	21135.50	57.18	35.99	10.04	55.99	21.43	18.96	15.83	22.14	18.62	5.05	5539.00	2809.00
	2010	21145.50	65.00	42.52	11.73	280.64	43.42	156.77	50.97	109.82	43.58	24.73	14215.00	7000.00
	2016	21145.50	68.01	44.28	12.31	614.61	90.44	363.33	160.83	358.49	104.92	45.87	28898.00	14830.00
石沙玛都市区	2000	30219.00	104.43	61.21	12.28	159.72	54.28	66.52	38.93	23.62	21.86	3.26	6531.52	4048.70
	2010	30469.00	101.71	73.53	11.79	406.04	156.93	137.72	104.38	188.41	60.25	23.18	14435.36	10949.49
	2016	28714.27	102.05	66.14	14.52	782.02	181.21	328.18	291.00	413.70	155.44	58.46	32970.16	18288.00
克拉玛依都市区	2000	6529.65	21.83	21.39	4.74	134.12	0.52	112.35	21.18	80.56	9.21	9.56	9617.00	3611.00
	2010	6529.65	22.41	22.10	5.50	185.81	1.26	297.63	57.02	154.02	25.84	41.20	17295.00	10296.00
	2016	8274.97	34.53	27.29	6.56	441.10	3.20	288.92	148.17	186.60	52.85	75.36	35770.00	20688.00
吐鲁番都市区	2000	67504.22	55.10	20.88	42.47	59.84	7.47	39.65	12.73	26.50	8.73	3.83	4239.00	2355.00
	2010	67504.22	62.30	24.30	48.59	182.79	24.41	116.13	42.24	92.39	28.49	14.60	13721.00	5529.00
	2016	67562.91	63.30	33.40	52.10	225.10	50.00	100.40	74.70	369.30	45.90	32.80	28201.00	11226.00
天山北坡城市群合计	2000	213983.04	575.51	340.75	152.74	844.97	138.60	406.97	299.55	308.21	210.20	72.41	6184.92	3157.65
	2010	214246.04	661.86	425.28	184.62	2994.05	404.41	1574.72	1148.53	1402.56	857.17	293.82	13410.73	7838.99
	2016	215383.05	814.35	489.86	215.10	5981.27	577.60	2519.99	2882.82	4761.25	1968.00	831.82	29145.83	16143.96

表5.3　2000～2016年天山北坡城市群"一圈四区"所占比例统计表　（单位：%）

都市圈（区）名称	年份	面积	总人口	城镇人口	少数民族人口	GDP	第一产业增加值	第二产业增加值	第三产业增加值	全社会固定资产投资	社会消费品零售总额	地方财政收入
乌昌五都市圈	2000	20.78	44.17	55.73	39.69	45.69	25.10	38.37	65.17	48.25	64.89	66.21
	2010	20.76	51.72	56.06	47.56	57.77	23.97	50.64	76.35	51.75	77.37	57.30
	2016	21.15	59.41	62.86	51.69	59.50	26.36	51.42	73.22	54.03	78.43	63.37
奎独乌胡都市区	2000	9.88	9.94	10.56	6.57	6.63	15.46	4.66	5.28	7.18	8.86	6.97
	2010	9.87	9.82	10.00	6.35	9.37	10.74	9.96	4.44	7.83	5.08	8.42
	2016	9.82	8.35	9.04	5.72	10.28	15.66	14.42	5.58	7.53	5.33	5.51
石沙玛都市区	2000	14.12	18.15	17.96	8.04	18.90	39.16	16.35	13.00	7.66	10.40	4.50
	2010	14.22	15.37	17.29	6.39	13.56	38.80	8.75	9.09	13.43	7.03	7.89
	2016	13.33	12.53	13.50	6.75	13.07	31.37	13.02	10.09	8.69	7.90	7.03
克拉玛依都市区	2000	3.05	3.79	6.28	3.10	15.87	0.38	27.61	7.07	26.14	4.38	13.20
	2010	3.05	3.39	5.20	2.98	6.21	0.31	18.90	4.96	10.98	3.01	14.02
	2016	3.84	4.24	5.57	3.05	7.37	0.55	11.47	5.14	3.92	2.69	9.06
吐鲁番都市区	2000	31.55	9.57	6.13	27.81	7.08	5.39	9.74	4.25	8.60	4.15	5.29
	2010	31.51	9.41	5.71	26.32	6.11	6.04	7.37	3.68	6.59	3.32	4.97
	2016	31.37	7.77	6.82	24.22	3.76	8.66	3.98	2.59	7.76	2.33	3.94

（三）做通两轴：天山北坡城市群辐射南疆的南北向城镇化轴线

一是乌拉斯台口岸—准东—南疆库尔勒轴线，以乌准铁路、南疆铁路、吐和、乌尉高速公路为依托，连接乌拉斯台口岸、准东开发区、乌昌五都市圈和南疆，是天山北坡城市群东段辐射南疆的南北向城镇化轴线，进一步发展成为连接中蒙经济走廊和中巴经济走廊的连接线；二是克拉玛依—奎屯—南疆库车轴线，以奎北铁路、奎阿、独库高速公路、奎库铁路为依托，连接阿勒泰地区、克拉玛依都市区、奎独乌胡都市区和南疆库车，是天山北坡城市群西段辐射南疆的南北向城镇化轴线，进一步发展成为连接中俄蒙经济走廊和中巴经济走廊的连接线。

（四）做精四区：包括奎独乌胡都市区、石沙玛都市区、克拉玛依都市区和吐鲁番都市区四大兵地融合型都市区

其中奎独乌胡都市区由奎屯市、独山子区、乌苏市和胡杨河市（拟建）组成半小时经济圈，面积占城市群的9.82%，集聚了城市群8.4%的人口、9.04%的城镇人口、10.3%的经济总量、7.5%的社会消费品零售总额和5.5%的地方财政收入，是带动天山北坡城市群西段建设的核心区；石沙玛都市区由石河子市、沙湾县、玛纳斯县组成半小时经济圈，面积占城市群的 13.3%，集聚了城市群 12.5%的人口、9.04%的城镇人口、13.1%的经济总量、7.9%的社会消费品零售总额和 7.03%的地方财政收入，是兵团融入天山北坡城市群建设的核心区；克拉玛依都市区面积占城市群的 3.84%，集聚了城市群 4.3%的人口、5.6%的城镇人口、7.4%的经济总量和 9.1%的地方财政收入，是天山北坡城市群重要的国际石油城和西端门户，是自治区兵地油融合发展示范区；吐鲁番都市区面积占城市群的 31.4%，集聚了城市群 7.8%的人口、6.8%的城镇人口、3.8%的经济总量和 3.9%的地方财政收入，是天山北坡城市群重要的战略能源储备基地和东端门户。

主要参考文献

[1] 方创琳.天山北坡城市群可持续发展的战略思路与空间格局.干旱区地理，2019，42（1）：1-9

[2] 何剑，刘琳，王帅.基于分形理论的天山北坡城市群等级规模和空间结构研究.山东农业大学学报：自然科学版，2014，45（2）：257-264

[3] 季珏，高晓路.天山北坡城市群空间组织形态的识别研究.干旱区地理，2012，35（4）：687-694

第六章　天山北坡城市群可持续发展战略重点

加快天山北坡城市群建设，需要重点打造兵地融合型高质量发展的产业协同体系，推进兵地融合型城镇化进程，加强基础设施互联互通，提升资源能源供应保障体系，推进生态环境共建共治，推动天山南北联动发展，积极参与"一带一路"建设，创新一体化发展体制机制[1]。

第一节　建设高质量发展的兵地融合型产业协同体系

遵循市场经济规律，把握产业发展态势，结合天山北坡城市群资源禀赋特征和产业发展条件，兵地协同打造现代产业新体系，构建区域产业发展新格局，推进天山北坡城市群产业发展与布局一体化，带动全疆产业转型升级，提升城市群在丝绸之路经济带上的产业核心竞争力。

一、建立兵地融合型现代产业体系

树立融合发展、协调发展、包容发展、共享发展的理念，进一步完善兵地合作共建机制，兵地联动构建以现代服务业为核心、新型工业为支撑、现代农业为基础的现代产业体系，在重点产业领域实现新突破、取得新实效。

（一）兵地合作做大现代服务业

以城镇化带动服务业，不断拓宽服务领域，促进生产服务业与新型工业化、农业现代化相融合，生活服务业与城镇基础设施建设、居民生活需求相协调，形成与天山北坡城市群功能定位相适应的现代服务业体系。加快发展现代物流、金融保险、科技研发和信息咨询等生产性服务业，推动生产服务集群化、专业化、高端化，提高服务创新能力和保障能力，促进产业结构调整升级。积极发展现代商贸、智慧旅游、健康医疗和文化创意等生活性服务业，推动生活服务便利化、网络化和智能化，丰富生活服务供给，满足群众需求。兵地之间按照效率优先、功能完善原则，探索建立土地和资本入股、税收分成等合作机制，合理布局公共服务设施，推进乌鲁木齐综合保税区等兵地融合示范项目，加快现代服务业创新发展。

（二）兵地联动做强先进制造业

以资源节约、环境友好、绿色低碳为前提，兵地联动推进工业化和信息化、城镇化、农业现代化深度融合。培育发展高端装备制造、新材料、节能环保、新能源、生物与民族医药、电子信息等战略性新兴产业，培育一批龙头企业，抢占产业竞争制高点。合理发展煤电联产、石油化工、金属冶炼等资源型行业，建设国家大型煤炭煤电煤化工基地、大型油气生产加工和储备基地、大型新能源供应基地，以调整产品结构和提升技术能力为重点，推进资源循环利用和绿色高效发展。转型发展纺织服装、食品加工和建筑材料等传统行业，以市场为导向，延伸产业链，提高附加值，实现传统产业的转型升级、提质增效。

（三）兵地一体做精现代农业

充分发挥兵团农业规模优势、装备优势、科技优势和管理优势，以产业化龙头企业为引领，兵地共同建立联系紧密、运转协调、分配合理的现代农业产业经营体系，实现区域内农业科技服务资源共享，推进城市群区域农业现代化、园区化、品牌化、标准化和产业化进程。调整优化农业结构和布局，优先发展特色林果业，大力发展特色种养业，促进农业与二、三产业融合发展。重点建设昌吉、石河子、五家渠、胡杨河、五一农场、克拉玛依6个国家农业科技示范园区（表6.1），推进农产品研发、示范、加工、仓储、物流、销售一体化发展。

表 6.1　国家级农业科技示范园区发展方向指引一览表

名称	建设方向与重点
昌吉国家农业科技园区	规划面积 340km²。围绕粮棉新品种、畜牧健康养殖、农业生态、植物保护、节水灌溉、特色食品加工和现代农业信息化开展研发、示范与应用，积极打造双创示范基地，培育国际农业科技合作交流平台
石河子国家农业科技园区	规划面积 221km²，围绕科技创新示范区、高新技术产业孵化区、特色农产品精深加工区和现代农业展示区四大功能区，重点发展红酒等农产品加工、高端农机装备制造、生物工程、现代种业、北斗导航精准农业、高效节水技术和装备、现代农业观光七大产业
五家渠国家农业科技园区	规划面积 1266km²。重点在种业、设施农业、生态农业、农产品加工流通、信息农业等领域，推动设施农业种养、精准灌溉控制、农畜产品质量可追溯、智能生产管理、贮藏保鲜物流等方面的创新。加大精准农业技术等先进适用技术的推广力度
胡杨河国家农业科技园区	以现代农业关键技术和成果转化为重点，加大良种培育、丰产栽培、疫病防控、食品安全、防灾减灾、农业标准化、信息化等高端技术研究与开发，提升农业生产创新能力。提升锦棉种业研发能力，提升设施农业科技水平，加快发展低碳低氮农业，培育农业休闲观光产业
兵团第十二师五一农场国家农业科技园区	创新农业生产组织方式、投资形式，促进多产业融合发展。以提质增效为核心，大力发展绿色、有机农产品生产，提高产出率，拓展增值空间。实施"走出去"战略，发挥品牌优势，拓展兵团师外种植规模
克拉玛依国家农业科技园区	规划面积 115km²。围绕现代设施农业、现代畜禽养殖、农产品加工业和休闲观光农业四大产业

二、构建城市间分工协作的产业链式体系

结合自身资源禀赋和区位条件，进一步明确各城市主导产业，突出城市产业的差异化、特色化、功能化；强化城市群内市县城镇与师市团场之间的产业联系，逐步实现横向错位发展、纵向分工协作的发展格局。

（一）明确各城市主导产业

结合城市规模等级、功能定位、发展条件和交通区位，确定城市功能区产业发展方向，明确各城市侧重发展的产业类型（表6.2）。乌昌五都市圈重点发展高端装备制造、电子信

息、新材料、节能环保、文化旅游、现代服务业和战略性新兴产业发展，打造丝绸之路经济带的核心功能载体、新疆经济新的战略性支撑点和天山北坡城市群的产业升级动力引擎；石沙玛都市区重点发展高端装备制造、纺织制造业、电子信息、新材料和节能环保等先进制造业，建成国家循环经济和服务业综合改革试点与西部纺织城；奎独乌都市区重点发展石油化工、装备制造、商贸物流和农副产品加工、纺织化纤、新型建材等产业，建成新疆重要的现代商贸物流基地、石油石化产业基地；克拉玛依都市区重点发展石油化工及下游深加工产业、石油石化装备、石油工程技术服务、新材料等产业，建成国际石油城；吐鲁番都市区重点发展文化旅游、商贸物流、新能源、特色农副产品加工等产业，建成国际旅游名城、国家新能源示范城市。兵团十一师重点提升建筑业竞争力，发展新型建材，打造具有突出影响力的综合性企业集团和兵团走向海外的领头羊；兵团十二师加快发展集装箱编组站和综合保税区，发展现代商贸物流业，培育壮大战略性新兴产业和文化产业，打造兵团现代经济、现代服务业、现代文化、现代新科技产业发展示范区。

表 6.2 天山北坡城市群重点城市主导产业发展方向

序号	城市名称	发展方向与重点
1	乌鲁木齐市	积极发展现代服务业和战略性新兴产业、高新技术产业，重点发展现代物流、金融保险、文化旅游和科技服务业，建设面向中亚的物流集散中心和现代化国际商贸中心、区域性金融中心和高新技术产业创新基地
2	克拉玛依市	重点发展石油天然气开采、石油化工及下游深加工产业，石油石化装备、石油工程技术服务、新材料等产业，建成国家石油战略储备基地和国际石油城；大力发展云计算、大数据等新一代信息技术产业以及金融、轨道交通、现代物流、通用航空、工程培训等产业
3	吐鲁番市	重点发展新能源装备制造、特色农副产品加工、文化旅游、商贸物流、设施农业、会展、沙疗康养产业和"试车"产业等，建成国际旅游名城和国家新能源示范城市
4	昌吉市	重点发展高端装备制造、农副产品精深加工、商贸物流和文化旅游产业，建成新疆重要的机电装备制造业基地、特色农产品加工基地、休闲旅游度假基地
5	五家渠市	重点发展会展、文化创意、旅游等现代服务业，大力发展纺织服装、金属冶炼和加工、新型建材、先进装备制造业，培育发展生物医药、新材料、新能源、电子信息和节能环保等战略新兴产业，建设特色农产品精深加工基地和休闲旅游度假基地及煤电煤化工产业集聚区
6	石河子市	重点发展高端装备制造、煤化工和石油天然气化工、纺织服装、农产品精深加工、新型建材等产业，培育发展生物医药、新材料、新能源、电子信息、云计算和节能环保等战略新兴产业，建设新型工业化产业示范基地和全国独一无二的军垦文化旅游区
7	阜康市	培育发展节能环保和高端装备制造业，升级改造有色金属冶炼、煤电、煤化工等优势支柱产业，建设国家级循环经济示范园和矿产能源开采及加工基地
8	奎屯市	重点发展化工型原油加工、合成材料下游产品、新型精细化工等领域，壮大物流、商贸和金融服务业
9	乌苏市	重点发展装备制造及配套、石油化工、纺织化纤、新型建材和新材料产业，建成自治区级纺织化纤基地和农副产品进出口中转基地
10	胡杨河市（拟建）	重点发展农产品精深加工、纺织服装、现代煤化工和石油天然气化工、新型建材等行业，培育发展新材料、新能源和节能环保等战略性新兴产业，培育形成新的产业聚集区、区域交通枢纽中心和商贸物流中心

（二）打造区域性产业链条

围绕产业链上薄弱环节，引导优势企业运用资本、技术、品牌、市场等手段，开展跨国境、跨地区、跨所有制的兼并重组，增强优势企业对产业链建设的辐射带动力。实施产业链延伸重点工程，促进产业要素在城市群区域内合理流动，形成产业链条长、分工明显、联系紧密的产业格局。重点打造智能电力装备产业链、煤炭煤电煤化工产业链、石油石化精深加工产业链、硅基新材料产业链、风光产业链、铝基电子材料产业链、云计算产业链等区域性产业链（表6.3），推动城市间产业协作，实现区域产业联动发展。

表6.3　天山北坡城市群重点产业链延伸工程项目

序号	重点产业链名称	发展方向与重点
1	智能电力装备产业链	打造完整的"输变电装备研发—制造—试验—检测和认证体系"，重点突破智能电网关键共性技术和重大应用技术方面的瓶颈，打造"智能电网发电—智能电网输电—智能电网变电—智能电网配电—智能电网调度—智能电网用电"6大环节智能电网产业链
2	风光产业链	打造"原材料生产—风机零部件制造—光伏组件制造—风机制造—光伏/光热电厂运营—电网"完整风电全系统制造及应用的光伏光热全产业链
3	煤炭煤电煤化工产业链	重点推进煤制烯烃、煤制乙二醇和煤炭分质利用等新型煤化工示范项目产业化进程，形成"煤—甲醇—烯烃—纤维塑胶"等煤基化工产业链。推动低阶煤提质清洁高效综合利用，形成"低阶煤-煤焦油-燃料油（汽/柴油）"产业链
4	石油石化精深加工产业链	围绕大炼油大乙烯产业集群，发展合成树脂（材料）、聚合物新材料等石化及下游环节，积极发展农药、染料（含颜料）、医药、助剂、涂料、胶粘剂等石化衍生产业
5	云计算产业链	依托"天山云"计算中心、克拉玛依云计算中心和兵团云计算中心，打造"云软件设备—云服务平台—云应用产业—服务"为主的云计算产业链，同时辐射政务云、物联网、影视渲染、地理信息、安防、多语种研发、智能制造、人工智能、跨境电商等领域
6	铝基电子材料产业链	以煤—电—高纯铝产业链为依托，加快发展电子铝箔、电极箔、硬盘基片、溅镀靶材等铝基电子材料，延伸、扩展"高纯铝—电子铝箔—电极箔—电子元器件"高附加值电子新材料产业链
7	硅基新材料产业链	重点发展多晶硅、单晶硅、切片及组件、铝硅合金新材料、碳化硅及下游新材料、含硅合金、有机硅、多晶硅新材料等，打造石英石—工业硅—有机硅中间体/硅晶体-硅基新材料产业链

（三）增强城市间产业联系

支持重点龙头企业跨城市、跨兵地、跨所有制发展，支持区域内企业相互持股，发展混合所有制企业，探索完善城市之间、兵地之间、油地之间联办共办企业的核算分配机制。以产业链条为纽带，以产业园区为载体，支持不同城市的企业间战略合作和跨行业、跨区域兼并重组，提高规模化、集约化经营水平，有效化解过剩产能，培育一批具有核心竞争力的区域性产业集群。加快引导城市群内部城市间产业转移，增强城市内部产业协作密度，培育关联度大、带动性强的龙头企业，完善产业链协作配套体系。

三、构建兵地融合型产业协同发展平台

（一）构建现代服务业协同发展平台

以乌鲁木齐市为中心，提升和新建一批国际商贸物流园区，重点建设乌鲁木齐空港国际物流园区和城南经贸合作区，提升石河子、昌吉、克拉玛依、吐鲁番、奎屯—乌苏国际物流园区功能，形成适应丝绸之路经济带发展的现代国际物流网络体系。构建信息化创新

平台、科技金融创新平台、品牌创新培育平台和国际科技合作平台，加快提升新疆的科技创新能力、资金融通能力和科技成果转化能力，将乌鲁木齐建设成为区域性国际金融中心。建设新疆文化创新设计平台、新疆维吾尔医药传承中心、克拉玛依国际石油博览园、乌鲁木齐文化产业园、石河子军垦文化产业园、五家渠文化科教文化产业园、吐鲁番文化产业园等丝绸之路文化产业园，拓展文化交流途径，推进与沿线国家地区的文化交流。依托乌鲁木齐医疗机构资源，建设丝绸之路经济带核心区医疗服务中心，提升医药卫生服务能力和对外影响力。

（二）搭建高端制造业协同发展平台

科学制定产业园区发展总体规划，合理布局园区主导产业，完善园区公共服务设施，把园区建设成为天山北坡城市群新型工业化的重要载体和优势产业聚集区，打造成为节能减排、循环经济和生态环保的示范区，新型工业化和信息化深度融合发展的先导区，全面深化体制改革和对外开放的试验区，兵地联动、城乡协同发展的动力区。重点发展乌鲁木齐、甘泉堡、准东、石河子、五家渠、奎独六大国家经济技术开发区和乌鲁木齐、昌吉和石河子三大国家高新技术产业开发区（表6.4）；推动克拉玛依高新技术产业开发区、乌苏高新技术产业开发区、吐鲁番经济技术开发区、鄯善经济技术开发区4个自治区级开发区升级为国家级开发区；差别化、特色化发展一批自治区级和兵团级产业园区，深入推进经济技术开发区第十二师分区、头屯河工业园十二师合作区等建设，积极推进甘泉堡经济技术开发区与兵团六师合作，提升兵地合作区发展水平。树立节约集约循环利用的资源观，推行企业循环式生产、产业循环式组合、园区循环式改造，建立绿色低碳循环发展产业体系，建设洁净型城市群。

表6.4　天山北坡城市群国家级产业园区发展方向指引表

序号	产业园区名称	发展方向与重点
1	乌鲁木齐经济技术开发区	加快发展新能源、信息技术、先进制造、科技研发、商贸物流、旅游等现代服务业和战略新兴产业；建设绿谷国际创新城，打造国际科技交流合作示范基地、丝绸之路经济带先进制造业基地、现代信息科技高地、国际化生态新区
2	乌鲁木齐高新技术产业开发区	重点发展信息产业、安防产业、健康产业、新材料、检验检测产业、现代服务业等产业，建设临空经济区和未来科技城，建成创新驱动发展先行示范、中国中亚科技经济合作的桥头堡、新疆新型工业化的战略引擎和乌鲁木齐的科技新城区
3	甘泉堡经济技术开发区	重点发展新能源、新材料、装备制造业、机电、精细化工等高新技术产业；建成准东煤电煤化工产业带的高新集群及综合服务基地，优势资源转化实施基地
4	昌吉高新技术产业开发区	重点发展先进装备制造、新材料、生物科技、检验检测认证等产业，推进中国—中西亚检验检测认证高技术服务集聚区建设，建成国家输变电装备高新技术产业化基地、国家现代节水材料高新技术产业化基地和国家农副产品加工示范基地
5	新疆准东经济技术开发区	重点发展煤电、煤电冶一体化、硅基新材料、煤化工、煤制气、煤制油、新兴建材等六大支柱产业，扶植培育生活服务、现代物流、观光旅游等潜力产业，建成国家大型煤炭基地，"西气（煤制天然气）东输"、"疆电东送"的重要基地
6	五家渠经济技术开发区	大力发展金属冶炼加工、精细化工、新型材料、纺织服装、装备制造、电子信息、生物医药、农副产品加工、现代服务业和战略性新型产业；争取将其打造成为国家级加工贸易梯度转移重点承接区、乌昌五地区新兴产业聚集区和高新技术产业示范区

续表

序号	产业园区名称	发展方向与重点
7	石河子经济技术开发区	重点发展食品加工、纺织服装、机械装备并增加新材料、化工产业、临空经济，建成国家新型工业化产业示范基地和国家级加工贸易梯度转移重点承接地
8	石河子高新技术产业开发区	重点发展电子信息、生命健康、节能环保、通用航空、高端装备制造、现代服务业等产业，建成支撑全兵团转型跨越的战略支点，丝绸之路经济带创新高地和科技新城
9	奎独经济技术开发区	重点发展石油化工、现代煤化工、天然气化工产业，形成以基础原料、新型材料及特种化学品为特色的石化产业集群，建成新疆乃至西部地区产业特色突出、技术先进、功能设施完善的一流石化产业园
10	克拉玛依高新技术产业开发区（拟建）	重点发展石油天然气化工、精细化工、油气技术服务、石油石化装备、仓储物流、循环经济等产业，建成新疆战略性新兴产业石油装备制造业基地、化工新材料产业基地、科技兴贸出口创新基地。大力发展云计算、大数据等新一代信息技术产业
11	乌苏高新技术产业开发区（拟建）	重点发展装备制造、石油化工、纺织化纤服装、新型建材、医药、绿色食品酿造加工、仓储物流等产业，建成新疆重要的特色装备制造业基地、食品和酿造加工基地
12	鄯善经济技术开发区（拟建）	整合鄯善石材工业园区和鄯善高新技术产业开发区（鄯善工业园区），联合发展硅基新材料、新型建材、装备制造、纺织服装、石油天然气化工、煤化工、无机盐化工、仓储物流等产业，建成新疆重要的硅基新材料产业基地、化工新材料产业基地和精密铸造产业基地
13	吐鲁番经济技术开发区（拟建）	重点发展旅游业、装备制造业、新能源、纺织服装业、新型建材、医药、能源、绿色食品酿造加工、仓储物流等产业，建成新疆重要的特色装备制造业基地、食品和酿造加工基地，乌鲁木齐产业配套基地

（三）建立兵地旅游协同发展平台

按照兵地融合、农旅融合、文旅融合、体旅融合、工旅融合的发展思路，推动兵地旅游与三次产业的深度融合发展的发展思路，推动旅游与三次产业的深度融合发展，突出城市旅游地域特色，建立天山北坡城市群旅游共同体。建立乌鲁木齐国际旅游集散中心，强化国际标准化集散中心的综合服务功能，打造丝绸之路经济带国际旅游核心枢纽；建设吐鲁番、昌吉、石河子、五家渠、乌苏、奎屯等区域性旅游集散中心（表 6.5）。创建天山天池等国家生态旅游示范区，推动克拉玛依魔鬼城、库木塔格沙漠、乌苏市佛山森林公园、沙湾天山画廊等创建国家 5A 级旅游景区，建设乌鲁木齐南山国家旅游度假区，推动吐鲁番市、乌苏市、木垒县、吉木萨尔县、阜康市创建全域旅游示范市（县）。鼓励发展多业态融合、多产业联动、多城市参与的旅游平台，支持"锦绣沙湾"大盘美食文化旅游项目，带动区域生态农业、食品行业、餐饮、标准、健康养生和文化创意的一体发展。推动兵地旅游合作，兵团第六师融入乌鲁木齐周边休闲度假区，兵团第八师建成全域旅游示范区红色旅游文化体验地。推动天山北坡智慧旅游发展，促进旅游服务、旅游体验、旅游营销、旅游管理的智能化，促进旅游业态向综合性和融合型转型升级。

表 6.5 天山北坡城市群重点城市旅游业发展方向

序号	城市名称	发展方向与重点
1	乌鲁木齐市	发展面向国内、中亚、西亚中高端市场的国家旅游度假区，建设丝绸之路经济带旅游集散中心，强化服务综合服务功能
2	昌吉市	培育发展自驾游，加快完善自驾游服务体系、智慧旅游营销体系
3	五家渠市	大力发展红色旅游，绿色文化观光游、金色沙漠体验游

续表

序号	城市名称	发展方向与重点
4	石河子市	打造中国红色旅游军垦文化体验地，发展军垦文化旅游
5	克拉玛依市	重点发展"城市休闲度假、雅丹地貌奇观、石油工业博览"三大特色旅游，培育壮大自驾车旅游联盟，开发空铁交通，生态田园游等新兴旅游
6	吐鲁番市	大力发展休闲旅游、沙漠游及文化旅游创意产业，培育大型实景演艺基地
7	奎屯市	发展商贸购物、文化体验、特色餐饮和生态休闲度假等产业
8	乌苏市	发展乌苏啤酒文化工业游，天山雪莲文化游和乌苏乡村休闲游等
9	阜康市	创建天山天池世界精品旅游景区，打造成为国际旅游目的地
10	沙湾县	打造大盘鸡饮食文化产业园，培育发展健康休闲、养生养老产业

（四）建立兵地商贸物流协同发展平台

强化乌鲁木齐商贸物流枢纽和国际化城市的主体地位，突出建设环乌鲁木齐商贸物流核心圈、克—奎—乌商贸物流产业集聚区和巴州商贸物流产业集聚区，重点依托具备一定区位交通条件及特色产业优势的重点县市，建设一批商贸物流节点，通过合理定位与分工协作，构建重点突出、层级清晰、功能完整、特色鲜明的商贸物流协同发展平台。

四、形成"一核一带、三区两基地"的产业协同发展布局

综合考虑区域资源配置与发展条件，合理安排城市群区域产业功能分工格局，统筹产业空间布局，构建"一核、一带、三区、两基地"的天山北坡城市群区域产业格局（图6.1），按照功能分类发展，推进产业发展与布局一体化。

（一）一核

强化乌昌五都市圈现代服务业与战略新兴产业极核。依托乌昌五都市圈，联动5个国家级开发区以及自治区级、兵团级开发区等产业发展平台，利用交通、人才、资金、平台和科教等优势资源，重点发展物流、金融、科技、咨询、文化、旅游等现代服务业，培育发展高端装备制造、新材料、电子信息、新能源、节能环保和生物医药等战略性新兴产业，作为城市群区域的动力引擎辐射带动全疆产业升级转型。

（二）一带

打造天山北坡生态旅游与休闲文化产业发展带。以天山世界自然遗产为依托，以天山自然生态、边疆民族风情、红色军垦文化为支撑，以天山北坡六大特色旅游线路开发为核心，依托天山北坡乌苏、沙湾、石河子、昌吉、乌鲁木齐和吐鲁番等地休息度假区和特色旅游名镇名村，挖掘屯垦城市特色与优势，强化旅游资源整合，建设天山遗产国家旅游风景道和天山画廊景观带（表6.6），构建天山廊道世界遗产旅游产业带，加快形成休闲度假、旅游观光和自驾服务三大功能相互协调、彼此促进的格局，形成组合有序、功能互补、布局合理的区域旅游产品体系，提高旅游产品在国内外市场的影响力和对兵团旅游的带动力。

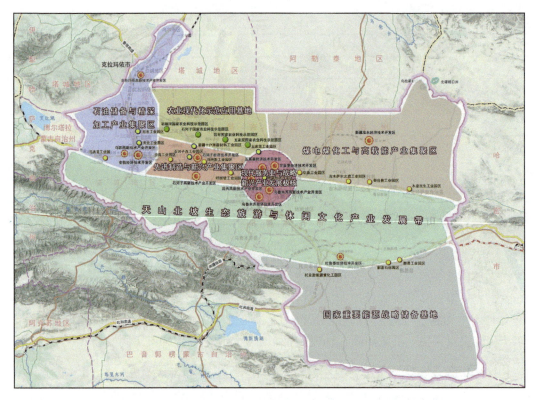

图 6.1 天山北坡城市群产业格局与重点产业园区建设示意图

表 6.6 天山北坡城市群特色黄金旅游线路表

序号	线路名称	发展方向与重点
1	天山胜景旅游线	乌鲁木齐南山国家旅游度假区—天池国家级风景名胜区—博格达国家冰川公园—天山大峡谷—丝绸之路滑雪场—百里丹霞地貌—沙湾温泉、鹿角湾、安集海大峡谷—乌苏佛山森林公园
2	丝路文化旅游线	楼兰小镇—托克逊杏花小镇—苏公塔、郡王府—交河故城—高昌故城—万佛洞—乌鲁木齐市—北庭故城世界文化遗产—车师古道—汉代疏勒城—石门子壁画—玛纳斯古城—独山子石化园区—翠山丝路文化大观园—乌苏啤酒小镇—吐鲁番大漠奇石城
3	民族风情旅游线	二道桥大巴扎—葡萄沟—吐鲁番博物馆—坎儿井民俗文化产业园—千佛洞民俗文化产业园—吉木萨尔县民俗文化—昌吉国际文化旅游产业园—呼图壁曲子文化传承基地—玛纳斯中华碧玉园—葡萄酒庄—沙湾美食城—沙湾"全景新疆"旅游文化民族风情园—吐峪沟大峡谷景区与赤亭遗址
4	军垦文化旅游线	军垦博物馆—军垦文化广场雕塑群—周恩来总理纪念碑—艾青诗歌馆—军垦第一连-青格达湖旅游区—青湖御园—101万亩葡萄园—共青团现代农业观光园—103凤凰梁旅游风景区—红旗农场北庭沙湾风景区—大三台沟旅游区—华春毛纺工业旅游区—奇台一万泉旅游区—147团小李庄 126团戈壁母亲红色旅游基地—129团沙漠风情旅游项目—胡杨河市胡杨水韵旅游风景区—奎屯圆梦湖生态旅游景区—百年葡萄庄园—奎屯河大峡谷教育纪念基地
5	边境特色旅游线	火焰山景区—鄯善库木塔格沙漠(沙疗)—奇台硅化木、恐龙沟国家地质公园—江布拉克草原—魔鬼城地质遗迹—木垒原始胡杨林—鸣沙山—乌拉斯台口岸—恐龙博物馆、古生物化石保护遗迹
6	休闲工业旅游线	世界魔鬼城—金丝玉特色小镇—白杨河大峡谷—百里油田—石油石化特色小镇—黑油山—克拉玛依一号井—克拉玛依大油泡—世界石油工业博览园—独山子炼化一体化工程—石河子张裕酒庄

（三）三区

建设石油储备与精深加工产业集聚区、煤电煤化工与高载能产业集聚区、先进制造与新兴产业集聚区三个优势产业集聚区。其中，石油储备与精深加工产业集聚区，依托克拉玛依都市区和奎独乌胡都市区，联动奎独经济技术开发区、克拉玛依高新技术产业开发区和乌苏高新技术产业开发区、天北工业园区、五五工业园区等产业平台，合理利用丰富的油气资源，重点发展石油天然气开采、石油化工及下游精深加工产业和石油衍生产业，大力发展石油石化装备、石油工程技术服务、新材料等产业，培育发展石油文化创新与旅游服务产业，建设国家石油战略储备基地；煤电煤化工与高载能产业集聚区，依托准东国家级经济技术开发区，联动阜康产业园、五家渠工业园区、吉木萨尔北庭工业园区、奇台县工业园区、木垒民生工业园区、托克逊县能源重化工工业园区和中泰圣雄同心工业园区，充分考虑水资源和生态环境承载能力，循环高效利用煤炭等能源资源，重点发展煤电、煤电冶一体化、现代煤化工、新兴建材等资源产业，培育发展现代物流、新能源、农副产品精深加工等，建设国家"西气（煤制天然气）东输"、"疆电东送"的重要基地；先进制造与新兴产业集聚区，依托石沙玛都市区和呼图壁县城，借助北疆铁路、连霍高速等优势交通条件和良好城市产业发展基础，联动石河子2个国家级开发区和多个自治区、兵团级园区，重点发展高端装备制造、电子信息、新材料和节能环保等先进制造业，转型发展纺织服装、农副产品加工和建筑材料等传统产业。

（四）两基地

建设国家重要的能源战略储备基地和农业现代化示范应用基地。其中，能源战略储备基地要合理利用吐鲁番丰富优质的煤炭、石油、风能、太阳能等能源资源，有序推进托克逊克布尔碱矿区、黑山矿区、鄯善库木塔格矿区、吐鲁番艾丁湖矿区4个千万吨级大型煤炭矿区建设，支持石油、天然气、页岩气资源勘探开发，推进新能源综合利用示范基地建设，鼓励能源产业领域新技术、新产品、新设备在吐鲁番的开发试验。农业现代化示范应用基地要发挥兵团农业规模优势、装备优势、科技优势和管理优势，重点建设昌吉、石河子、五家渠、胡杨河、五一农场、克拉玛依、新疆农垦科学院7个国家农业科技示范园区，以点带面推广农业科技成果转化与示范应用；积极发展现代农业休闲旅游，推进美丽乡村建设。

五、提高城市群产业创新能力

引领丝绸之路经济带创新驱动发展试验区建设，打造创新创业和人才发展平台，推动成果转化应用，营造创新创业良好氛围，探索具有新疆特色的创新路径、创新模式和创新机制，使天山北坡城市群成为丝绸之路经济带创新驱动发展试验区的动力引擎区。

（一）打造科技创新与人才发展平台

实施"创新平台建设专项行动"，在大型油气田及煤层气开发、深地资源勘查开采、煤炭清洁利用、清洁能源、信息工程、健康医疗、现代农业、量子通信应用、公共安全和生态环境等领域布局一批全局性的重大科技专项，建设一批国家重点实验室和重大科技创新平台，建设北斗导航精准农业、智慧农业大数据中心，形成一批科技创新引领性力量。在新疆联合基金框架下建立若干联合研究基地；建设"人才特区"，实施"丝路人才计划"，培养创新发展急需人才。

（二）推动科技成果转移转化与示范应用

实施"科技成果转移转化专项行动"，强化财政资金对科技成果转移转化的引导作用，建立科技成果转化项目库与数据服务平台信息系统，建立知识产权综合管理体制机制改革示范区，共建综合性科技成果转化服务平台和国际技术转移中心，加强公共技术服务平台建设，培育科技成果转移转化人才队伍，组建促进科技成果转化引导基金，促进疆内外资源整合，建成丝绸之路经济带科技成果转移转化示范区。

（三）营造适宜的创新创业环境和条件

开展"天山众创行动"，在安防信息产业、智能装备制造业、现代农业、生物技术产业等重点领域，建立一批以科技成果转移转化为主要内容、聚集优质创新资源的众创空间。开展众创空间"一站式"服务工程，积极承办国家级创新创业大赛，加大"双创"文化建设力度。大力推进教育、医疗、文化、体育等公共服务配套基础设施建设，规划建设满足各层次需要的人才公寓，努力营造适宜创业创新的工作和生活环境，建设国家级综合性"双创"示范区。建设科技金融平台，做大做强"中科援疆创新创业基金"，启动"新科贷"工程，设立银行业"投贷联动"试点，创新科技小贷的服务模式，打造"科技信贷、科技资本、科技保险、中介服务、信息平台"的"五位一体"科技金融体系。

第二节　构建高质量发展的兵地融合型城镇体系

发挥城市群的要素集聚与辐射带动作用，引导城乡人口合理集聚，有序建设都市圈和都市区，积极打造特色小镇，构建兵地融合型城镇体系，推进兵地融合型城镇化进程和城乡一体化发展进程。

一、引导城乡人口合理集聚，构建兵地融合型城镇体系

坚持核心带动、轴带发展、节点提升、对接周边，推动大中小城市和小城镇合理分工、功能互补、协同发展。大力推进兵地融合的城镇化发展进程，实现兵团由"屯垦戍边"向"建城戍边"战略转变。强化兵地产业分工协作，促进城乡统筹协调，构建布局合理、集约高效的城市群一体化发展格局。

（一）引导城乡人口合理集聚

推动以人为核心的新型城镇化，促进有能力在城镇稳定就业和生活的常住人口有序实现市民化。依据资源环境承载能力和国土空间开发适宜性评价，引导人口、要素与产业在城市群空间有序集聚，形成更合理的人口、经济与城市布局体系。

（1）引导城乡人口合理集聚。到 2030 年天山北坡城市群总人口达到 1200 万人，其中城镇人口达到 900 万人，城镇化水平达到 75%，不断优化城乡人口结构、城乡民族结构，为稳疆建疆奠定基础。

（2）引导兵团人口合理集聚。到 2020 年城市群范围内兵团新增集聚人口达到 30 万人，到 2030 年达到 50 万人。通过兵团产业发展，通过军人转业、吸引大学生就业、招聘产业工人等多种形式，不断扩大兵团人口，优化天山北坡城市群兵团人口结构与民族结构。

（二）构建兵地融合型城镇规模结构体系

以强化城市群中心城市乌鲁木齐的辐射带动作用为基础，发展壮大区域中心城市，建设重要节点城市，培育现代小城市，打造特色小镇与兵团小镇，提升兵团在城镇规模结构体系中的地位，推动形成由 1 个特大城市（乌鲁木齐市）、1 个大城市（石河子市）、4 个中等城市（克拉玛依市、吐鲁番市、昌吉市、奎屯市）、6 个 I 型小城市、9 个 II 型小城市和 255 个特色小镇与团场小城镇组成的较为完善的城镇规模等级结构体系（表 6.7、表 6.8 和图 6.2）。

表 6.7   天山北坡城市群各城镇人口与建设用地预测表

城市名称	总人口/万人			城镇人口/万人			建设用地/km²		
	2016 年	2020 年	2030 年	2016 年	2020 年	2030 年	2016 年	2020 年	2030 年
乌鲁木齐市	352	500	550	218	410	500	462	513	550
克拉玛依市	41	57	85	30	50	75	48	63	90
吐鲁番市	29	45	60	11	30	50	20	45	60
石河子市	39	70	110	29	50	100	37	49	100
昌吉市	42	85	92	32	60	70	65	75	90
奎屯市	24	45	60	14	40	50	40	58	70
五家渠市	13	20	30	12	15	25	23	27	38
乌苏市	22	40	45	10	30	40	19	40	50
沙湾县	21	30	35	11	20	25	15	30	35
阜康市	17	20	25	10	15	20	15	24	30
胡杨河市（待建）	3	12	16	2	7	12	5	12	16
玛纳斯县	22	24	25	7	10	12	10	15	18

表 6.8   天山北坡城市群城镇等级规模结构体系统计表

等级规模	城市规模	人口规模/万人	城市数量/个	城市名称
主中心	特大城市	>500	1	乌鲁木齐市区
副中心	大城市	100~500	1	石河子市区
	中等城市	50~100	4	克拉玛依市区、昌吉市区、奎屯市区、吐鲁番市区（高昌区）

等级规模	城市规模	人口规模/万人	城市数量/个	城市名称
三级中心	Ⅰ型小城市	20~50	6	五家渠市、奇台县、阜康市、准东五彩湾城区、乌苏市、沙湾县
四级中心	Ⅱ型小城市	10~20	9	胡杨河市（待建）、独山子区、呼图壁县、玛纳斯县、吉木萨尔县、准东芨芨湖城区、木垒县、鄯善县、托克逊县
五级中心	小城镇	<10	255	特色小镇，团场小城镇等

（三）构建兵地融合型城镇空间结构体系

做实丝绸之路经济带城镇化发展主轴带，全力建设兵地融合发展的乌昌五都市圈，打通乌拉斯台口岸—准东—南疆库尔勒轴线和克拉玛依—奎屯—南疆库车两条南北向城镇化轴线，重点建设奎独乌胡都市区、石沙玛都市区、克拉玛依都市区和吐鲁番都市区四大兵地融合型都市区，形成由"一带一圈、两轴四区"组成的内外联动、开放发展、功能互补、兵地融合的城镇空间结构体系。

（四）构建兵地融合型城镇职能结构体系

促进乌鲁木齐市建成现代化国际大都市和国家区域中心城市，建成面向中亚西亚的国际交通枢纽中心，国际商贸物流中心，国际文化科技中心，区域性国际金融中心，区域性国际医疗服务中心，国家区域中心城市，具有较强国际影响力和竞争力的特大城市；石河子市建成军垦名城、西部纺织城、石沙玛都市区核心城市和天山北坡城市群现代化大城市；克拉玛依市建成为面向中亚西亚地区的国际石油城和北疆区域中心城市；昌吉市建成新疆重要的机电装备制造业基地、特色农产品加工基地、休闲旅游度假基地和生态田园城市；奎屯市建成奎独乌胡都市区的核心城市和天山北坡城市群西部交通枢纽城市；吐鲁番市建设成为国际旅游名城、国家新能源示范城市、特色宜居城市和重要交通枢纽；五家渠市建成武昌五都市圈休闲旅游的生态园林城市；乌苏建成奎独乌胡都市区的重要节点城市及自治区化纤纺织城；胡杨河市建成奎独乌胡都市区和北疆兵团的节点城市[2, 3]。

二、做强做大乌昌五都市圈

（一）强化乌鲁木齐核心城市功能

充分发挥乌鲁木齐作为新疆经济中心、金融中心、商贸物流中心、科技创新中心和交通枢纽中心的作用，加快产业园区、航空港建设，完善对外开放平台，全面增强集聚力、辐射力和竞争力。建成大外环，形成 1 小时经济圈，与昌吉市、五家渠市、阜康市、兵团十一师、兵团十二师在生态环境保护、资源能源开发、城镇建设用地布局、产业分工、基础设施建设等多方面展开合作。加快城际轨道交通建设，建成乌鲁木齐—昌吉城轨、乌鲁木齐—五家渠城轨，重点推动乌鲁木齐—伊宁高速铁路、乌鲁木齐—石河子—克拉玛依城际铁路、乌鲁木齐—准东城际铁路建设，形成以首府为中心的城市群城际轨道网，到 2020 年天山北坡城市群主要城市与首府中心城区间实现 2 小时通达。至 2030 年建成为人口超过 500 万的特大城市。

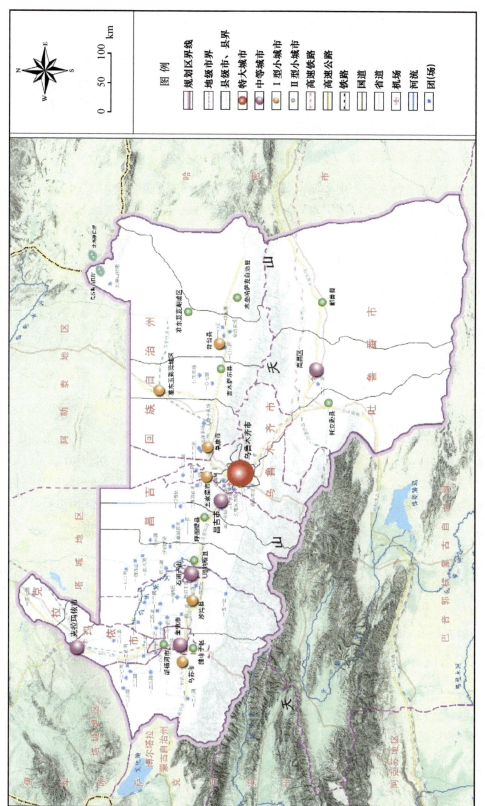

图 6.2　天山北坡城市群城镇体系建设图

（二）强化昌吉市作为都市圈副中心城市的功能

围绕建设乌昌五都市圈副中心城市目标，强化昌吉市在都市圈中的战略支点功能，依托昌吉在机电装备制造、副产品精深加工、文化旅游与现代农业方面的优势，与乌鲁木齐紧密联系、分工协作，将昌吉建设成为新疆重要的机电装备制造业基地、特色农产品加工基地、休闲旅游度假基地和生态田园城市。

（三）强化五家渠市作为都市圈副中心城市的功能

围绕建设乌昌五都市圈副中心城市目标，强化五家渠市在都市圈中的战略支点功能，重点发展先进制造业和商贸会展、观光农业和旅游等产业，建设成为乌昌五都市区休闲旅游度假区和生态园林城市。

（四）强化阜康作为都市圈副中心城市的功能

围绕建设乌昌五都市圈副中心城市目标，强化阜康市在都市圈中的战略支点功能，以天池国家风景名胜区为龙头，重点发展文化旅游、会议会展、高端休闲、先进制造、商贸物流等产业，建设成为乌昌五阜都市区休闲旅游中心与生态宜居城市。

三、兵地油共建四大都市区

（一）兵地共建奎独乌胡都市区

以奎屯市为核心，以奎屯市、独山子区、乌苏市和胡杨河市（待建）4 个城市为依托，兵地共建奎独乌胡都市区，形成半小时经济圈，加快产业和人口集聚，到 2030 年人口集聚到 150 万人左右。促进与克拉玛依都市区、石沙玛都市区融合发展，将奎—独—乌—胡都市区建成为天山北坡城市群西段的战略支撑点和贯通南北疆的区域性交通枢纽。

（二）兵地共建石沙玛都市区

以石河子市为核心，以石河子市、沙湾市（待建）和玛纳斯市（待建）为依托，兵地共建石—沙—玛都市区，形成半小时经济圈，加快产业和人口集聚，到 2030 年人口集聚到 170 万人左右。促进与乌昌五都市圈融合发展，将石—沙—玛都市区建成为天山北坡城市群连接乌昌五都市圈和奎独乌胡都市区的重要战略中转节点。

（三）油地共建克拉玛依都市区

以克拉玛依区为核心，以新疆油田公司等中央企业为依托，油地共建克拉玛依都市区，形成半小时经济圈，加快产业和人口集聚，到 2030 年人口集聚到 80 万～90 万人左右。将克拉玛依都市区建成为天山北坡城市群重要的国际石油城。

（四）油地共建吐鲁番都市区

以高昌区为核心，以吐哈油田等中央企业为依托，油地共建吐鲁番都市区，形成半小时经济圈，加快乌鲁木齐与吐鲁番一体化发展进程，到 2030 年人口集聚到 50 万人左右。将吐鲁番都市区建成为天山北坡城市群重要的战略能源资源储备基地。

四、积极打造特色小镇

把特色小镇作为带动乡村与兵团发展的支点和载体，重点实施百个特色小镇建设项目，优先选择区位条件优越、基础好、潜力大的小城镇和特色团场，打造一批特色小镇与兵团小镇，完善兵团"政"的职能，发展特色产业，传承传统文化，以产兴镇，以镇促产，坚持政府引导、企业主体、市场化运作，同时加强生态环境保护，完善市政基础设施和公共服务设施，有力支撑天山北坡城市群发展。

（一）采用"一镇一品"模式，积极打造特色小镇

推动小城镇建设与特色资源开发相结合，因地制宜发展特色产业，改善人居环境，完善基础设施和公共服务能力。依托新疆浓郁的民族特色，积极打造一批特色鲜明、产城融合、充满魅力的民族特色小镇，包括啤酒小镇、辣椒小镇、航空小镇、交通小镇、互联网小镇、物流小镇、哈密瓜小镇、沙疗小镇、葡萄小镇、金丝玉小镇、石油石化小镇等。

（二）采用"团镇合一"模式，积极打造团场特色小镇

推动兵团城镇化进程，以国家特色小镇——北泉镇为示范，突出抓好一批发展优势明显、资源环境承载能力较强的垦区中心城镇开展市辖建制镇工作；按照"团镇合一"的运行模式，逐步将兵团 51 个团场驻地改为建制小城镇，推进兵团城镇化与地方城镇化融合发展，形成兵地融合型城镇体系。

五、构建和谐美丽乡村

牢固树立并率先践行生态文明理念，依托天山北坡城市群丰富多彩的自然生态本底，发挥历史文化遗产众多、风景资源独特、民族特色鲜明等优势，构建和谐美丽乡村，形成山明水秀、天蓝地绿、宜居宜业宜游的生态型城市群。

（一）采用"一村一景"模式，构建和谐美丽乡村

完善村庄规划，编制村级土地利用规划，统筹农村基础设施和服务网络建设，科学引导农村住宅和居民点建设。依托独特山水风光，促进传统与现代、人文与自然有机融合，努力保留村庄原始风貌，建设美丽、宜居的特色乡村。发展农村特色产业，以"一村一品、一村一业、一村一景"的模式对村庄产业和生活环境进行个性化塑造和特色化提升，因地制宜形成山水风光型、生态田园型、古村保护型、休闲旅游型等多形态、多特色的美丽乡村。

（二）采用"连社合一"模式，整合建设中心连队

有序推进连队居民点整合，距离团场城镇较近的连队宜向团场城镇集中，以连队为基

础探索兵团城镇社区管理模式；边远连队宜向区位优势明显、资源条件和建设基础较好的中心连队居住区集中，采用"连社合一"模式，将中心连队建成团场美丽社区。

第三节　建设互联互通的一体化交通设施网络体系

统筹推进各项交通基础设施建设，打通城市群对外联系通道（表 6.9），提升内部连通水平，强化铁路、公路、航空等多种交通运输方式之间的衔接，构建结构合理、经济高效、衔接顺畅、快捷绿色、兵地融合的一体化现代交通物流体系和便捷舒适的客运服务体系。

表6.9　天山北坡城市群对外交通通道建设表

序号	通道名称	建设重点
1	西向通道	依托新亚欧大陆桥通道中线，以阿拉山口、霍尔果斯口岸与亚欧地区衔接。该通道内铁路主要由兰新铁路、兰新高铁等组成，公路主要由既有的连霍高速公路等组成；航空主要由经乌鲁木齐至中亚、西亚、欧洲等地区国际航线组成
2	西北向通道	沿新亚欧大陆桥通道北线，京新高速至新疆后，经巴克图、吉木乃等口岸出境至亚欧各国。该通道内铁路主要由哈密至木垒至小黄山铁路、乌准铁路、奎北铁路、克拉玛依至塔城一般铁路和高速铁路等组成；公路主要由京新高速公路、克拉玛依至塔城高速公路、国道335线等组成；航空主要由经乌鲁木齐至欧洲、中亚等地区国际航线及乌鲁木齐与内地国内航线网络组成
3	南北向通道	以乌鲁木齐为节点，向南依托中巴经济走廊通道连通巴基斯坦的瓜达尔港，向北依托奎阿高速、奎北铁路连通阿尔泰地区，并沟通南北疆。该通道内铁路主要由奎北铁路、南疆铁路、中吉乌铁路等组成；公路主要由奎阿高速、吐和高速、国道217线等组成；航空主要由乌鲁木齐至西亚南亚国际航线及疆内航线网络组成
4	东南向通道	依托新亚欧大陆桥通道中线，向东南联通兰西城市群并通过全国综合交通运输网络连通各地，以连云港等东部港口连接国际海上运输。该通道内铁路主要由既有的兰新铁路、兰新高铁等组成，公路主要由京新高速、连霍高速、国道312线等组成；航空主要由乌鲁木齐与内地国内航线网络组成

一、加强城市群对外交通通道建设

（一）西向通道

依托兰新铁路、兰新高铁和连霍高速，加快推进丝绸之路经济带中通道建设，开辟新航线形成欧洲航线网，加密中东地区航线，着力打造基于新亚欧大陆桥与中亚经济走廊的横向现代化、立体化、国际化综合运输大通道，提升城市群对中亚地区的辐射能力。

（二）西北向通道

向西延伸将军庙—哈密—额济纳铁路（新疆北通道铁路），依托奎塔高速公路、克塔铁路和高速铁路，积极推进丝绸之路经济带北通道建设，疏通通往哈萨克斯坦北部、俄罗斯中部的陆路通道，着力打通我国至大西洋的便捷通道，加强与东北亚、中亚及欧洲各国的互联互通。

（三）南北向通道

依托奎阿高速、乌阿高速（乌鲁木齐—五家渠—北屯高速公路）、石河子—149团—184团—巴音托海一级公路及奎北铁路，加强城市群对阿勒泰地区的辐射作用，并可向北延伸至俄罗斯中西部地区；依托南疆铁路、吐和高速公路，打通南北疆铁路运输通道，并向南延伸至南亚地区，强化城市群与南亚各国的互联互通，为中巴经济走廊建设提供有力支撑。发挥区域机场群的协同效应，优化现有航空资源，构建以乌鲁木齐机场为核心，吐鲁番、石河子、克拉玛依机场为辅助的区域机场群。

（四）东南向通道

依托兰新铁路、兰新高铁、连霍高速，完善城市群与国内重点城市间的联系通道。加强乌鲁木齐枢纽机场建设，积极推进通用机场建设，将乌鲁木齐与国内省会城市和主要经济中心城市之间由经停航线改为直达航线，实现与省会城市、主要经济中心城市之间均有直达航线；通过疆内和国内航线网络的有效衔接组织，实现疆内其他城市通过乌鲁木齐机场中转后能在一天内到达国内其他城市。

二、完善城市群内部快速交通网络

（一）构建城市间高速公路网

围绕构建"两横两纵"公路交通运输骨架，以新疆干线公路为基础，加快横贯东西、沟通南北的城市间高速公路网建设，新疆乌鲁木齐—五家渠—北屯高速公路、石河子市—阿拉山口高速公路、昌吉—五家渠—准东高速公路、G335线（甘泉堡—五家渠—莫索湾—克拉玛依塔岔口—巴克图口岸）、克拉玛依—阿拉山口高速公路；加速推进乌鲁木齐绕城高速西线工程（G3001）、G30乌鲁木齐—奎屯公路改扩建工程、G7乌鲁木齐—大黄山公路改扩建工程、G7011乌鲁木齐—尉犁公路改扩建工程、北京路北延至五家渠市道路等（表6.10），完善乌鲁木齐大外环建设工程（图6.3）。

表6.10　天山北坡城市群公路建设重点表

序号	建设内容	建设重点
1	新建高速公路	新建五家渠—北屯高速公路，全长约346km；京新高速公路木垒—巴里坤段，全长约280km；乌鲁木齐—尉犁高速公路，长约388km；五工台—克拉玛依高速公路，全长约206km，其中新建25km，改建181km；G216北屯—富蕴—五彩湾高速公路，全长约226km；G217独山子—库车高速公路，全长约560km；甘泉堡—五家渠—莫索湾—克拉玛依高速公路、克拉玛依—阿拉山口高速公路，全长约142km；规划建设乌鲁木齐绕城高速公路西线，全长约94km
2	新建高等级公路	新建昌吉—五家渠—准东高等级公路，全长约134km；新建石河子市—胡杨河市—126团—阿拉山口高等级公路，全长约262km
3	改扩建高速公路	改扩建京新高速公路大黄山—乌鲁木齐段，长98km；连霍高速公路小草湖—乌鲁木齐段，长120km，连霍高速公路吐鲁番—小草湖段，长107km。连霍高速公路乌鲁木齐—乌苏段，长254km
4	改扩建高等级公路	改扩建G312线呼图壁—玛纳斯段，全长67km。改扩建S101玛纳斯南—巴音沟段，全长约132km

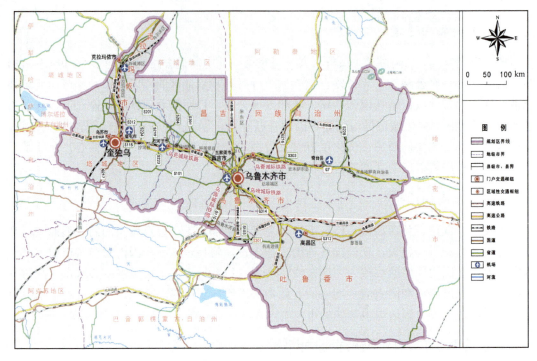

图 6.3　天山北坡城市群互联互通的交通设施建设示意图

（二）构建城市间城际轨道网

以重点城市互联互通为重点，结合乌鲁木齐周边城市布局，以现状及国家规划铁路网络为基础，构建连接乌鲁木齐机场与周边城市的城际铁路网络，形成乌鲁木齐辐射周边的城际铁路网络，并与城市轨道交通、高速铁路网络形成有效衔接，构建一体化的轨道运输系统。重点建设乌昌轻轨、乌鲁木齐—五家渠城轨和乌鲁木齐—克拉玛依、乌鲁木齐—奇台、乌鲁木齐—哈密、乌鲁木齐—库尔勒 5 条城际铁路（表 6.11）。

表 6.11　天山北坡城市群城际铁路网络建设重点表

序号	建设内容	建设重点
1	乌昌轻轨	由乌鲁木齐国际机场站引出，以地下方式穿过乌奎高速后，转为高架方式沿乌昌大道行至昌吉市西外环站，线路全长 24.55km
2	乌克城际铁路	连接乌鲁木齐和昌吉、石河子、奎屯、克拉玛依等天山北坡城市群的主要城市。该条城际铁路规划新建，与兰新铁路乌阿段并行，是城际客运专线。线路东起乌鲁木齐，向西经昌吉、呼图壁、玛纳斯、石河子、沙湾至奎屯，折向北沿奎北线至克拉玛依市，正线长度 373km，其中乌鲁木齐至奎屯北新建双线 245km，奎屯北至克拉玛依并奎北线增建二线 128km
3	乌奇城际铁路	连接乌鲁木齐与东北方向的阜康市、奇台县以及准东开发区。该线可直接利用小黄山支线、乌准铁路扩能改造开设城际动车服务
4	乌哈城际铁路	连接乌鲁木齐与吐鲁番、哈密两城市。利用兰新高铁实现乌鲁木齐至吐鲁番、哈密之间的城际铁路服务
5	乌库城际铁路	连接乌鲁木齐与南疆的库尔勒。规划新建乌鲁木齐至巴伦台的铁路并连通现有的库尔勒—吐鲁番铁路，进一步提升乌鲁木齐对巴州的辐射与服务

（三）构建城市间高速铁路网

依托新疆干线铁路网，加快城市群内区域性铁路项目建设，改造提升既有线路，重点建设、改造繁忙干线，优化路网结构，构建以重点城市间高速铁路为主、实现各区域有效连接的普通铁路为辅的现代化铁路运输格局，形成连通主要口岸、中心城市、资源富集区、产业园区、旅游景区的铁路网。加快推进快速铁路建设，形成覆盖 50 万人口以上城市的快速铁路网，加快新建乌鲁木齐—克拉玛依高速铁路（表 6.12）。

表 6.12　天山北坡城市群铁路建设重点表

序号	建设内容	建设重点
1	高速铁路建设	新建乌鲁木齐—奎屯—伊宁—霍尔果斯高速铁路，全长约 687km；新建乌鲁木齐—克拉玛依高速铁路
2	一般铁路建设	新建奎屯—库车铁路，全长约 450km；新建阿泰勒—富蕴—准东铁路，全长约 420km；新建南疆铁路、兰新铁路联络线，线路总长 16km；加快克拉玛依—塔城—巴克图铁路建设，克塔铁路全长 308km；新建托克逊县望布—艾丁湖—沙尔湖—大南湖—敦煌铁路，长度 593km，其中新疆段 450km。新建克拉玛依园区至阜康货运铁路和玛纳斯湖至乌尔禾铁路，全长 26km
3	铁路站点建设	乌鲁木齐铁路集装箱中心站建设；石河子火车站升级改造由三级站扩建为一级站，增加到石河子工业园区发线和装卸线；乌苏火车站升级改造为二级站，沙湾县火车站升级改造为二级火车站；乌鲁木齐铁路集装箱分站—吐鲁番火车站铁路编组站

（四）构建城市间机场航空网

重点建设乌鲁木齐欧亚航空枢纽，以优化机场布局，完善网络结构为重点，全面推进城市群内机场航空网和通用航空网建设。扩建乌鲁木齐国际机场达到 4F 级，新建 4 号航站楼，增开国际航线，建设航空枢纽港，形成与新疆 16 个支线机场共同构成的航空网络；加快吐鲁番机场改扩建工程，承接好乌鲁木齐机场备降分流功能，实现乌吐机场运营一体化，打造乌鲁木齐第二机场；扩建石河子花园机场为 4E 级，突出发挥货运功能，与乌鲁木齐机场错位发展，作为乌鲁木齐机场的备降机场；扩建克拉玛依机场为 4E 级，作为乌鲁木齐机场的国际备降机场。新建乌苏军民合用机场、准东（奇台）支线机场。增设国际国内航班，优化航线网络，加强城市群内部航空网络与疆内、国内、国际航空网络的对接。

三、加快交通枢纽与集疏运体系建设

（一）航空枢纽建设

积极推进形成以乌鲁木齐地窝堡国际机场为主、吐鲁番机场、克拉玛依机场和石河子机场为辅的"一主三辅"机场布局，成为我国面向欧洲和中西亚地区的门户机场。提高枢纽机场之间通达性，建设城市群空中运输走廊。积极拓展国际航线，开辟欧洲航线网，进一步加密中东地区航线，开辟至东亚的航线；大力发展国内航线，在进一步强化与北京、上海、广州 3 个国家中心城市航线密度基础上，进一步强化与武汉、西安、成都等西部中心城市之间的航线网络。

（二）铁路枢纽建设

积极参与丝绸之路经济带交通运输大通道建设，将乌鲁木齐打造为集国际客流物流、集散中转功能一体的综合性铁路枢纽。以乌鲁木齐综合枢纽为核心，大力推进克拉玛依、奎屯、乌苏、石河子、阜康、吐鲁番建设区域性铁路枢纽，提高枢纽间通达性，建设大能力货运通道和快速客运通道，提高路网干线运输能力和运输质量，增强铁路网的机动性与灵活性。

（三）综合枢纽建设

按照"零距离换乘、无缝化衔接"要求，强化铁路、公路、航空、管道等运输方式有机衔接，推进交通综合枢纽建设和客、货运枢纽建设。重点打造乌鲁木齐成为丝绸之路交通运输枢纽中心，积极推进克拉玛依、奎屯、乌苏、石河子、吐鲁番建设区域性综合交通枢纽，提高综合交通运输服务水平和管理效能，形成布局合理、层级明晰、分工明确、快捷高效的现代化综合交通枢纽体系。

（四）集疏运体系建设

依托国家能源资源路上大通道，建设安全高效的能源资源运输网络；依托兰新铁路、兰新铁路西段为主的国际铁路运输主通道，构建新欧国际集装箱货运快线，形成以乌鲁木齐国际集装箱枢纽站为中心，面向跨境电商和传统外贸的国际物流服务网络；依托乌鲁木齐和各地州机场，形成连通全国、覆盖全疆的高附加值国内航空物流服务网络；以乌鲁木齐、克拉玛依、奎屯、乌苏、石河子、吐鲁番、昌吉、阜康的货运枢纽、物流园区为节点，依托铁路、高速公路和国省干线，形成联通全国、覆盖全疆所有节点城市和产业园区的区域分拨和城市配送网络。

第四节 提升资源能源供应与生态安全保障体系

统筹推进水利、能源、信息等基础设施网络建设，推进兵地资源能源优化配置、功能兼容、合理共享，强化资源能源支撑和保障能力。按照"以水定人、以水定地、以水定城、以水定发展"原则，完善城市群水资源保障与联动调配体系；按照节约、清洁、安全方针，集约高效开发利用能源，完善城市群能源供应保障体系；按照适度超前、创新发展理念，完善城市间信息网络共享体系。坚持环保优先、绿色发展的理念，建立生态文明制度体系，实行最严格的源头保护制度，严守生态红线，加大生态环境保护力度，维护生态环境安全，筑牢天山北坡城市群建设的生态安全屏障。

一、优化水资源联动调配保障体系

（一）严格执行水红线制度

实行最严格的水资源管理制度，划定水资源开发利用红线、用水效率控制红线、水功能区限制纳污红线"三条红线",建立高效、良性的水资源安全保障体系,促进水资源可持续利用和经济发展方式转变,推动经济社会发展与水资源水环境承载能力相协调,保障经济社会长期平稳较快发展。至 2030 年天山北坡城市群用水总量控制在 211.03 亿 m³ 以内,其中兵团用水控制在 29.4 亿 m³ 以内,乌鲁木齐市控制在 13.84 亿 m³、克拉玛依市控制在 8.93 亿 m³,石河子市控制在 2.31 亿 m³,吐鲁番市控制在 10.81 亿 m³,昌吉州控制在 38.03 亿 m³,奎屯市控制在 1.61 亿 m³,乌苏市及沙湾县控制在 20.39 亿 m³。

(二)最大限度地节水

立足"先节水后调水",坚持生产、生活、生态全面节水,推进建设节水型社会,提高水资源利用效率。加强以高效节水为重点的农田水利建设,贯彻实施中型灌区节水改造,提高农田灌溉水有效利用系数。严格限制高耗水型工业项目建设和农业粗放型用水,制定并推行节水型用水器具的强制性标准,大力发展乌鲁木齐市等城市中水利用工程,积极推广节水型用水器具的应用,加强节水意识宣传,推进形成全社会节水型生产和消费模式。

(三)调整优化用水结构

按照保持绿洲稳定、总量控制、效率控制、集约节约用水的原则,优化用水结构,合理配置生产、生活和生态用水。规划城市群农业、工业、生活和生态用水比例由 2015 年的 86∶6∶5∶3 调整为 2030 年的 75∶8∶7∶10。积极推进退地减水工作,压减农业用水,保障城镇用水;加大以高效节水灌溉为主的农田水利基础设施建设,进一步提升农田水利设施水平;压缩高耗水、低产出企业,重点培育和发展节水型产业;充分发挥市场经济在水资源配置中的作用,推进水资源向高产出、高效益行业优化配置。

二、完善城市群能源供应保障体系

(一)完善能源供应格局

立足新疆能源基地建设总体规划布局,围绕疆电外送、西气东输等国家重大战略工程建设,加强能源基础设施建设,建设安全高效的现代能源供应体系;强化煤电油气能源运行管理和调度调节,完善跨区域能源保障机制;支持建设增量配电网试点工程,提高电力建设水平,推动电力体制改革。合理开发流域水能资源,建设阜康 120 万千瓦抽水蓄能电站;全力推进国家大型可再生能源基地建设,着力打造哈密千万千瓦级风电基地,准东、吐鲁番、达坂城等百万千瓦级新能源基地,建设新能源微电网示范工程、新能源示范城市和绿色能源示范县,构建外送与内用并举、集中与分布协同、多元融合、供需互动高效配置的能源生产与消费体系,提高清洁能源安全保障水平。

(二)完善疆电外送保障体系

在已建成疆电外送 750 千伏新疆与西北主联网第一、第二通道及 ±800 千伏哈密南至郑州特高压直流外送通道的基础上,建设准东至皖南 ±1100 千伏特高压直流输电工程,积极推进哈密北至三华±800 千伏特高压输变电工程开展前期工作、积极研究论证准东至三华±1100 千伏特高压直流输电工程和吐鲁番—长沙±1100 千伏特高压直流工程，打通城市群能源外送的新通道，助力城市群能源资源转化，推动天山北坡城市群电力能源参与全国优化配置。

（三）完善西气东输保障体系

加快国家西部天然气输送通道建设，在现有天然气管道基础上，抓紧建设新疆煤制气外输管道工程和西气东输四线、五线工程，完善天然气输送管网建设。协调输气管道与沿线城镇发展的关系，加强安全防护，确保西气东输管网安全平稳高效运行。加大天然气生产，适时适量压缩企业工业用气，同时加快煤制天然气项目进程，确保西气东输天然气平稳供应。

（四）完善西油东输保障体系

加快国家西部石油输送通道建设，在现有原油管道基础上，继续建成中哈二期原油管道、独山子—乌鲁木齐、王家沟—乌石化原油管道、乌石化—王家沟成品油管道及其他石油管道，完善原油输送管网建设。加快准噶尔和吐哈盆地油气资源勘探开发步伐，扩大开采规模，确保油气产量稳步增长。围绕准噶尔和吐哈油气资源，重点建设独山子、乌鲁木齐、克拉玛依等千万吨级大型炼化一体化基地。

三、完善城市间信息网络共享体系

（一）优化城市间高速共享信息网络

加快亚欧信息高速公路基础设施建设，构建乌鲁木齐连接亚欧非的西向国际通信、信息传输光缆大通道。重点推进中国至巴基斯坦、塔吉克斯坦、吉尔吉斯斯坦、哈萨克斯坦、俄罗斯等国家的跨境光缆建设，提升乌鲁木齐国际通信出入口局和国际互联网节点地位。加强城市群内干线通信网络建设，增加重点城市间光缆路由，强化城际骨干网建设，建成高速连通、服务便捷的城市间信息网络系统。

（二）促进信息基础设施共建共享

大力实施"智慧城市群"战略，提高网络覆盖程度、共享水平和运营效率，推进宽带网络基础设施适度超前建设和均衡发展。实现城镇普及光纤入户，有条件的农村实现光纤入村，重要公共区域无线局域网全覆盖。推进新疆 4G、5G 移动通信网络建设力度，提高4G、5G 网络覆盖面。加大北斗卫星应用推广力度。重点加强城市群社会维稳信息保障系统、基层政权社会综合管理信息系统等建设，建成智慧型城市群。

（三）提升区域信息安全保障水平

加强智慧城市网络安全管理，完善通信网络和重要信息系统的安全风险评估评测机制，提高网络治理和信息安全保障水平。以城市群关键信息基础设施和大数据安全为重点，加快网络与信息安全监管综合平台、舆情信息监测平台和安全事件预警平台建设，建立健全网络与信息安全信息通报机制，加强实时监测、通报预警、应急处置工作，实施互联网监管工程，强化对网络与信息安全的监督，完善网络信用体系，加大对网上有害信息的管控力度。

四、共同构筑天山北坡生态屏障

（一）共同构筑天山北坡生态屏障

兵地共同构筑以天山北坡山地草地森林为屏障，以准噶尔盆地南缘绿洲区为支撑，以玛纳斯河、奎屯河、古尔图河、呼图壁河、金沟河、四棵树河、乌鲁木齐河、头屯河、水磨河、古牧地河、白杨河等若干河流为廊道、以点状分布的省级以上自然保护区、重点风景区、森林公园、地质公园、重要水源地以及重要湿地为基底，整体组成山区—绿洲—沙漠边缘一体化的天山北坡城市群"梳状"生态屏障（图6.4）。

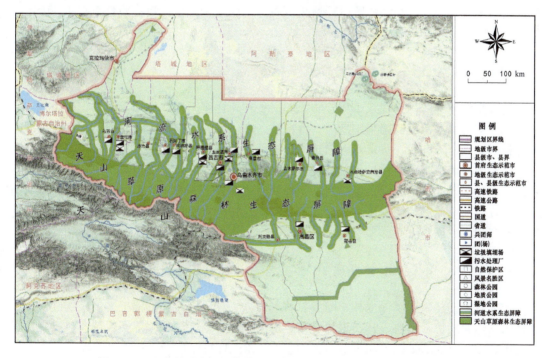

图6.4　天山北坡城市群"梳状"生态屏障与环境污染联防联控示意图

（二）强化城市群片区生态保护功能

乌鲁木齐—昌吉—五家渠片区重点做好沿古尔班通古特沙漠南缘天然草原植被恢复、人工防护林建设，保护绿洲农业生态系统，打造城市群核心区北部生态屏障；石河子—沙湾—玛纳斯片区重点加大玛纳斯河流域保护力度，严格控制地下水开采，加大垦区绿化和生态保护力度，构建城市群绿洲生态屏障；奎屯—独山子—乌苏—胡杨河片区加强奎屯河、古尔图河、四棵树河等流域生态系统的保护，打造城市群荒漠植被生态屏障；克拉玛依片区加强玛依湖、白杨河、克拉苏河、达尔布图河、艾里克湖等流域生态系统保护，构建由雅丹地貌保护区、绿洲平原防护林、天然荒漠防护林为主的城市群绿洲生态屏障；吐鲁番片区重点保护绿洲和山区、荒漠天然植被，打造以绿洲生态防护林为骨架的城市群绿洲生态屏障。

五、保护修复干旱脆弱生态环境

实施重大生态治理与修复工程，保护和修复城市群脆弱生态环境（表6.13）。大力推进准噶尔盆地南缘和吐鲁番盆地边缘防沙治沙工程，构建城市群绿洲生态安全屏障。

（一）加快世界自然遗产地和自然保护区建设

提升各类自然保护区管护能力，依托已有的国家自然保护区、国家地质公园等，积极创建天山国家公园。实施濒危野生动植物抢救性保护工程，建设救护繁育中心和基因库，加强外来有害生物监测防控。

（二）加强河流生态系统的保护与修复

实施水源涵养区保护建设工程、荒漠和河谷草原修复工程、生物多样性保护工程。加大湿地保护力度，重点实施玛纳斯河、奎屯河、古尔图河、呼图壁河、三屯河、金沟河、四棵树河、乌鲁木齐河、头屯河、白杨河和塔西河流域等湿地生态恢复与重建工程。强化水土流失治理，落实水土保持相关制度，加强监督管理，重点实施玛纳斯河、奎屯河、古尔图河、呼图壁河、三屯河、金沟河、四棵树河、乌鲁木齐河、头屯河、白杨河和塔西河流域，以及艾里克湖、柴窝堡湖、盐湖、艾丁湖、500水库和青格达湖等湖泊的水土保持综合治理和生态修复工程。

（三）加大公益林保护力度

加大对胡杨林、荒漠灌木林、河谷林和平原人工林等公益林的保护力度，继续实施退地减水、退牧还草、退耕还林、退耕还草、退耕还湿等工程。加强水土保持监督管理，继续实施矿山、交通运输、水利水电等工程建设的水土保持、环境治理恢复工程。

（四）建设绿色生态型城市群

积极建设绿色生态城市、海绵城市、森林城市、园林城市和绿色模范城市；推进建设循环生态产业园区，全面打造全国循环经济示范区、县（市）；倡导绿色发展方式和低碳生活方式，严格实施节能"双控"目标管理措施，鼓励绿色出行、绿色消费，支持低碳城市、低碳团场、低碳产业园区和低碳社区建设。

表 6.13　天山北坡城市群生态环境保护与修复重点表

序号	建设内容	建设重点
1	乌昌五都市圈	包括古尔班通古特沙漠南缘天然草原与防护林保护与修复工程，乌鲁木齐城市生态防护体系和城市生态绿化建设工程，砂石矿场关停及生态修复工程、湿地生态系统恢复工程；五家渠青格达湖生态调查及湿地生物多样性保护工程、猛进水库生态保护建设工程、黄家梁子生态恢复区保护与建设工程、垦区生态公益林建设工程；昌吉重大生态治理和修复工程，木垒河生态恢复工程、阜康瑶池河景观带工程、阜康30万亩生态屏障工程
2	石沙玛都市区	包括玛纳斯河流域防洪、水土保持等生态系统保护工程，地下水资源保护与修复工程，蘑菇湖和大泉沟水库综合整治工程，重点生态功能区建设与保护工程，团场生物多样性保护工程；天山北坡谷地森林植被恢复保护工程，"三北"五期防护林体系建设工程，准噶尔盆地南缘防沙治沙工程，沙化土地封禁保护区建设和退耕还林工程、千泉湖国家级湿地公园的湿地保护与恢复工程、大南沟河与宁家河水土保持及盐碱地综合治理工程，金沟河河道生态治理工程；玛纳斯县塔斯河河谷生态保护工程，碳汇林沙漠生态保护与修复工程，城乡主干道、河道生态廊道绿化建设工程
3	奎独乌胡都市区	包括奎独乌胡地区大气污染联防联控联治工程，奎屯河、古尔图河、四棵树河等流域生态系统保护与修复工程，奎屯润民生态环境治理工程，国家级甘家湖梭梭林保护区沙化土地封禁保护区建设工程，乌苏佛山天然林资源和公益林管护工程，甘家湖林场防风固沙生态修复工程，退牧还草和牧民定居工程，独山子依什克塔吾河小流域和巴音沟河小流域治理工程，农村环境综合整治工程，畜禽养殖污染防治工程，胡杨林团场生物多样性保护工程
4	克拉玛依都市区	包括克拉玛依市"大绿化工程"和"蓝天工程"，独山子南防洪坝防护林工程，小拐沙化土地治理工程，南新公园、野生动植物湿地保护和自然保护区建设工程，S201、奎北铁路、奎一阿调整生态廊道植被恢复建设工程，黄羊泉生态恢复工程，白杨河流域水土保持，南新湿地恢复工程，艾比湖流域生态保护工程，乌尔禾区艾里克湖生态环境保护工程，金龙湖下游生态工程。城市外围荒漠生态恢复与建设项目、重点防护林项目、玛依湖生态保护、恢复与利用工程
5	吐鲁番都市区	包括饮用水源及地下水保护工程，艾丁湖生态保护治理工程，坎儿井保护工程，托克逊县乌斯通沟水库工程，吐鲁番市额河调水工程，农村环境连片综合整治工程

六、联防联控联治区域环境污染

以提高环境质量为核心，综合考虑环境承载能力、水承载能力等因素，实行最严格的环境保护制度，形成跨区域和政府、企业、公众等多元共治的城市群环境联防联治联控体制，深入实施大气、水、土壤污染防治行动计划，着力解决突出的环境问题，全面改善城乡环境质量，切实维护群众环境权益和保障环境安全。

（一）深化跨区域水污染联防联治联控

实施天山北坡城市群流域分区管治战略，全面实施水污染联防联治行动计划，推进相邻城市间污水设施统筹共享建设。加快玛纳斯河、奎屯河、呼图壁河、金沟河、四棵树河、乌鲁木齐河、头屯河、白杨河、塔西河、水磨河流域水污染防治。加强红山水库、将军庙水库、楼庄子水库、阿克苏水库等污染防治与控制性工程建设。加大城镇集中式饮用水源地保护力度，保障群众饮水安全。严禁在水源涵养区和河流、湖泊周边，以及城市上风上水方向建设重化工、涉重金属等工业污染项目。深度治理和管控城市群重点园区纺织、化工、有色金属、制浆造纸等重点行业废水污染。严格控制地表水敏感区、地下水富集区等区域污染物排放，联合防控地下水污染（表6.14）。

表 6.14 天山北坡城市群环境污染联防联治联控重点表

序号	建设内容	建设重点
1	乌昌五都市圈	包括乌昌五片区大气污染联防控联治工程、水环境治理与水资源节约工程、土壤污染状况详查、治理与修复工程；乌鲁木齐重金属污染调查治理工程、化学品生产和使用调查与防控体系建设工程、危险废物调查和利用处置工程，农村环境综合整治工程，环境监管能力基础保障与信息化改造工程、环境基础设施公共服务工程、社会行动体系建设工程；五家渠煤场封闭及燃煤小锅炉淘汰工程、城镇固废处理工程、医疗废物处置工程、工业污染源超低排放改造工程和五家渠市环境信息中心建设工程；昌吉城市与工业园区污水处理厂工程、农村环境综合整治工程
2	石沙玛都市区	包括石沙玛片区大气污染联防控联治工程，城市中水回用工程，蘑菇湖和大泉沟水库综合整治工程、团场及连队环境综合整治工程、生态文明示范区创建工程、八师总场土壤污染普查治理试点工程、石河子危险废物处置中心建设工程、重点行业挥发性有机物防治工程；沙湾城区污水处理及排水管网工程、固体废物污染防治重点工程、玛纳斯县畜禽养殖污染防治工程
3	奎独乌胡都市区	包括奎独乌胡生态功能片区大气污染联防控联治工程、污染排放与环境质量调查工程、机动车排污监控机构建设工程、扬尘综合整治工程、加油站油气回收治理工程；奎屯市污水处理厂污泥处置与中水回用扩建工程，特征污染物试点示范监测站工程，新疆普惠环境有限公司危废处理程，环境应急能力建设工程，独山子区生活垃圾处理系列工程，独山子区延安路污水提升泵站及配套管线工程，独山子区新北区污水处理厂（站）工程，独山子区生活污水外输管线工程改造工程；乌苏农村环境连片整治项目工程，城市及园区污水处理厂系列工程
4	克拉玛依都市区	包括生活垃圾填埋场二期工程，克拉玛依工业废弃物处理工程，餐厨垃圾处理厂工程，乌尔禾区生活垃圾处理系列工程、第二污水处理厂二期工程，南郊污水处理厂升级改造工程，再生水回用管网系统建设工程，小拐乡污水综合处理工程，水源监测体系工程项目
5	吐鲁番都市区	包括燃煤火电机组超低排放改造工程，挥发性有机物达标治理和污染减排工程，能源清洁化利用工程，"互联网+环境服务"体系建设工程

（二）加强城市群大气污染联防联治联控

全面实施大气污染防治联防联治行动计划，加大大气污染工业源、移动源、生活源、农业源综合治理力度，严格执行统一的大气污染物排放阈值。加快完善重点区域大气污染联防联治联控机制，继续实施乌鲁木齐—昌吉—石河子区域大气污染治理工程，开展奎屯—独山子—乌苏—胡杨河区域大气污染联防联控，抓好克拉玛依等城市区域复合型大气污染防治。加大电力、钢铁、水泥、煤化工等重点行业脱硫、脱硝设施建设和运行监管力度。加大机动车尾气、道路和建筑施工扬尘污染控制力度，推进能源、冶金、石化等重点行业清洁生产技术改造。

（三）推进矿区与乡村土壤污染联防联治联控

实施土壤污染防治行动计划，加强重点地区和重点行业重金属污染治理，加大对有色冶炼、化工、制革、电镀、金属矿采选等重点行业监管力度，实施重点企业强制性清洁生产审核。切实加强矿山废水、废气、废渣排放管理，实施重点工矿企业污染场地治理和土壤修复工程试点与示范，强化兵地和城市间污染废弃物联合处理处置，推进农村环境综合整治，推进种养业废弃物的资源化利用。

（四）"电化"天山北坡城市群

针对城市群电力供大于求的现状，依据"电气化新疆"战略，优先在城市群地区深化电力体制改革，通过政府引导、企业参与、多元化实施的模式，采取以电代煤、以电代油和气电互补等措施，加快推进工业、建筑、交通等多领域实施电能替代，推行优惠电价政策，增强消纳富裕电量能力，改善能源消费结构，打造电气化天山北坡城市群，改善城市群大气环境质量。

第五节　构建全方位开放发展与体制机制创新体系

增强天山北坡城市群作为丝绸之路经济带核心区增长极的独特优势，推进"外引内联、东联西出、西来东去"的开放战略，不断拓展国家向西开放重要窗口的高度、广度和深度，形成全方位开放新格局和国际合作竞争新优势。

一、积极参与"一带一路"建设

深入贯彻国家"一带一路"倡议，深化与周边国家文化、科技、教育、旅游等多领域合作，加快打造中亚腹地的交通枢纽、商贸物流、文化科教、金融、医疗服务五大中心和机械装备出口、轻工产品出口加工、纺织服装产品出口加工等十大进出口产业集聚区，推进建设天山北坡城市群设重大项目储备库。加快推进城市群公路、铁路、民航等基础设施建设，打通和完善面向南亚、中亚和蒙古等方向的国际综合运输大通道，大力推进中俄、中塔、中吉跨境光缆建设。加快建设中国（新疆）自由贸易试验区、天山北坡城市群商贸物流中心、乌鲁木齐国际陆港区、中欧、中亚班列乌鲁木齐、克拉玛依、奎屯、吐鲁番分流集运中心。不断深化对外经贸合作和人文交流，推进丝绸之路经济带创新驱动发展试验区建设，大力打造城市群全域旅游与跨国旅游产业，鼓励国内其他地区企业与城市群企业联合到周边国家从事投资与开发，提升对外开放水平。

二、加强国内区域合作，深化城市群间对口支援

加强与丝绸之路经济带城市群的合作。以丝绸之路经济带为纽带，重点加强天山北坡城市群与丝绸之路沿线的兰西城市群、关中城市群、中原城市群、成渝城市群等地区城市和企业的合作，优势互补，共同促进，引领并拉动丝绸之路经济带的全线崛起。更好衔接欧亚大陆桥，对接丝绸之路经济带。

加强与对口援疆省市合作。鼓励对口支援省市加大干部人才、科技教育和产业援疆力度，引导优势产业和企业向城市群产业园区转移，引领带动城市群地区产业升级转型。加大乌鲁木齐、石河子、克拉玛依等出口商品生产、进出口资源加工基地建设。大力发展纺织服装、食品饮料、家用电器、建材化工、机电设备等外向型产业，培育壮大外向型龙头企业。

加强对周边地区与兵团的辐射带动。强化与中国丝绸之路西部窗口中哈霍尔果斯国际边境合作中心的交通基础设施与经济贸易对接，加强与霍尔果斯、喀什、兵团第十师北屯市等口岸师市的合作，推进城市群对周边地区的辐射带动作用。

推动建立东部发达地区城市群对口帮扶天山北坡城市群的结对帮扶机制。在全国层面建立城市群发展高层协商机制，深化不同城市群间的交流交往交融，重点推进东部沿海的京津冀城市群、长三角城市群和珠三角城市群在产业转移、基础设施投资、科技人才流动、教育资源配置、干部岗位挂职等方面对口支援天山北坡城市群的政策。

推动与丝绸之路经济带上的其他城市群建立合作发展联盟。重点深化与天山北坡城市群各地州对口支援省份所在城市群的联系，实现优势互补、信息共享、人才互派、战略互通，共建丝绸之路经济带，推进向西对外开放战略深入实施。

继续加大对口支援和帮扶工作力度。充分发挥援疆省市在资金、技术、人才、体制、信息等方面的优势，拓展工作领域，支持与国内一、二线发达城市建立结对关系，与国外城市建立"友好城市"关系。加快推进对外大通道建设，切实推进与边疆口岸的联动发展，推进与邻近沿线国家和地区互联互通，开展多领域务实合作。

三、推进兵地融合发展，健全兵地协同发展机制

（1）推进兵地多规合一试点。树立小融合小发展、大融合大发展的思想，高度认识兵地融合的重大政治要求和责任担当，实行兵地一张图绘制到底，统一规划，分开实施。实现兵地交通一张网，兵地城市一张图，兵地城镇一个名，推进实行师市合一、团镇合一、连社合一的兵地融合发展模式，发挥兵团第八师石河子市开展兵地协同发展的示范引领作用，突出兵团第六师五家渠市毗邻首府的综合区位优势，加快推进兵团第七师胡杨河市建设，做大做强兵团第十一师和第十二师，深度嵌入乌鲁木齐市，高位推动共建兵地融合共同体。

（2）加强兵地产业互补合作。依托各自优势资源，加强兵地双方技术合作，采用合作入股形式合作共建兵地融合产业园区，合作共建交通、能源、水利、信息、教育、卫生、科技等基础设施和公共服务设施。共同培育龙头企业与品牌，共同推进优势农产品生产加工基地建设。统筹配置资源，提升产业园区基础设施建设和公共服务水平，实现共同招商和利益分享。推进旅游合作发展，打破旅游资源开发的行政归属，协调利益关系，充分整合全域旅游资源，建设天山北坡城市群全域旅游共同体。

（3）深化兵地社会事业共办联管。推进兵地双方在教育、卫生、医疗、安全、信息等领域的深度合作，为区域城乡居民提供开放式的公共服务。优化整合双方教育资源，积极探索兵地教育共办联管新模式；合力共建区域医疗服务设施和医保平台，提升医疗服务水平；强化兵地在维护稳定领域的交流合作，合作建立公共安全预警、通报与处置机制；加大在政务、商务、公众媒体等方面开展信息交流与合作，加快推进区域"智慧化"进程。

四、推动天山南北联动发展，创新要素通畅流动机制

（1）推动天山北坡城市群辐射带动南疆发展。发挥天山北坡城市群经济水平高与对外开放优势，实施南北疆经济协同发展战略，编制联动发展规划，加快天山南北疆大通道建设。大力扶持与发展纺织服装产业，鼓励纺织园区建设。以喀什城市圈建设为依托，以产业带动、疆内联动、援疆拉动为支撑，促进南疆经济发展、城镇化发展与就业人口集聚。大力实施北疆支援南疆战略，合理配置专项扶贫、行业扶贫、社会扶贫、援疆扶贫资源，发挥扶贫龙头企业、农牧民专业合作社的带动作用，全面加大南疆扶贫开发力度，加快发展南疆社会事业，努力实现南疆基本公共服务全覆盖，使北疆发展成果惠及南疆各族群众。

（2）带动南疆地区兵团建设迈向新台阶。在稳步推进天山北坡城市群范围内 5 个师在不断提升自身发展水平的同时，突出发挥示范带动作用，帮扶南疆师团发展，支持建立对口帮扶南疆区域特别是南疆师团的相关制度，实现天山南北兵团的联动发展。发挥稳定器、大熔炉和示范区的特殊职能，全面推进北疆师市代管南疆团场，以新型城镇化为载体，以产业为支撑，完善力量布局，提升维稳能力，调节社会结构，优化人口资源，实施精准扶贫，传播先进文化，加强民族团结，促进南北疆协调发展。

（3）建立人口自由流动机制。进一步落实和调整户籍管理政策，统一城乡户口登记制度，实行居住证制度，加快建设和共享城市群实有人口信息系统，逐步消除城市群城乡区域间户籍壁垒。完善流动人口管理制度和服务措施，确保流动人口在劳动报酬、子女上学、技能培训、住房租赁、社会保障等方面与当地居民同等的公共服务待遇。合理引导农（牧）业人口有序向中小城市和建制镇转移，有序推进农（牧）业转移人口市民化，逐步实现天山北坡城市群人口合理集聚。

（4）优化兵地土地资源配置。发挥兵团土地资源和建设用地充裕的优势，建立兵地之间建设用地指标调剂使用机制，探索建设占用耕地跨区域占补平衡机制；建立完善兵地国土部门联席会议制度，高效调度、安排、处理区域性土地利用管理重大问题；统筹地上地下空间开发，共享国土信息，全面深化不动产登记制度；协调配合全力保障重点项目建设，积极稳妥推进兵地确权勘界工作。

（5）创新金融要素流动机制。健全多层次金融服务体系，将乌鲁木齐市打造成为丝绸之路经济带区域性国际金融中心；加快推进金融信息、支付清算、票据流通、信用体系、外汇管理一体化，提升金融服务实体经济能力；加快推进金融基础设施一体化建设，建立一体化信息网络和服务平台，实现存取款等金融服务同城化；加强监管和扶持力度，为金融企业营造低成本的安全高效运营环境；建设区域性期货交易中心和乌鲁木齐产权交易市场。

五、完善公共服务共享机制，健全社会稳定协同保障机制

围绕新疆打造丝绸之路经济带上重要的文化科技教育中心、医疗服务中心的目标，统筹布局教育科技、医疗卫生、文化体育等设施，实现公共服务均等、便捷、高效。积

极推进天山北坡城市群公共服务一体化发展，构建适应城市群发展要求的公共服务共享体系。

（1）推动城市群教育服务合作。加强与丝绸之路经济带沿线国家的教育合作，建设国际人才培养基地、来华人才留学培养基地；实施一流大学和一流学科建设，做大做强职业技术教育，深化产教融合、校企合作，提升职业教育服务的当地发展能力，研究考虑将石河子科技学院迁建至五家渠市，建成应用型本科职业技术学院；鼓励中小学校利用"互联网+教育"新模式，依托援疆省份的优质教育资源，扩大优质教育覆盖面，保障农业转移人口随迁子女平等就学。大力推进国家通用语言文字教学，努力提升教育质量和水平，有序扩大新疆少数民族群众到内地接受教育、就业、居住的规模。

（2）加强城市群医疗服务合作。优化配置医疗卫生资源，强化基层医疗卫生服务体系建设，积极发展中医民族医药，提升城市群医疗服务综合能力，建设丝绸之路经济带核心区医疗服务中心。鼓励大型综合性医疗卫生机构跨区域布点，加强医疗卫生机构和人员合作交流；开展远程医疗合作和跨区域急救合作，推动城市群医疗卫生资源共享；探索实施城市群范围内异地就医结算和医保联网制度，推动建设天山北坡城市群社会保障一卡通；加快建设互联互通的突发公共卫生事件信息决策指挥平台和信息监测系统，推动城市群突发公共卫生事件应急网络建设。

（3）引导城市群文化融合发展。发挥城市群一体多元的文化融合特点，共建共享公共文化服务体系，加强城市群文化建设。践行社会主义核心价值观，制订文化建设规划和实施方案。将文化建设与城市群经济发展、政治建设、旅游发展紧密结合起来；大力发展特色文化，将文化建设与本地语言、服饰、饮食、建筑、习俗等结合起来，推动天山北坡城市群多元文化融合发展。

（4）促进城市群科技协同创新。围绕丝绸之路经济带创新驱动发展试验区建设，在科技创新投入、创新人才引进培养、创新环境营造三个方面加大保障力度。探索技术创新市场导向机制，整合科技创新资源，加快城市群技术创新体系建设。加强各类大学、科研院所科技创新资源的共享共建，推进科技基础资源开放共享，合作共建创新平台。在清洁能源、生态系统修复、中医民族医药等方面联合攻关，共建技术转移中心、联合实验室、农业科技示范园等。

（5）加强城乡公共设施一体化建设。统筹城乡基础设施建设，加快城市基础设施向农村延伸，推动水电路气等城乡配套设施对接联网、共建共享。有序推进城市群内地铁、轻轨等城市与城际轨道交通系统建设，统筹推进城乡道路一体化规划建设；加强电网规划与城市规划相协调，促进电力建设与城乡建设协调统一；深入推进天然气清洁能源应用，实现天然气管网互联互通；统筹推进"三网融合"，将光纤宽带网络、通信基站等通信网络基础设施建设纳入城乡建设总体规划；提升供排水和防洪治涝设施建设一体化，推进污水和垃圾处理设施建设。

（6）建立更加公平可持续的社会保障制度。继续加强城市群范围城乡保障性住房建设，有序扩大保障性安居工程覆盖面，在农牧区因地制宜地规划和推进安居富民工程建设；进一步完善统一城乡居民基本养老保险制度，完善城镇企业职工基本养老保险制度；健全城镇职工基本医疗保险和城乡居民基本医疗保险制度，全面实施城乡居民大病保险制度；扩大失业保险覆盖范围，实施生育保险和基本医疗保险合并；构建更完整便民快捷的社保服务体系，建设"智慧社保"。

（7）建立维护社会稳定的一体化协同保障机制。紧紧围绕维护新疆社会稳定和实现长治久安总目标，坚持稳定压倒一切。在城市群各地区加强社会管理"网格化"巡控体系建设，加强联防联控、群防群控，实现人防、物防、技防全覆盖，加强网络管理，加大正面引导，切实维护网络安全；严格落实信访工作责任制，强化值班备勤和应急处突工作，做好处置突发事件的充分准备。

（8）不断健全民族团结共创共建机制。切实加强党的领导，坚持各民族一律平等，坚持求同存异、包容和谐，增强各族群众的国家意识、法治意识、公民意识，促进各民族共同团结奋斗、共同繁荣发展。加强民族交流交往交融，推动建立各民族相互嵌入的社会结构、社区环境、学校环境；推进区域民族团结宣传、教育、联谊、互助常态化。

（9）建立健全就业创业服务保障机制。围绕服务大众创业万众创新，进一步完善城乡均等的就业创业服务体系，在天山北坡城市群全面推行"一体化"就业创业信息化服务，为各类劳动者就业创业提供有效保障。健全劳动者技能培训服务体系，不断提升劳动者就业创业能力。完善扶持创业的优惠政策，形成政府激励创业、社会支持创业、劳动者勇于创业新机制，不断优化就业创业环境。健全完善电子商务创业服务体系，推动电子商务创业孵化基地建设。

六、制订优惠政策

（1）在天山北坡城市群研究建立乌鲁木齐国家级天山新区，制定特殊扶持政策，形成丝绸之路核心区人口与经济发展的新增长极。

（2）在相关城市自愿协商的基础上，设立天山北坡城市群协同发展投资基金，鼓励地方各级政策性、引导性资金及其他社会资本参与设立投资基金，重点投向跨区域重大基础设施互联互通、生态环境联防共治、创新体系共建、公共服务共享等领域。

（3）健全天山北坡城市群重点项目储备库，强化重点项目全过程管理，实行重点项目建设工作责任制、考评和奖惩激励制度。

（4）继续加大在土地资源使用、矿产资源开发、投资企业税收、生态环境治理等领域的政策支持力度。支持地方研究制定区域性产业转移转型指导目录，依托国家新型工业化产业示范基地、国家级风光电基地、国际科技合作基地、国家全域旅游示范区等优势，争取国家层面的优惠政策。

（5）制定出台兵地融合发展的导向政策，对兵地融合性产业及项目在税收、土地、融资等各个方面给予政策支持，对区域重大基础设施、环境保护、民生建设等项目优先安排、投资倾斜。

主要参考文献

［1］方创琳.天山北坡城市群可持续发展的战略思路与空间格局.干旱区地理，2019，42（1）：1-9

［2］何剑，刘琳，王帅.基于分形理论的天山北坡城市群等级规模和空间结构研究.山东农业大学学报：自然科学版，2014，45（2）：257-264

［3］季珏，高晓路.天山北坡城市群空间组织形态的识别研究.干旱区地理，2012，35（4）：687-694

第七章 天山北坡城市群可持续发展决策支持系统

城市群可持续发展的决策支持系统是借助 GIS 技术和系统动力学 SD 模型，构建城市群可持续发展的生态影响预景分析模型，建立城市群可持续发展决策支持系统的因果反馈结构和技术流程，进而通过调控变量的计算实验，提出不同的计算实验方案，调控城市群可持续发展状态。本章以天山北坡城市群为例，采用系统动力学方法，构建城市群可持续发展的 SD 模型，仿真模拟城市群空间扩展与生态系统之间的交互作用机理，通过设定情景，确定模型参数，建立城市群空间扩展与生态系统交互作用的决策支持系统，为确保城市群实现可持续发展提供技术支撑。

第一节 城市群可持续发展决策支持系统的构建原理
与反馈结构

城市群可持续发展决策支持系统研究对象是城市群空间扩展系统和生态环境系统，以及它们之间的交互作用、约束和转变关系。开展城市群可持续发展决策支持系统的研究目的是通过城市群地区社会经济发展、建设用地扩展和生态环境变化等关系的分析，依据一定的发展目标和指标标准，预测和估算未来一定时期内，城市群不同空间扩展模式下的生态用地规模及生态用地服务价值，化解城市群经济社会持续快速发展与土地资源有限性和生态系统维护者建设之间的矛盾，从而为调控城市群空间扩展方向和方式提供重要的理论依据。

天山北坡城市群可持续发展决策支持系统拟解决的主要问题在于，定量描述城市群空间扩展随时间演变的动态特征；分析城市群空间扩展对生态系统影响较大的因子的变化趋势；探讨在不同空间扩展模式下的城市群建设用地和生态用地变化情况；探讨不同的建设用地扩展速度情况下的城市群生态服务价值变化情况；为探讨基于生态保护理念的城市群空间扩展方式和方向提供依据。

一、天山北坡城市群可持续发展决策支持系统的构建思路及基本原理

（一）决策支持系统的构建思路

基于生态理念的城市群空间扩展的实质是城镇建设用地和生态用地之间的相互作用，以及生态用地内部之间的交互作用，表现在实体空间上即以城镇建设用地侵占生态用地，生态系统内部有机体之间的共生变化为核心。本章的分析主要采用中国科学院资源环境科

学数据中心 1980 年、1990 年、1995 年、2000 年、2005 年、2010 年、2015 年 7 个年份土地利用现状遥感监测数据,用于分析空间扩展的生态响应;二是人口与 GDP 等社会经济数据,用于分析空间扩展的动力。

1. 决策支持系统的用地归类

鉴于中国城市群可持续发展的决策支持系统以建设用地空间扩展与生态环境的影响效应为研究核心,所以将用地类型划分为两大类:一是建设用地,即居民点及工矿用地,包括城镇建设用地、农村居民点、其它建设用地 3 小类;二是生态用地,包括耕地、林地、草地、水域和未利用地共 5 小类。

依据不同土地利用类型的生态服务价值系数不同,生态用地的生态服务价值较高,而城乡居民点及工矿用地的生态服务价值几乎为零。因此,建设用地扩展的直接生态效应是建设用地侵占生态用地,城市群的生态用地服务价值降低。按照这一研究思路,在上述土地利用类型划分的基础上,分别确定不同用地类型的生态服务价值,进而分别计算建设用地生态服务价值和生态用地服务价值,分析建设用地扩展与生态用地服务价值之间的作用效应(图 7.1)。同时,为了研究需要,依据城市群土地面积确定大气环境容量,以求更加系统全面地分析研究城市群空间扩展的生态环境效应。

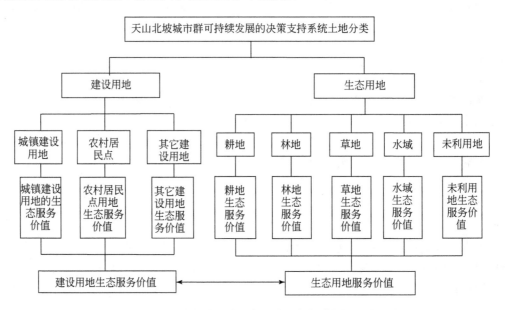

图 7.1　天山北坡城市群可持续发展决策支持系统的用地分类图

2. 决策支持系统的构建思路

第一步,进行决策支持系统分析。这是建立决策支持系统模型的基础,包括分析城市群空间扩展的生态环境效应研究的对象、目的和要求;搜集相关的信息和资料;分析系统的基本问题与主要问题、基本矛盾与主要矛盾;划定系统的边界,确定内生变量、外生变量和输入变量;确定系统行为的参考模式等[1]。

第二步,建立决策支持系统的层次和反馈结构。包括分析系统整体与局部的反馈机制,分析构成因素的相互关系,划分系统的层次、类别和结构;分析系统的变量与变量之间的关系，定义变量，确定变量的种类及主要变量；按照变量之间的关系，判断因素之间信息反馈和耦合关系，建立系统的主导回路和结构。依据模型基本反馈结构，进一步细化模型变量之间的关系，利用相关软件绘制模型因果反馈流程图。

第三步，确定决策支持系统的转换系数和调控变量。确定模型的主要输入变量、输出变量以及调控变量。进行模型中相关变量相互作用的回归分析；建立状态变量、速率变量、辅助变量、表函数和常量方程及合适的函数表达式；确定模型中所有常数、表函数及状态变量的初始值；确定模型调控参数值。模型参数的估计方法包括经调查获得的第一手资料、从模型中部分变量间关系中确定参数值、分析已掌握的有关系统的知识估计参数值、根据模型的参考行为特性估计参数等[2]。

第四步，决策支持系统模型检验和仿真实验。根据建立的决策支持系统模型因果反馈流程，采用历史数据进行模型运行和调试，通过将模拟结果与实际数值误差分析，对模型进行检验；根据模拟结果修改模型结构和参数，直至模拟结果误差控制在合理的范围内。在此基础上，将模型模拟时间扩展至未来一定时期内，确定模型参数进行模拟运算；在模拟运算的基础上，对结果进行深入分析，寻找解决问题的方法，通过确定不同数量的调控变量或确定不同的调控变量值，进而修改模型的结构和参数，反复进行模拟，直到获得满意的仿真实验结果。

第五步，决策支持系统的实验分析。以系统动力学的理论指导进行模拟结果的分析，深入剖析系统，通过对城市群地区空间扩展与生态系统间关系的判断，得出优选的模拟实验结果，并对结果进行分析。完整构建思路如图 7.2 所示。

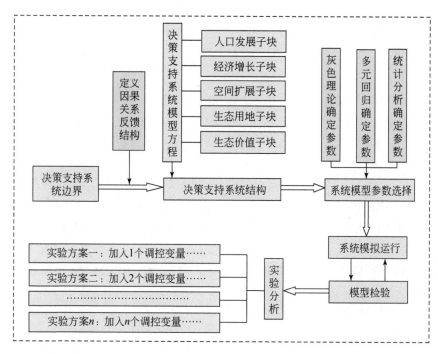

图 7.2　天山北坡城市群可持续发展的决策支持系统构建思路

（二）决策支持系统的基本原理

城市群可持续发展的决策支持系统采用系统动力学模型（System Dynamics，SD）进行调控仿真实验，这是一种建立在控制论、系统论和信息论基础上，以研究反馈系统结构、功能和动态行为基本特征的定量方法。系统动力学方法特点是通过状态变量（stock）、流量函数（flow）、辅助变量（convertor）、流线（connector）等模型基本要素构成决策反馈环，用于解决非线性系统问题[3]。运用系统动力学方法构建城市群可持续发展决策支持系统的基本原理是：在明确系统边界的基础上，通过改变输入的控制因素，模拟不同政策条件下的系统动态行为，从而为决策者提供依据。根据研究目的，可以将城市群可持续发展的决策支持系统分为经济社会、空间扩展、生态用地和生态价值 4 个决策作用点。这些要素之间相互影响、相互作用，根据内在的作用机理形成正反馈或负反馈（图 7.3）。该研究的出发点为经济社会发展，以城市群经济社会、空间扩展、生态用地和生态价值综合效益最大化为控制，考察空间扩展的生态效应。或者说，试图通过经济社会与生态环境协调发展政策参数的敏感性分析，用模型反映出与城市群空间扩展子系统密切相关的各实验系统因素间的反馈结构和相互关系，使各实验系统之间协调发展，并实现土地利用系统的资源优化配置。模型中重点考虑的政策参数包括计划生育政策因子、"两型"社会政策因子、退耕还林政策因子等。

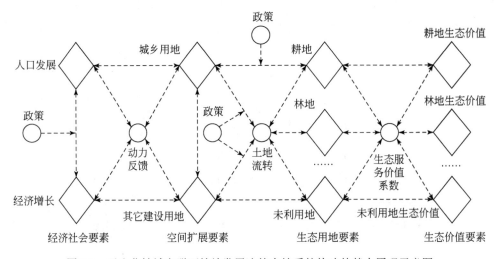

图 7.3　天山北坡城市群可持续发展决策支持系统构建的基本原理示意图

二、天山北坡城市群可持续发展决策支持系统的分层结构与反馈环路

（一）决策支持系统的组成与分层结构

按照城市群可持续发展决策支持系统构建的基本原理，将城市群可持续发展的决策支持系统划分为建设用地实验系统、经济社会实验系统、生态环境实验系统 3 个子系统（如图 7.4）。

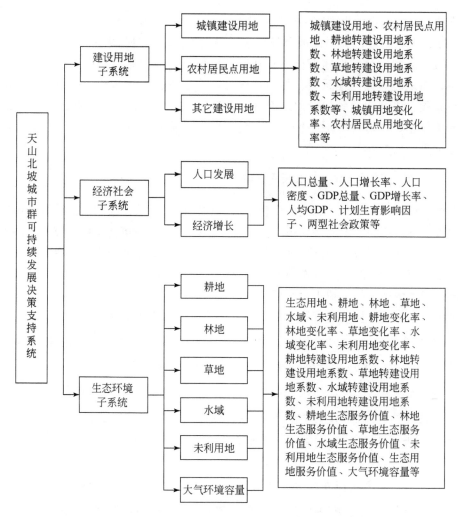

图 7.4 天山北坡城市群可持续发展决策支持系统分层结构图

1. 建设用地子系统

指城乡建设用地的扩展，进一步分为城镇建设用地子模块、农村居民点用地子模块和其它建设用地子模块，具体包括城镇建设用地、农村居民点用地、其它建设用地、耕地转建设用地系数、林地转建设用地系数、草地转建设用地系数、水域转建设用地系数、未利用地转建设用地系数、城镇建设用地变化率、农村居民点用地变化率、其它建设用地变化率等要素变量。

2. 经济社会子系统

指城市群经济社会发展引起的总人口和 GDP 的变化，分为人口发展和经济增长两个子模块，具体包括人口总量、人口增长率、人口密度、GDP 总量、GDP 增长率、人均 GDP、计划生育影响因子、两型社会政策、退耕还林政策等要素变量。

3. 生态环境子系统

指城市群城镇建设用地、农村居民点和其它建设用地等建设用地发展所引起的生态用地的变化及其所能提供的生态服务价值的变化和大气环境变化。进一步分为耕地、林地、草地、水域、未利用地、大气环境容载量 6 个子模块，具体包括生态用地、耕地、林地、草地、水域、未利用地、耕地变化率、林地变化率、草地变化率、水域变化率、未利用地变化率、耕地转建设用地系数、林地转建设用地系数、草地转建设用地系数、水域转建设用地系数、未利用地转建设用地系数、耕地生态服务价值、林地生态服务价值、草地生态服务价值、水域生态服务价值、未利用地生态服务价值、生态用地服务价值、大气环境容量等要素变量。

（二）决策支持系统的基本反馈环路

根据城市群空间扩展与生态用地变化之间的相互作用关系，绘制天山北坡城市群可持续发展决策支持系统的基本反馈环路（图 7.5）。由图可知，城市群可持续发展的决策支持系统是一个包含社会经济、空间扩展、生态用地、生态价值等多因素（变量）的复杂大系统，这些因素或变量之间的交互作用关系构成了复杂的反馈环路。

1. 与生态用地相关的主要正负反馈环路

以生态用地中的"耕地面积"变量为例，与其相关的主要正反馈环有 9 个，即：

① 人口政策 $\xrightarrow{-}$ 人口发展 $\xrightarrow{+}$ 农村居民点用地 $\xrightarrow{+}$ 耕地转建设用地系数 $\xrightarrow{-}$ 耕地面积 $\xrightarrow{+}$ 耕地生态服务价值 $\xrightarrow{+}$ 总生态用地服务价值 $\xrightarrow{+}$ 人口发展 $\xrightarrow{+}$ 人口政策；

② 人口政策 $\xrightarrow{-}$ 人口发展 $\xrightarrow{+}$ 城镇建设用地 $\xrightarrow{+}$ 耕地转建设用地系数 $\xrightarrow{-}$ 耕地面积 $\xrightarrow{+}$ 耕地生态服务价值 $\xrightarrow{+}$ 总生态用地服务价值 $\xrightarrow{+}$ 人口发展 $\xrightarrow{+}$ 人口政策；

③ 人口政策 $\xrightarrow{-}$ 人口发展 $\xrightarrow{+}$ 其它建设用地 $\xrightarrow{+}$ 耕地转建设用地系数 $\xrightarrow{-}$ 耕地面积 $\xrightarrow{+}$ 耕地生态服务价值 $\xrightarrow{+}$ 总生态用地服务价值 $\xrightarrow{+}$ 人口发展 $\xrightarrow{+}$ 人口政策；

④ 人口政策 $\xrightarrow{-}$ 人口发展 $\xrightarrow{+}$ 农村居民点用地 $\xrightarrow{+}$ 耕地转建设用地系数 $\xrightarrow{-}$ 耕地面积 $\xrightarrow{+}$ 人口发展 $\xrightarrow{+}$ 人口政策；

⑤ 人口发展 $\xrightarrow{+}$ 两型社会政策 $\xrightarrow{-}$ 农村居民点用地 $\xrightarrow{+}$ 耕地转建设用地系数 $\xrightarrow{-}$ 耕地面积 $\xrightarrow{+}$ 耕地生态服务价值 $\xrightarrow{+}$ 总生态用地服务价值 $\xrightarrow{+}$ 人口发展；

⑥ 人口发展 $\xrightarrow{+}$ 两型社会政策 $\xrightarrow{-}$ 城镇建设用地 $\xrightarrow{+}$ 耕地转建设用地系数 $\xrightarrow{-}$ 耕地面积 $\xrightarrow{+}$ 耕地生态服务价值 $\xrightarrow{+}$ 总生态用地服务价值 $\xrightarrow{+}$ 人口发展；

⑦ 人口发展 $\xrightarrow{+}$ 两型社会政策 $\xrightarrow{-}$ 其它建设用地 $\xrightarrow{+}$ 耕地转建设用地系数 $\xrightarrow{-}$ 耕地面积 $\xrightarrow{+}$ 耕地生态服务价值 $\xrightarrow{+}$ 总生态用地服务价值 $\xrightarrow{+}$ 人口发展；

⑧ 经济增长 $\xrightarrow{+}$ 两型社会政策 $\xrightarrow{-}$ 城镇建设用地 $\xrightarrow{+}$ 耕地转建设用地系数 $\xrightarrow{-}$ 耕地面积 $\xrightarrow{+}$ 耕地生态服务价值 $\xrightarrow{+}$ 总生态用地服务价值 $\xrightarrow{+}$ 经济增长；

⑨经济增长 $\xrightarrow{+}$ 两型社会政策 $\xrightarrow{-}$ 其它建设用地 $\xrightarrow{+}$ 耕地转建设用地系数 $\xrightarrow{-}$ 耕地面积 $\xrightarrow{+}$ 耕地生态服务价值 $\xrightarrow{+}$ 总生态用地服务价值 $\xrightarrow{+}$ 经济增长。

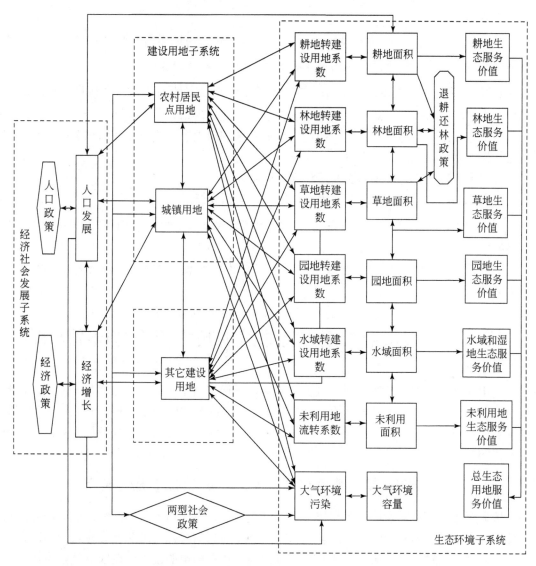

图 7.5　天山北坡城市群可持续发展决策支持系统的基本反馈结构示意图

与生态用地中的"耕地面积"变量相关的主要负反馈环有 6 个，即：

①人口发展 $\xrightarrow{+}$ 农村居民点用地 $\xrightarrow{+}$ 耕地转建设用地系数 $\xrightarrow{-}$ 耕地面积 $\xrightarrow{+}$ 耕地生态服务价值 $\xrightarrow{+}$ 总生态用地服务价值 $\xrightarrow{+}$ 人口发展；

②人口发展 $\xrightarrow{+}$ 城镇建用地 $\xrightarrow{+}$ 耕地转建设用地系数 $\xrightarrow{-}$ 耕地面积 $\xrightarrow{+}$ 耕地生态服务价值 $\xrightarrow{+}$ 总生态用地服务价值 $\xrightarrow{+}$ 人口发展；

③人口发展 $\xrightarrow{+}$ 其它建设用地 $\xrightarrow{+}$ 耕地转建设用地系数 $\xrightarrow{-}$ 耕地面积 $\xrightarrow{+}$

耕地生态服务价值 $\xrightarrow{+}$ 总生态用地服务价值 $\xrightarrow{+}$ 人口发展；

④人口发展 $\xrightarrow{+}$ 农村居民点用地 $\xrightarrow{+}$ 耕地转建设用地系数 $\xrightarrow{-}$ 耕地面积 $\xrightarrow{+}$ 人口发展；

⑤经济增长 $\xrightarrow{+}$ 城镇建设用地 $\xrightarrow{+}$ 耕地转建设用地系数 $\xrightarrow{-}$ 耕地面积 $\xrightarrow{+}$ 耕地生态服务价值 $\xrightarrow{+}$ 总生态用地服务价值 $\xrightarrow{+}$ 经济增长；

⑥经济增长 $\xrightarrow{+}$ 其它建设用地 $\xrightarrow{+}$ 耕地转建设用地系数 $\xrightarrow{-}$ 耕地面积 $\xrightarrow{+}$ 耕地生态服务价值 $\xrightarrow{+}$ 总生态用地服务价值 $\xrightarrow{+}$ 经济增长。

与生态用地中的林地、草地、园地、水域及未利用地等其他用地面积相关的正负反馈环路与耕地基本相似，在此不再一一列出。

2. 与大气环境容量相关的主要正负反馈环路

与大气环境容量相关的反馈环路有 2 个，均为正反馈：

①人口发展 $\xrightarrow{+}$ 两型社会政策 $\xrightarrow{-}$ 大气环境污染 $\xrightarrow{-}$ 大气环境容量 $\xrightarrow{+}$ 人口发展；

②经济增长 $\xrightarrow{+}$ 两型社会政策 $\xrightarrow{-}$ 大气环境污染 $\xrightarrow{-}$ 大气环境容量 $\xrightarrow{+}$ 人口发展。

第二节　城市群决策支持系统的技术流程与模型方程

天山北坡城市群可持续发展决策支持系统，是指根据系统动力学方法基本原理，按照城市群空间扩展的生态预景模型构建设想，采用 VENSIM PLE 6.3 软件，建立城市群可持续发展的计算反馈流程，通过设定不同的调控变量和参数，对系统进行模拟实验，直至得到最优的实验结果。

一、天山北坡城市群可持续发展决策支持系统的设计思路与方法

依据城市群可持续发展决策支持系统的基本原理，以人口增长和经济发展为出发点，伴随着人口的增长和 GDP 的增加，城镇建设用地、农村居民点用地和其它建设用地随之增加；由此引起城镇、农村居民点和其它建设用地对生态用地的侵占，造成城镇建设用地、农村居民点用地和其它建设用地等建设用地的增加，同时生态用地的减少，以及大气环境污染加剧；而耕地、林地和草地等生态用地的面积变化又将引起各类生态用地生态服务价值的变化，最终反映为生态用地总服务价值的变化；大气环境污染通过一定的作用关系将直接引起大气环境容量的变化。生态用地服务价值以及大气环境容量的变化又反过来影响人口和 GDP 等经济社会要素的发展，由此构成一个为非线性多重反馈、多维连锁、多元耦合关系和因果关系，正是这种关系使城市群空间扩展的生态环境效应各组成部分有机地结合成一个整体。

（一）决策支持系统的设计目标与思路

天山北坡城市群可持续发展决策支持系统设计的目标是，通过构筑能够反映各种要素相互作用机理的决策支持系统，达到调控城市群可持续发展的目的。具体设计思路如下。

1. 决策支持系统技术流程与结构

在 VENSIM PLE 6.3 软件中，依据城市群可持续发展决策支持系统要素基本反馈结构，绘制完成系统因果反馈流程。将决策支持系统各子系统的各子模块设定为具有累积效应的状态变量；并依据其余变量与状态变量之间的相互关系，分别设定速率变量、辅助变量以及常数和表函数等；系统中的主要输入变量为各状态变量初始值、各生态用地与建设用地之间的转换系数等；系统的主要输出变量为各状态变量的值、生态用地服务价值以及大气环境容量。

2. 相关变量相互作用的回归分析

依据决策支持系统的技术流程和结构，对相关变量进行回归分析，确定系统仿真模型方程式。用于进行回归分析的是相关变量历史时期的系列数据，主要采用 SPSS 回归分析软件辅助完成，主要包括线性回归、曲线估计等分析方法，常用的模型包括线性、复合、增长、对数、指数、幂、Logistics 和 S 型等。具体操作过程中应结合实际情况，采用多种方法进行回归，最终选择相关性最高的模型。

3. 决策支持系统的调控变量的确定

决策支持系统中的调控变量通常是系统模型中的常数和表函数等。初始值和常量可根据实际情况赋值；可用具体函数表达的变量，根据变量的变动情况可用系统动力学专用的函数表达式逐一进行表示；需要说明的是，决策支持系统中的表函数的赋值亦不是随意和完全主观的，一般需要根据实际情况，采用灰色分析、统计分析等预测分析方法计算。

4. 决策支持系统的检验

决策支持系统初步建立之后，要采用历史数据进行系统的检验。主要方法是根据历史时期实际发展情况，在建立的决策支持系统中键入状态变量初始值和各个调控变量参数值；在 VENSIM PLE 6.3 软件中根据键入的调控变量值进行系统模拟运算，得出各主要输入变量的模拟实验值；将决策支持系统模拟运算的数值与历史时期的实际值列表进行误差分析，如果各变量误差均控制在系统模型允许的范围内，则说明建立的决策支持系统具有较好的模拟效果，可进一步进行未来一定时期的预测模拟，否则，需要对决策支持系统的结构或参数值进行修改和完善，直至达到与实际数值拟合较好的实验结果。

（二）决策支持系统的技术流程与结构

在 VENSIM PLE 6.3 软件中，依据城市群可持续发展决策支持系统要素基本反馈结构，按照决策支持系统设计思路与目标，绘制完成系统因果反馈流程，即城市群可持续发展决策支持系统的技术流程图（图 7.6）。在图中，各种变量及有关参数设计如下。

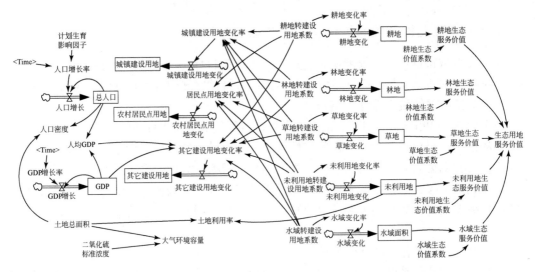

图7.6　天山北坡城市群可持续发展的决策支持系统因果反馈流程示意图

1. 状态变量

城市群可持续发展决策支持系统包含 10 个状态变量，分别为：总人口（万人）、GDP（亿元）、城镇建设用地（km²）、农村居民点用地（km²）、其它建设用地（km²）、耕地（km²）、林地（km²）、草地（km²）、水域面积（km²）和未利用地（km²）。10 个状态变量分别代表了城市群经济社会、城乡建设和生态环境 3 个子系统交互作用的主要要素。这 10 个要素随着时间发展具有累积效应。

2. 速率变量

与状态变量相照应，城市群可持续发展决策支持系统中共有 10 个速率变量，表示状态变量的变化速率，分别为：人口增长（万人/a）、GDP 增长（亿元/a）、城镇建设用地变化（km²/a）、农村居民点用地变化（km²/a）、其它建设用地变化（km²/a）、耕地变化（km²/a）、林地变化（km²/a）、草林变化（km²/a）、水域变化（km²/a）和未利用地变化（km²/a）。

3. 辅助变量

除状态变量和速率变量之外，城市群可持续发展决策支持系统中的辅助变量共有 18 个，分为两类：①用来帮助建立速率方程的辅助变量，如城镇建设用地变化率（%）、农村居民点用地变化率（%）、其它建设用地变化率（%）、耕地变化率（%）、林地变化率（%）、草地变化率（%）、水域变化率（%）、未利用地变化率（%）；②代表系统主要输出结果的变量，如人口密度（万人/km²）、人均 GDP（元/人）、土地利用率（%）、大气环境容量（万 t）、耕地生态服务价值（万元）、林地生态服务价值（万元）、草地生态服务价值（万元）、未利用地生态服务价值（万元）、水域生态服务价值（万元）和生态用地服务总价值（万元）等。

4. 常数

城市群可持续发展决策支持系统中的常数有：计划生育影响因子、土地总面积（km²）、二氧化硫标准浓度（mg/km³）、耕地转建设用地系数（km²/a）、林地转建设用地系数（km²/a）、草地转建设用地系数（km²/a）、未利用地转建设用地系数（km²/a）、水域转建设用地系数

（km²/a）、耕地生态价值系数（万元/km²·a）、林地生态价值系数（万元/km²·a）、草地生态价值系数（万元/km²·a）、未利用地生态价值系数（万元/km²·a）、水域生态价值系数（万元/km²·a）等。

5. 函数

城市群可持续发展决策支持系统中共包含两种函数：①IF THEN ELSE（选择函数），如：人口增长率（%）、GDP 增长率（%）；②求和函数（SUM 函数），如生态用地服务价值（万元）等。

二、天山北坡城市群可持续发展决策支持系统的变量回归与模型方程

运用 VENSIM PLE 6.3 软件建立天山北坡城市群可持续发展决策支持系统模型方程式的语言，建立城市群可持续发展决策支持系统因果反馈流程图中相关变量相互作用的模型方程式。其中，重要的是采用 SPSS 分析软件，对相关变量进行回归分析，建立相关变量相互作用的回归方程。

（一）社会经济子系统

1. 经济子模块

城市群 GDP 的预测主要采用年均增长率预测法，而 GDP 年均增长率假定在一定时间段内为常数保持不变，因此采用 IF THEN ELSE（选择函数）表达，函数方程式如下：

GDP=INTEG（GDP 增长，29.06）

GDP 增长=GDP*GDP 增长率/100

GDP 增长率=IF THEN ELSE（Time<=2035，23，20）

2. 人口子模块

城市群总人口的预测亦主要采用年均增长率预测法，而且人口年均增长率假定在一定时间段内为常数保持不变，同样采用 IF THEN ELSE（选择函数）表达，函数方程式如下：

总人口=INTEG（人口增长，409.92）

人口增长=总人口*人口增长率/100

人口增长率=IF THEN ELSE（Time<2010，1.6，4.8）*计划生育影响因子

由总人口、GDP 和土地总面积预测值可分别计算城市群人均 GDP 和人口密度，模型方程式如下：

人均 GDP=GDP/总人口/10000

人口密度=总人口/土地总面积

（二）建设用地子系统

1. 城镇建设用地子模块

城市群城镇建设用地预测主要在城镇建设用地初始量的基础上，根据城镇建设用地变化进行计算。城镇建设用地变化的大小主要是由城镇建设用地变化率决定，而城镇建设用地变化率一样是由生态用地转变而来，具体包括草地转城镇建设用地系数、耕地转城镇建设用地系数、林地转城镇建设用地系数、水域转城镇建设用地系数、未利用地转城镇建设

用地系数 5 个方面（图 7.7）。根据所获得的城市群 1980～2015 年年均耕地、林地、草地、水域和未利用地转城镇建设用地占各类生态用地转建设用地的比例，建立城镇建设用地变化率方程式；并由此建立城镇建设用地模型方程式如下：

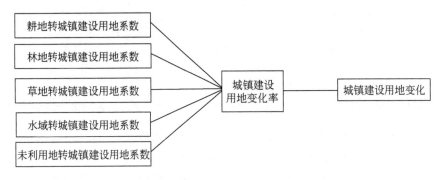

图 7.7　城镇建设用地变量的 3 级原因树

城镇建设用地=INTEG（城镇建设用地变化，286）

城镇建设用地变化=城镇建设用地变化率

城镇建设用地变化率=耕地转建设用地系数*39.4/100+林地转建设用地系数*69.7/100+草地转建设用地系数*54.9+水域转建设用地系数*64.3/100+未利用地转建设用地系数*11.6/100

2. 农村居民点用地子模块

与城镇建设用地类似，城市群农村居民点用地预测主要在农村居民点用地初始量的基础上，根据农村居民点用地变化进行计算。同样，农村居民点用地的变化的大小主要是由农村居民点用地变化率决定，而农村居民点用地变化率则是由生态用地转变而来。因此，根据生态用地类型的划分，将农村居民点用地年变化率分为耕地转农村居民点用地系数、林地转农村居民点用地系数、草地转农村居民点用地系数、水域转农村居民点用地系数、未利用地转农村居民点用地系数 5 个方面（图 7.8）。在此假设预测期内平均每年居民点用地占各类生态用地的数量不变，即各类生态用地转农村居民点用地系数不变，则农村居民点用地变化率为常数；又根据所获得的城市群 1980～2015 年年均耕地、林地、草地、水域和未利用地转农村居民点用地占各类生态用地转建设用地的比例，建立农村居民点用地变化率方程式；由此建立农村居民点用地模型方程式如下：

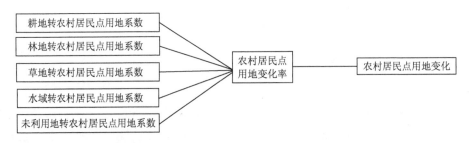

图 7.8　农村居民点用地变量的 3 级原因树

农村居民点用地=INTEG（农村居民点用地变化，568）

农村居民点用地变化=农村居民点用地变化率

农村居民点用地变化率=耕地转建设用地系数*51.0/100+林地转建设用地系数*27.3/100+草地转建设用地系数*16.2/100+水域转建设用地系数*21.4/100+未利用地转建设用地系数*5.3/100

3. 其它建设用地子模块

与城镇建设用地和农村居民点用地和的测算类似，城市群其它建设用地子模块的预测在初始量基础上，根据其它建设用地变化和其它建设用地变化率进行计算。同样，其它建设用地年变化率包括耕地转其它建设用地系数、林地转其它建设用地系数、草地转其它建设用地系数、水域转其它建设用地系数、未利用地转其它建设用地系数 5 个方面（图 7.9）。根据城市群 1980～2015 年年均耕地、林地、草地、水域和未利用地转其它建设用地占各类生态用地转建设用地的比例，建立其它建设用地变化率方程式；并由此建立其它建设用地模型方程式如下：

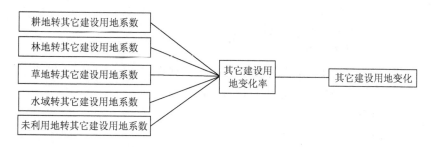

图 7.9 其它建设用地变量的 3 级原因树

其它建设用地=INTEG（其它建设用地变化，213）

其它建设用地变化=其它建设用地变化率

其它建设用地变化率=耕地转建设用地系数*9.6/100+林地转建设用地系数*3.0/100+草地转建设用地系数*28.9/100+水域转建设用地系数*14.3/100+未利用地转建设用地系数*83.1/100

（三）生态环境子系统

近 35 年来，根据天山北坡城市群 1km LUCC 遥感数据集监测结果显示，各生态用地类型面积总体变动情况为：耕地、林地、水域用地呈增加态势，草地、未利用地呈减少态势，且生态用地面积总量成减少态势。结合国家自然资源部、自治区国土资源厅 2018 年对于新疆土地利用总体规划调整的"耕地与基本农田保护面积不减少，高度重视基础性生态建设和环境保护用地保护"相关指导意见，《新疆维吾尔自治区主体功能规划》土地保障政策"确保耕地、林地的数量，扩大生态空间"，及《新疆天山北坡城市群发展规划》提出的"坚持生态优先、绿色发展理念"等政策文件，综合设定耕地、林地、水域面积变化量为增加，即变化量为正值，设定草地、未利用地面积变化量为减少，即变化量为负值。各生态用地类型面积变化率，即为该用地类型转建设用地系数。系统设计思路及流程如下。

1. 耕地子模块

城市群耕地面积由耕地初始量加上耕地变化量进行计算。主要函数方程式如下：

耕地=INTEG（耕地变化，15518）

耕地变化=耕地变化率

耕地变化率=耕地转建设用地系数

耕地转建设用地系数=16.63

由耕地面积和耕地的生态价值系数计算天山北坡城市群耕地生态服务价值，模型方程式为：

耕地生态服务价值=耕地*耕地生态价值系数

耕地生态价值系数=61.14

2. 林地子模块

与耕地面积的预测类似，城市群林地面积由林地初始量加上林地变化量进行计算。模型方程式如下：

林地=INTEG（林地变化，4902）

林地变化=林地变化率

林地变化率=林地转建设用地系数

林地转建设用地系数=0.94

由林地面积和林地的生态价值系数计算城市群林地生态服务价值，模型方程式为：

林地生态服务价值=林地*林地生态价值系数

林地生态价值系数=193.34

3. 草地子模块

与耕地和林地面积的预测类似，城市群草地面积由草地初始量加上草地变化量进行计算。主要模型方程式如下：

草地=INTEG（草地变化，63073）

草地变化=草地变化率

草地变化率=草地转建设用地系数

草地转建设用地系数=17.29

由草地面积和草地的生态价值系数计算城市群草地生态服务价值，模型方程式为：

草地生态服务价值=草地*草地生态价值系数

草地生态价值系数=64.07

4. 水域子模块

城市群水域面积的大小由水域面积的初始值加上水域面积的变化进行预测。主要模型方程式如下：

水域面积=INTEG（水域变化，3189）

水域变化=水域变化率

水域变化率=水域转建设用地系数

水域转建设用地系数=0.4

由水域面积及水域生态价值系数可计算城市群水域生态服务价值，具体模型方程如下：

水域生态服务价值=水域面积*水域生态价值系数

水域生态价值系数=406.76

5. 未利用地子模块

城市群未利用地面积的大小由未利用地面积的初始值加上未利用地面积的变化进行预测。主要模型方程式如下：

未利用地=INTEG（未利用地变化，106254）

未利用地变化=未利用地变化率

未利用地变化率=未利用地转建设用地系数

未利用地转建设用地系数=12.31

由未利用地面积及未利用地生态价值系数可计算城市群未利用地生态服务价值，具体模型方程式如下：

未利用地生态服务价值=未利用地*未利用地生态价值系数

未利用地生态价值系数=3.71

6. 大气环境容量子模块

大气环境容量反映区域大气环境所能承纳污染物的最大能力，采用多用箱模式分析大气环境容量，其计算模型如下[10]：

$$Q_a = \sum_{i=1}^{n} A \cdot (C_{ki} - C_0) \cdot \frac{S_i}{\sqrt{S}}$$

式中，Q_a 为 SO_2 污染物的大气环境容量（单位：$10^4 t/a$）；n 为城市群各行政单元分区，此处 n 为17；A 为城市群所在地理区域总量控制系数（单位：$10^4 km^2/a$），A 值的取值大小依据《制定地方大气污染物排放标准的技术方法》（GB/T13201-91）有关规定，新疆维吾尔自治区 A 值区间为 [7.0，8.4]，此处采用"十三五"区域发展战略研究专题对新疆的建议 A 值 7.14[4]。

C_{ki} 为国家或者地方关于大气环境质量标准中所规定的第 i 城市的年日平均浓度（单位：mg/m^3）；乌鲁木齐和克拉玛依两地级市标准浓度采用国家 II 类 A 值区标准值 0.06，其余 15 县市标准浓度采用国家 I 类 A 值区标准值 0.02；考虑各县市面积权重值，设定天山北坡城市群二氧化硫标准浓度值为 0.024。

C_0 为背景浓度（单位：mg/m^3），在有清洁监测点的区域，以该点的监测数据为污染物的背景浓度 C_0；在无条件的区域，背景浓度 C_0 可以假设为 0；依据仅有的 2015 年一个年份的 9 个市级行政单元 SO_2 的监测数据，其最大值与最小值分别为 $0.02mg/m^3$、$0.005mg/m^3$。此处，近 35 年间的研究时段里，假设城市群二氧化硫背景浓度为 0。

S_i 为第 i 县市的面积，S 为天山北坡城市群总面积（单位：km^2）。此处，天山北坡城市群土地总面积 $193997km^2$。

第三节　城市群决策支持系统的调控变量与检验

一、天山北坡城市群可持续发展决策支持系统调控变量的确定

根据天山北坡城市群可持续发展决策支持系统构建思路及技术流程，相应的决策支持

系统的调控变量主要为社会经济增长速度和各类生态用地与建设用地之间的转换速率及转换比例,具体包括以下几类:

人口增长率、GDP 增长率;

耕地转建设用地系数、林地转建设用地系数、草地转建设用地系数、水域转建设用地系数、未利用地转建设用地系数;

耕地转城镇建设用地系数占耕地转建设用地系数的比例、耕地转农村居民点用地系数占耕地转建设用地系数的比例、耕地转其它建设用地系数占耕地转建设用地系数的比例;

草地转城镇建设用地系数占草地转建设用地系数的比例、草地转农村居民点用地系数占草地转建设用地系数的比例、草地转其它建设用地系数占草地转建设用地系数的比例;

林地转城镇建设用地系数占林地转建设用地系数的比例、林地转农村居民点用地系数占林地转建设用地系数的比例、林地转其它建设用地系数占林地转建设用地系数的比例;

水域转城镇建设用地系数占水域转建设用地系数的比例、水域转农村居民点用地系数占水域转建设用地系数的比例、水域转其它建设用地系数占水域转建设用地系数的比例;

未利用地转城镇建设用地系数占未利用地转建设用地系数的比例、未利用地转农村居民点用地系数占未利用转建设用地系数的比例、未利用地转其它建设用地系数占未利用地转建设用地系数的比例。

通过调整以上调控变量的值,经决策支持系统运算即可调整以下主要输出变量的值:

社会经济发展规模:总人口、GDP;

建设用地空间扩展规模:城镇建设用地、农村居民点用地、其它建设用地;

生态用地规模:耕地面积、林地面积、草地面积、水域面积、未利用地面积;

生态用地服务价值:耕地生态服务价值、林地生态服务价值、草地生态服务价值、水域生态服务价值、未利用地生态服务价值、生态用地服务总价值;

生态环境容量:大气环境容量;

各类用地变化系数:城镇建设用地变化率、农村居民点用地变化率、其它建设用地变化率、耕地变化率、林地变化率、草地变化率、水域变化率、未利用地变化率;

土地开发利用效益:人均 GDP、人口密度、交通密度、土地利用率。

天山北坡城市群可持续发展决策支持系统调控的原始数据,主要依据天山北坡城市群 1980~2015 年的统计数据、遥感监测数据或数学运算数据(表 7.1)。其中,各类生态用地与建设用地之间的变动系数主要参考 35 年间的实际变动情况(表 7.2),其余各种调控变量及参数的取值见表 7.3。

表 7.1 天山北坡城市群可持续发展决策支持系统原始数据表

统计项目	1980 年	1985 年	1990 年	1995 年	2000 年	2005 年	2010 年	2015 年
总人口/万人	409.92	436.66	470	513.03	575.51	616.94	661.86	794.84
人口自然增长率/‰	—	1.30	1.53	1.83	2.44	1.44	1.46	4.02
GDP/亿元	29.06	58.18	148.44	454.6	844.97	1593.75	2994.05	6111.33
GDP 增长率/%	—	20.04	31.03	41.25	17.17	17.72	17.57	20.82
土地总面积/km²	19.40	19.40	19.40	19.40	19.40	19.40	19.40	19.40

续表

统计项目	1980 年	1985 年	1990 年	1995 年	2000 年	2005 年	2010 年	2015 年
建设用地/km²	1067	—	1403	1429	1638	1820	1835	2586
城镇建设用地/km²	286	—	427	436	553	601	613	921
农村居民点用地/km²	568	—	634	651	811	817	829	884
其它建设用地/km²	213	—	342	342	274	402	393	781
生态用地/km²	192936	—	192588	192557	192365	192183	192168	191417
耕地/km²	15518	—	14549	14420	15340	16366	17195	18449
林地/km²	4902	—	5240	5307	5166	5167	5160	5045
草地/km²	63073	—	63262	63350	62202	61325	60790	59663
水域/km²	3189	—	3225	3167	3361	3344	3425	3410
未利用地/km²	106254	—	106312	106313	106296	105981	105598	104850
土地利用率/%	0.45	—	0.45	0.45	0.45	0.45	0.46	0.46

表 7.2　1980~2015 年天山北坡城市群各类生态用地与建设用地之间变动系数分析

变动类型	1980~2015 年/km²	年均/km²	比例/%
耕地—城镇建设用地	229	6.54	39.35
耕地—农村居民点用地	297	8.49	51.03
耕地—其它建设用地	56	1.60	9.62
耕地—建设用地	582	16.63	100.00
林地—城镇建设用地	23	0.66	69.70
林地—农村居民点用地	9	0.26	27.27
林地—其它建设用地	1	0.03	3.03
林地—建设用地	33	0.94	100.00
草地—城镇建设用地	332	9.49	54.88
草地—农村居民点用地	98	2.80	16.20
草地—其它建设用地	175	5.00	28.92
草地—建设用地	605	17.29	100.00
水域—城镇建设用地	9	0.26	64.29
水域—农村居民点用地	3	0.09	21.43
水域—其它建设用地	2	0.06	14.28
水域—建设用地	14	0.40	100.00
未利用地—城镇建设用地	50	1.43	11.60
未利用地—农村居民点用地	23	0.66	5.34
未利用地—其它建设用地	358	10.23	83.06
未利用地—建设用地	431	12.31	100.00

表 7.3 天山北坡城市群可持续发展的决策支持系统常数及主要变量初始值

模型参数	数值	模型参数	数值
计划生育影响因子	0.99	土地总面积/km²	
人口初始值/万人	409.92	人口自然增长率/‰	
GDP 初始值/亿元	29.06	GDP 增长率/%	
城镇建设用地初始值/km²	286	农村居民点用地初始值/km²	568
其它建设用地初始值/km²	213	耕地面积初始值/km²	15518
林地面积初始值/km²	4902	草地面积初始值/km²	63073
水域面积初始值/km²	3189	未利用地面积初始值/km²	106254
耕地生态价值系数/[万元/（km²·a）]	61.14 万元	林地生态价值系数/[万元/（km²·a）]	193.34
草地生态价值系数/[万元/（km²·a）]	64.07 万元	水域生态价值系数/[万元/（km²·a）]	406.76
未利用地生态价值系数/[万元/（km²·a）]	3.71 万元	二氧化硫标准浓度/（mg/m³）	0.02、0.06

二、天山北坡城市群可持续发展决策支持系统的检验

在 VENSIM PLE 6.3 软件中，根据构建的因果反馈流程图和上述各变量计算方程式，输入常数和调控参数值，进行仿真模拟。由于模型的输出变量众多，选取城市群社会经济、建设用地和生态用地主要变量，如总人口、GDP、城镇建设用地、农村居民点用地、其它建设用地、耕地、林地、草地、水域面积、未利用地、建设用地、生态用地、土地利用率等进行检验，结果见表 7.4。

表 7.4 天山北坡城市群可持续发展的决策支持系统模拟结果检验

主要变量		1990 年	1995 年	2000 年	2005 年	2010 年	2015 年
总人口/万人	实际值	470	513.03	575.51	616.94	661.86	794.84
	预测值	477.42	515.23	556.04	600.08	647.61	801.48
	误差	0.02	0.00	-0.03	-0.03	-0.02	0.01
GDP/亿元	实际值	148.44	454.6	844.97	1593.75	2994.05	6111.33
	预测值	134.33	288.809	620.94	1335.02	2870.29	6171.13
	误差	-0.10	-0.36	-0.27	-0.16	-0.04	0.01
城镇建设用地/km²	实际值	427	436	553	601	613	921
	预测值	470	562	654	746	838	929
	误差	0.10	0.29	0.18	0.24	0.37	0.01
农村居民点用地/km²	实际值	634	651	811	817	829	884
	预测值	691	752	814	875	936	998
	误差	0.09	0.16	0.00	0.07	0.13	0.13

续表

主要变量		1990 年	1995 年	2000 年	2005 年	2010 年	2015 年
其它建设用地/km²	实际值	342	342	274	402	393	781
	预测值	382	467	551	636	720	805
	误差	0.12	0.37	1.01	0.58	0.83	0.03
耕地/km²	实际值	14549	14420	15340	16366	17195	18449
	预测值	15684	15768	15851	15934	16017	16100
	误差	0.08	0.09	0.03	-0.03	-0.07	-0.13
林地/km²	实际值	5240	5307	5166	5167	5160	5045
	预测值	4911	4916	4921	4926	4930	4935
	误差	-0.06	-0.07	-0.05	-0.05	-0.04	-0.02
草地/km²	实际值	63262	63350	62202	61325	60790	59663
	预测值	62900	62814	62727	62641	62554	62468
	误差	-0.01	-0.01	0.01	0.02	0.03	0.05
水域面积/km²	实际值	3225	3167	3361	3344	3425	3410
	预测值	3193	3195	3197	3199	3201	3203
	误差	-0.01	0.01	-0.05	-0.04	-0.07	-0.06
未利用地/km²	实际值	106312	106313	106296	105981	105598	104850
	预测值	106131	106069	106008	105946	105885	105823
	误差	0.00	0.00	0.00	0.00	0.00	0.01
建设用地/km²	实际值	1403	1429	1638	1820	1835	2586
	预测值	1543	1781	2019	2257	2494	2732
	误差	0.10	0.25	0.23	0.24	0.36	0.06
生态用地/km²	实际值	192588	192557	192365	192183	192168	191417
	预测值	192820	192761	192704	192645	192587	192529
	误差	0.00	0.00	0.00	0.00	0.00	0.01

检验结果表明,模拟值与历史数据的变化趋势趋于一致,整体误差控制良好。其中,总人口、耕地、林地、草地、水域和生态用地的误差最小,误差基本控制在 10%以内;GDP、城镇建设用地、农村居民点用地和建设用地误差控制在 50%之内,误差在模型接受的范围之内;只有其它建设用地后期误差较大,结合 LUCC 遥感监测结果显示,分析原因主要是2000~2005 年间,天山北坡城市群其它建设用地面积变动先突然减少后增加,2010 年基本无大变化后,2015 年又翻倍大幅增加,受此影响产生波动误差,正是实际情况的反映,误差基本可以接受。

第四节 城市群可持续发展决策支持系统的模拟调控

在对天山北坡城市群可持续发展决策支持系统检验的基础上，将系统模拟时间扩展为1990~2050年共60年，设定不同的调控变量参数值即可得到不同的城市群可持续发展计算实验方案。对每一个实验方案，首先要确定不同情景模式下的调控变量和测度参数的值。根据实验的目的不同，可以选择其中1~n个不同的调控变量，改变其参数值，其它调控变量值不变，进行模拟，从而得到不同的实验方案，并对实验结果进行分析。这里择改变其中的1个、2个、3个、5个等不同数量的调控变量，其它调控变量不变的方案进行实验，并对实验结果进行分析。而且，针对所选择的改变其取值的调控变量，均分别设计高、中、低3个实验方案，其中中方案即是调控变量参数值与历史数据趋势一致的发展方案，高方案和低方案分别是指调控变量参数值比历史数据指标高或低的发展方案。

一、实验1：改变一个调控变量而其它变量不变的调控方案

在 VENSIM PLE 6.3 软件中，依据建立的城市群可持续发展决策支持系统技术流程，假设除人口增长率之外的其它调控变量均按照历史时期发展趋势进行发展，根据人口增长率的大小可设计三个方案。

方案一：不同预测期的人口增长率均小于历史数据发展趋势，即2020~2040年的人口增长率为4.2%;

方案二：不同预测期的人口增长率与历史数据发展趋势一致，即2020~2040年的人口增长率为4.8%;

方案三：不同预测期的人口增长率均高于历史数据发展趋势，即2020~2040年的人口增长率为5.2%。

将上述三个方案的人口增长率取值分别输入决策支持系统，模拟预测天山北坡城市群不同水平年的总人口及与其相关的变量的模拟结果（表7.5）。

表7.5 改变人口增长率的天山北坡城市群人口扩展预测模拟结果

年份	总人口/万人			人口密度/（人/km²）			人均GDP/元		
	方案一	方案二	方案三	方案一	方案二	方案三	方案一	方案二	方案三
1990	477	477	477	25	25	25	2814	2814	2814
1995	515	515	515	27	27	27	5605	5605	5605
2000	556	556	556	29	29	29	11167	11167	11167
2005	600	600	600	31	31	31	22247	22247	22247
2010	648	648	648	33	33	33	44322	44322	44322
2015	782	801	814	40	41	42	75785	76997	78890
2020	945	992	1024	49	51	53	129582	133762	140421
2025	1141	1228	1287	59	63	66	221570	232375	249941
2030	1379	1519	1619	71	78	83	378857	403690	444883

年份	总人口/万人			人口密度/（人/km²）			人均GDP/元		
	方案一	方案二	方案三	方案一	方案二	方案三	方案一	方案二	方案三
2035	1665	1880	2036	86	97	105	647800	701304	791868
2040	2011	2327	2559	104	120	132	1107660	1218330	1409480
2045	2429	2880	3218	125	148	166	1541590	1722750	2042060
2050	2935	3564	4047	151	184	209	2145530	2436020	2958520

按照人口自然增长率的高低，三个方案的预测结果表明，天山北坡城市群2020年的总人口规模将为945万～1024万人，2030年为1379万～1619万人，2040年为2011万～2559万人，至2050年预测达到2935万～4047万人，均高于2015年总人口规模。

受总人口规模的影响，人口密度和人均GDP不同水平年的模拟结果亦是方案二介于方案一与方案三之间；其中2020年人口密度预测结果为49～53人/km²，2030年为71～83人/km²，2040年为104～132人/km²，至2050年预测达到151～209人/km²，均高于2015年人口密度。

人均GDP四个时期预测分别为129582～140221元/人，378857～444883元/人、1107660～1409480元/人和2145530～2958520元/人。

二、实验2：改变两个调控变量而其它变量不变的模拟方案

在实验1的基础上，增加GDP增长率为主要的调控变量，即假设除人口增长率和GDP增长率2个变量之外的调控变量均按照历史时期发展趋势进行发展，则根据人口增长率和GDP增长率的大小可设计3个方案：

方案一：不同预测期的人口增长率和GDP增长率均小于历史数据发展趋势，即2020～2050年的人口增长率为4.2%；GDP增长率2020～2035年为21%、2035～2050年为18%。

方案二：不同预测期的人口增长率与历史数据发展趋势一致，即2020～2050年的人口增长率为4.8%；GDP增长率2020～2035年为23%、2035～2050年为20%。

方案三：不同预测期的人口增长率均高于历史数据发展趋势，即2020～2050年的人口增长率为5.2%；GDP增长率2020～2035年为25%、2035～2050年为23%。

将上述3个方案的人口增长率和GDP增长率的取值分别输入决策支持系统，模拟预测天山北坡城市群不同水平年的总人口和GDP及其相关变量的模拟结果（表7.6）。

表7.6　改变人口增长率和GDP增长率的天山北坡城市群人口和GDP扩展预测模拟结果

年份	总人口/万人			GDP/亿元			人口密度/（人/km²）			人均GDP/（元/人）		
	方案一	方案二	方案三	方案一	方案二	方案三	方案一	方案二	方案三	方案一	方案二	方案三
1990	477	477	477	122	134	147	25	25	25	2558	2814	3081
1995	515	515	515	250	289	331	27	27	27	4859	5605	6424
2000	556	556	556	513	621	745	29	29	29	9230	11167	13394
2005	600	600	600	1052	1335	1676	31	31	31	17533	22247	27925

年份	总人口/万人			GDP/亿元			人口密度/（人/km²）			人均GDP/（元/人）		
	方案一	方案二	方案三	方案一	方案二	方案三	方案一	方案二	方案三	方案一	方案二	方案三
2010	648	648	648	2157	2870	3770	33	33	33	33305	44322	58221
2015	782	801	814	4422	6171	8483	40	41	42	56524	76997	104181
2020	945	992	1024	9064	13268	19088	49	51	53	95930	133762	186422
2025	1141	1228	1287	18582	28526	42948	59	63	66	162808	232375	333585
2030	1379	1519	1619	38092	61331	96632	71	78	83	276312	403690	596920
2035	1665	1880	2036	78089	131862	217422	86	97	105	468946	701304	1068130
2040	2011	2327	2559	160082	283503	489199	104	120	132	795876	1218330	1911320
2045	2430	2880	3218	304155	567005	1051780	125	148	166	1251890	1968860	3268130
2050	2935	3564	4047	577895	1134010	2261320	151	184	209	1969200	3181730	5588100

由表看出，总人口预测模拟结果与实验 1 的结果相同，不同水平年方案三的 GDP 规模预测值最高，其次是方案二，方案一最低（图 7.10）；3 个方案预测结果表明，天山北坡城市群 2020 年的 GDP 规模将达到 9064 亿～19088 亿元，2030 年为 38092 亿～96632 亿元，2040 年为 160082 亿～489199 亿元，至 2050 年达到 577895 亿～2261320 亿元，均高于 2015 年 GDP 水平。受总人口和 GDP 规模两个因素的影响，人均 GDP 规模水平不同水平年的实验结果亦是方案二介于方案一与方案三之间，其中 2020 年预计将达到 95930～186422 元/人，2030 年将达到 276312～596920 元/人，2040 年将达到 795876～1911320 元/人，至 2050 年预期将达到 1969200～5588100 元/人。

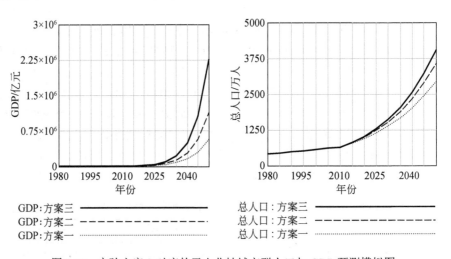

图 7.10　实验方案 2 对应的天山北坡城市群人口与 GDP 预测模拟图

三、实验 3：改变三个调控变量而其它变量不变的模拟方案

上述实验 1 和实验 2 是针对城市群可持续发展的决策支持系统中的社会经济子系统

进行的实验。实验 3 将主要针对天山北坡城市群城乡和其它建设用地的扩展进行实验分析,以耕地转建设用地系数为例,选择耕地转城镇建设用地系数占耕地转建设用地系数的比例、耕地转农村居民点用地系数占耕地转建设用地系数的比例、耕地转其它建设用地系数占耕地转建设用地系数的比例三个变量为主要的实验调控变量,假设除这三个变量之外的其余调控变量均按照历史时期发展趋势进行发展。假设耕地转建设用地系数按照 1980～2015 年年均水平保持不变,按照耕地转三种类型建设用地比例的大小不同,设计三种方案(表 7.7)。

方案一,与历史时期实际情况相比,耕地转农村居民点用地比例相对较低,占耕地转建设用地系数的比例比历史时期实际数据低约 10 个百分点,即耕地转农村居民点用地系数占耕地转建设用地系数的 40%,则平均每年耕地转城镇建设用地系数为 6.6km^2;相反,耕地转其它建设用地系数占耕地转建设用地系数的比例比历史时期高 10 个百分点,即耕地转农村居民点用地占耕地转建设用地系数的约 20%,则平均每年耕地转居民点用地系数为 3.3km^2;耕地转城镇建设用地比例为 40%基本不变,即平均每年耕地转其它建设用地系数为 6.6km^2。

方案二,耕地转三种类型建设用地的比例与历史时期实际发展情况一致,即耕地转城镇建设用地、农村居民点用地和其它建设用地的比例分别为 39%、51%和 10%,则平均每年耕地转城镇建设用地、居民点用地和其它建设用地的面积分别为 6.5km^2、8.3km^2 和 1.7km^2。

方案三,与方案一和方案二不同,假设耕地转其它建设用地比例基本不变,占耕地转建设用地系数的比例为 10%,则平均每年耕地转其它建设用地系数为 1.7km^2;假设耕地转城镇建设用地和耕地转居民点用地占耕地转建设用地系数的比例相当,均为 45%,则平均每年耕地转城镇建设用地和耕地转居民点用地的系数均为 7.5km^2。

表 7.7 三种方案天山北坡城市群耕地转各类建设用地系数及比例参数值

变动类型	耕地转城镇建设用地		耕地转农村居民点用地		耕地转其它建设用地		耕地转建设用地总计	
	年均/km^2	比例/%	年均/km^2	比例/%	年均/km^2	比例/%	年均/km^2	比例/%
方案一	6.6	40	6.6	40	3.3	20	16.6	100
方案二	6.5	39	8.3	51	1.7	10	16.6	100
方案三	7.5	45	7.5	45	1.7	10	16.6	100

将上述三种实验方案下的耕地转各类建设用地比例参数分别代入城市群可持续发展决策支持系统进行模拟,结果见表 7.8、表 7.9 和表 7.10 所示。由表看出,天山北坡城市群城镇建设用地面积预测模拟结果为方案三高于方案一和方案二(图 7.11),2020 年预测模拟结果为 1019～1059km^2,2030 年为 1202～1252km^2;2040 年为 1385～1445km^2,至 2050 年预期将达到 1568～1638km^2,均高于 2015 年城镇建设用地的实际值,说明天山北坡城市群的城镇建设用地变化率预景值高于历史时期实际年均数据,扩展速度较高。

表 7.8　实验 3 改变耕地转各类建设用地比例的天山北坡城市群可持续发展模拟结果（方案一）

年份	城镇建设用地/km²	农村居民点用地/km²	其它建设用地/km²	耕地/km²	林地/km²	草地/km²	未利用地/km²	水域面积/km²	耕地生态服务价值/万元	林地生态服务价值/万元	草地生态服务价值/万元	未利用地生态服务价值/万元	水域生态服务价值/万元	生态用地服务价值/万元
1990	471	672	399	15684	4911	62900	106131	3193	958938	949570	4030010	393746	1298780	7631050
1995	563	725	493	15768	4916	62814	106069	3195	964022	950479	4024470	393517	1299600	7632090
2000	656	777	586	15851	4921	62727	106008	3197	969106	951388	4018930	393289	1300410	7633130
2005	748	829	679	15934	4926	62641	105946	3199	974190	952296	4013390	393061	1301230	7634160
2010	841	881	772	16017	4930	62554	105885	3201	979273	953205	4007850	392832	1302040	7635200
2015	933	934	865	16100	4935	62468	105823	3203	984357	954114	4002320	392604	1302850	7636240
2020	1025	986	959	16183	4940	62381	105762	3205	989441	955023	3996780	392376	1303670	7637280
2025	1118	1038	1052	16266	4944	62295	105700	3207	994525	955931	3991240	392147	1304480	7638320
2030	1210	1090	1145	16350	4949	62209	105639	3209	999609	956840	3985700	391919	1305290	7639360
2035	1303	1143	1238	16433	4954	62122	105577	3211	1004690	957749	3980160	391691	1306110	7640400
2040	1395	1195	1331	16516	4958	62036	105515	3213	1009780	958658	3974620	391462	1306920	7641440
2045	1488	1247	1424	16599	4963	61949	105454	3215	1014860	959566	3969080	391234	1307730	7642480
2050	1580	1299	1518	16682	4968	61863	105392	3217	1019940	960475	3963540	391006	1308550	7643520

表 7.9　实验 3 改变耕地转各类建设用地比例的天山北坡城市群可持续发展模拟结果（方案二）

年份	城镇建设用地/km²	农村居民点用地/km²	其它建设用地/km²	耕地/km²	林地/km²	草地/km²	未利用地/km²	水域面积/km²	耕地生态服务价值/万元	林地生态服务价值/万元	草地生态服务价值/万元	未利用地生态服务价值/万元	水域生态服务价值/万元	生态用地服务价值/万元
1990	469	691	383	15684	4911	62900	106131	3193	958938	949570	4030010	393746	1298780	7631050
1995	561	752	468	15768	4916	62814	106069	3195	964022	950479	4024470	393517	1299600	7632090
2000	652	814	552	15851	4921	62727	106008	3197	969106	951388	4018930	393289	1300410	7633130
2005	744	875	637	15934	4926	62641	105946	3199	974190	952296	4013390	393061	1301230	7634160
2010	836	936	722	16017	4930	62554	105885	3201	979273	953205	4007850	392832	1302040	7635200
2015	927	998	807	16100	4935	62468	105823	3203	984357	954114	4002320	392604	1302850	7636240
2020	1019	1059	892	16183	4940	62381	105762	3205	989441	955023	3996780	392376	1303670	7637280
2025	1110	1120	977	16266	4944	62295	105700	3207	994525	955931	3991240	392147	1304480	7638320
2030	1202	1182	1062	16350	4949	62209	105639	3209	999609	956840	3985700	391919	1305290	7639360
2035	1294	1243	1147	16433	4954	62122	105577	3211	1004690	957749	3980160	391691	1306110	7640400
2040	1385	1305	1231	16516	4958	62036	105515	3213	1009780	958658	3974620	391462	1306920	7641440
2045	1477	1366	1316	16599	4963	61949	105454	3215	1014860	959566	3969080	391234	1307730	7642480
2050	1568	1427	1401	16682	4968	61863	105392	3217	1019940	960475	3963540	391006	1308550	7643520

表 7.10　实验 3 改变耕地转各类建设用地比例的天山北坡城市群可持续发展模拟结果（方案三）

年份	城镇建设用地/km²	农村居民点用地/km²	其它建设用地/km²	耕地/km²	林地/km²	草地/km²	未利用地/km²	水域面积/km²	耕地生态服务价值/万元	林地生态服务价值/万元	草地生态服务价值/万元	未利用地生态服务价值/万元	水域生态服务价值/万元	生态用地服务价值/万元
1990	479	681	383	15684	4911	62900	106131	3193	958938	949570	4030010	393746	1298780	7631050
1995	576	737	468	15768	4916	62814	106069	3195	964022	950479	4024470	393517	1299600	7632090
2000	672	794	552	15851	4921	62727	106008	3197	969106	951388	4018930	393289	1300410	7633130
2005	769	850	637	15934	4926	62641	105946	3199	974190	952296	4013390	393061	1301230	7634160
2010	865	906	722	16017	4930	62554	105885	3201	979273	953205	4007850	392832	1302040	7635200
2015	962	963	807	16100	4935	62468	105823	3203	984357	954114	4002320	392604	1302850	7636240
2020	1059	1019	892	16183	4940	62381	105762	3205	989441	955023	3996780	392376	1303670	7637280
2025	1155	1076	977	16266	4944	62295	105700	3207	994525	955931	3991240	392147	1304480	7638320
2030	1252	1132	1062	16350	4949	62209	105639	3209	999609	956840	3985700	391919	1305290	7639360
2035	1348	1188	1147	16433	4954	62122	105577	3211	1004690	957749	3980160	391691	1306110	7640400
2040	1445	1245	1231	16516	4958	62036	105515	3213	1009780	958658	3974620	391462	1306920	7641440
2045	1542	1301	1316	16599	4963	61949	105454	3215	1014860	959566	3969080	391234	1307730	7642480
2050	1638	1358	1401	16682	4968	61863	105392	3217	1019940	960475	3963540	391006	1308550	7643520

　　农村居民点用地模拟结果显示，方案二相对较高，其次为方案一，方案三较低；2020年模拟结果为 986～1059km²，2030 年为 1090～1182km²；2040 年为 1195～1305km²，至2050 年预期将达到 1299～1427km²，均高于 2015 年农村居民点用地实际值。

　　其它建设用地方面，方案一模拟结果相对最高，方案一和二预测值相同（图 7.12）；2020年模拟结果为 892～959km²，2030 年为 1062～1145km²；2040 年为 1231～1331km²，至 2050年预期将达到 1401～1518km²，均高于 2015 年其它建设用地的实际值。

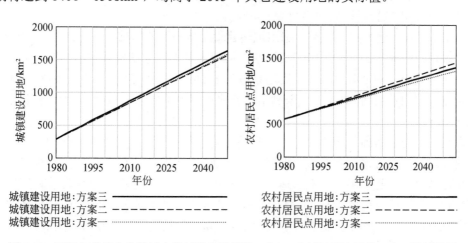

图 7.11　不同年份天山北坡城市群城镇建设用地（左）、农村居民点用地（右）模拟结果

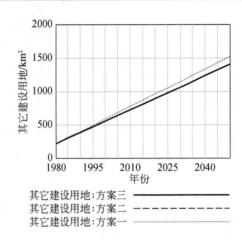

其它建设用地：方案三 ——————
其它建设用地：方案二 - - - - - - - - - -
其它建设用地：方案一 ·············

图 7.12　不同年份天山北坡城市群其它建设用地预测模拟结果

四、实验 4：改变五个调控变量而其它变量不变的模拟方案

城市群建设用地的扩展与生态用地之间的转变关系主要通过各类建设用地与生态用地之间的转变系数进行反映。因此，实验 4 将主要针对天山北坡城市群各类建设用地与生态用地之间的转变关系进行预测模拟分析，主要选取耕地转建设用地系数、林地转建设用地系数、草地转建设用地系数、未利用地转建设用地系数和水域转建设用地系数 5 个变量作为主要调控变量，假设除这 5 个变量之外的其余调控变量均按照历史时期发展趋势进行发展，通过改变这 5 个调控变量的值，预测各类建设用地、生态用地以及生态用地服务价值等变量的动态变化情况，从而能更加综合和全面地反映城市群空间扩展的生态效应作用机理，并对其预测实验。该实验根据各类生态用地转变为建设用地的系数的大小设计 3 个方案（表 7.11）。

方案一，假设五个变量的大小与历史时期数据发展趋势保持一致，即各类生态用地转建设用地系数为 1980～2015 年年均值，具体为：耕地转建设用地系数为 16.6km²/a、林地转建设用地系数为 0.9km²/a、草地转建设用地系数为 17.3km²/a、未利用地转建设用地系数为 12.3km²/a、水域转建设用地系数为 0.4km²/a。

方案二，在上述方案一各类生态用地转建设用地系数的基础上，充分考虑"确保耕地、林地的数量，扩大生态空间"政策的影响，即考虑各类用地结构调整后的城市群空间扩展的生态环境效应。确定耕地转建设用地系数为 17km²/a、林地转建设用地系数为 1.0km²/a、草地转建设用地系数为 17km²/a、未利用地转建设用地系数为 13km²/a、水域转建设用地系数为 0.3km²/a。

方案三，充分考虑保护耕地、土地利用结构调整和节约集约用地、保护生态用地，提高土地开发利用率等情况下的城市群空间扩展模式。按照这一发展模式，减少耕地转建设用地系数和草地转建设用地系数，适当减少林地转建设用地系数和水域转建设用地系数，提高未利用地转建设用地系数。具体确定耕地转建设用地系数为 15km²/a、林地转建设用地系数为 0.7km²/a、草地转建设用地系数为 15km²/a、未利用地转建设用地系数为 14km²/a、水域转建设用地系数为 0.2km²/a。

表 7.11 三种方案天山北坡城市群各类生态用地转建设用地系数参数值

调控变量	耕地转建设用地系数/（km²/a）	林地转建设用地系数/（km²/a）	草地转建设用地系数/（km²/a）	未利用地转建设用地系数/（km²/a）	水域转建设用地系数/（km²/a）
方案一	16.6	0.9	17.3	12.3	0.4
方案二	17	1.0	17	13	0.3
方案三	15	0.7	15	14	0.2

　　将上述三种实验方案下的各类生态用地转建设用地参数分别代入城市群可持续发展决策支持系统进行实验，实验结果见表 7.12、表 7.13 和表 7.14。不同年份三种方案各类建设和生态用地预测实验结果对比分析图如图 7.13 所示。

表 7.12 实验 4 改变各类生态用地转建设用地系数的天山北坡城市群可持续发展模拟结果（方案一）

年份	城镇建设用地/km²	农村居民点用地/km²	其它建设用地/km²	耕地/km²	林地/km²	草地/km²	未利用地/km²	水域面积/km²	耕地生态服务价值/万元	林地生态服务价值/万元	草地生态服务价值/万元	未利用地生态服务价值/万元	水域生态服务价值/万元	生态用地服务价值/万元	大气环境容量/万t
1990	469	691	382	15684	4911	62900	106131	3193	958920	949493	4030000	393746	1298780	7630950	75.48
1995	561	752	466	15767	4916	62814	106070	3195	963994	950363	4024460	393518	1299600	7631930	75.48
2000	653	813	551	15850	4920	62727	106008	3197	969069	951233	4018920	393290	1300410	7632920	75.48
2005	745	874	635	15933	4925	62641	105947	3199	974144	952103	4013380	393062	1301230	7633910	75.48
2010	836	936	720	16016	4929	62554	105885	3201	979218	952973	4007830	392833	1302040	7634900	75.48
2015	928	997	804	16099	4934	62468	105824	3203	984293	953843	4002290	392605	1302850	7635890	75.48
2020	1020	1058	889	16182	4938	62381	105762	3205	989368	954713	3996750	392377	1303670	7636870	75.48
2025	1112	1119	973	16265	4943	62295	105701	3207	994442	955583	3991210	392149	1304480	7637860	75.48
2030	1203	1181	1058	16348	4947	62208	105639	3209	999517	956453	3985670	391921	1305290	7638850	75.48
2035	1295	1242	1142	16431	4952	62122	105578	3211	1004590	957323	3980120	391693	1306110	7639840	75.48
2040	1387	1303	1227	16514	4956	62035	105516	3213	1009670	958193	3974580	391464	1306920	7640830	75.48
2045	1479	1364	1311	16597	4961	61945	105455	3215	1014740	959063	3969040	391236	1307730	7641810	75.48
2050	1570	1426	1396	16680	4965	61862	105393	3217	1019820	959933	3963500	391008	1308550	7642800	75.48

表 7.13 实验 4 改变各类生态用地转建设用地系数的天山北坡城市群可持续发展模拟结果（方案二）

年份	城镇建设用地/km²	农村居民点用地/km²	其它建设用地/km²	耕地/km²	林地/km²	草地/km²	未利用地/km²	水域面积/km²	耕地生态服务价值/万元	林地生态服务价值/万元	草地生态服务价值/万元	未利用地生态服务价值/万元	水域生态服务价值/万元	生态用地服务价值/万元	大气环境容量/万t
1990	470	693	387	15688	4912	62903	106124	3192	959164	949686	4030200	393720	1298380	7631140	75.48
1995	562	755	474	15773	4917	62818	106059	3194	964361	950653	4024750	393479	1298990	7632230	75.48
2000	655	817	561	15858	4922	62733	105994	3195	969558	951619	4019300	393238	1299600	7633320	75.48
2005	747	879	649	15943	4927	62648	105929	3197	974755	952586	4013860	392997	1300210	7634400	75.48
2010	839	942	736	16028	4932	62563	105864	3198	979952	953553	4008410	392755	1300820	7635490	75.48

续表

年份	城镇建设用地/km²	农村居民点用地/km²	其它建设用地/km²	耕地/km²	林地/km²	草地/km²	未利用地/km²	水域面积/km²	耕地生态服务价值/万元	林地生态服务价值/万元	草地生态服务价值/万元	未利用地生态服务价值/万元	水域生态服务价值/万元	生态用地服务价值/万元	大气环境容量/万 t
2015	931	1004	823	16113	4937	62478	105799	3200	985149	954520	4002970	392514	1301430	7636580	75.48
2020	1023	1066	910	16198	4942	62393	105734	3201	990346	955486	3997520	392273	1302040	7637660	75.48
2025	1115	1128	997	16283	4947	62308	105669	3203	995543	956453	3992070	392032	1302650	7638750	75.48
2030	1207	1191	1084	16368	4952	62223	105604	3204	1000740	957420	3986630	391791	1303260	7639840	75.48
2035	1300	1253	1171	16453	4957	62138	105539	3206	1005940	958386	3981180	391550	1303870	7640920	75.48
2040	1392	1315	1258	16538	4962	62053	105474	3207	1011130	959353	3975740	391309	1304480	7642010	75.48
2045	1484	1377	1345	16623	4967	61968	105409	3209	1016330	960320	3970290	391067	1305090	7643100	75.48
2050	1576	1440	1432	16708	4972	61883	105344	3210	1021530	961286	3964840	390826	1305700	7644180	75.48

表 7.14　实验 4 改变各类生态用地转建设用地系数的天山北坡城市群可持续发展模拟结果（方案三）

年份	城镇建设用地/km²	农村居民点用地/km²	其它建设用地/km²	耕地/km²	林地/km²	草地/km²	未利用地/km²	水域面积/km²	耕地生态服务价值/万元	林地生态服务价值/万元	草地生态服务价值/万元	未利用地生态服务价值/万元	水域生态服务价值/万元	生态用地服务价值/万元	大气环境容量/万 t
1990	450	679	388	15668	4909	62923	106114	3191	957942	949106	4031480	393683	1297970	7630180	75.48
1995	532	734	475	15743	4913	62848	106044	3192	962527	949783	4026670	393423	1298380	7630780	75.48
2000	614	789	562	15818	4916	62773	105974	3193	967113	950459	4021870	393164	1298780	7631390	75.48
2005	696	844	649	15893	4920	62698	105904	3194	971698	951136	4017060	392904	1299190	7631990	75.48
2010	778	900	737	15968	4923	62623	105834	3195	976284	951813	4012260	392644	1299600	7632590	75.48
2015	859	955	824	16043	4927	62548	105764	3196	980869	952490	4007450	392384	1300010	7633200	75.48
2020	941	1010	911	16118	4930	62473	105694	3197	985455	953166	4002650	392125	1300410	7633800	75.48
2025	1023	1066	999	16193	4934	62398	105624	3198	990040	953843	3997840	391865	1300820	7634410	75.48
2030	1105	1121	1086	16268	4937	62323	105554	3199	994626	954520	3993030	391605	1301230	7635010	75.48
2035	1187	1176	1173	16343	4941	62248	105484	3200	999211	955196	3988230	391346	1301630	7635610	75.48
2040	1269	1231	1261	16418	4944	62173	105414	3201	1003800	955873	3983420	391086	1302040	7636220	75.48
2045	1351	1287	1348	16493	4948	62098	105344	3202	1008380	956550	3978620	390826	1302450	7636820	75.48
2050	1433	1342	1435	16568	4951	62023	105274	3203	1012970	957226	3973810	390567	1302850	7637430	75.48

　　建设用地方面，不同年份的城镇建设用地和农村居民点用地方案二＞方案一＞方案三；其它建设用地是方案三＞方案二＞方案一（图 7.13）。其中，天山北坡城市群城镇建设用地面积 2020 年将达到 941～1023km²，2030 年达到 1105～1207km²，2040 年将达到 1269～1392km²，至 2050 年预计达到 1433～1576km²，均高于 2015 年天山北坡城市群实际城镇建

设用地面积；农村居民点用地，2020 年、2030 年、2040 年和 2050 年将分别达到 1010～1066km²、1121～1191km²、1231～1315km² 和 1342～1440km²，均高于 2015 年天山北坡城市群实际的农村居民点用地面积；其它建设用地面积 4 个年份将分别达到 889～991km²、1058～1086km²、1227～1261km² 和 1396～1435km²，均高出 2015 年天山北坡城市群实际其它建设用地面积。

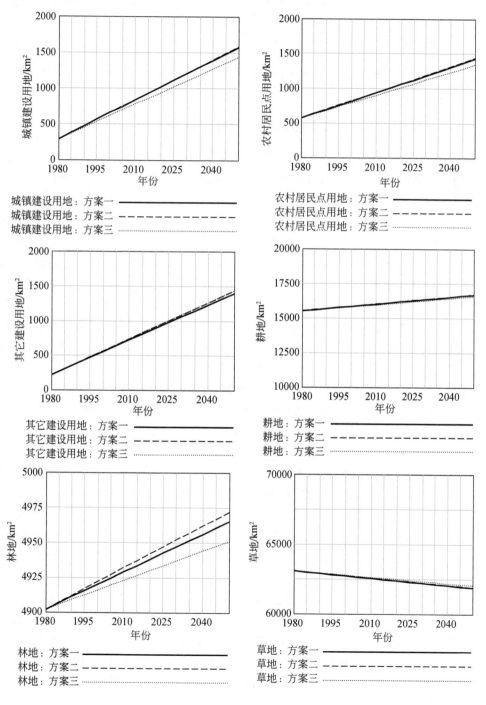

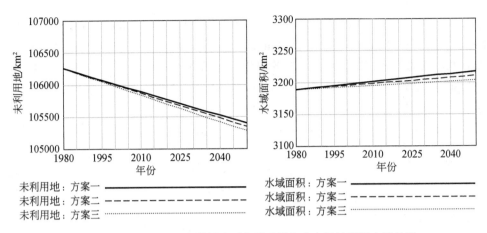

图 7.13 不同年份天山北坡城市群各类建设和生态用地预测实验结果

由此计算得出天山北坡城市群的建设用地总面积 2020 年将达到 2863～2999km², 2030 年达到 3312～3482km², 2040 年将达到 3761～3965km², 至 2050 年预计将达到 4210～4448km², 建设用地面积随着时间发展呈逐渐扩展的趋势。

生态用地方面, 不同年份的耕地和林地面积方案二>方案一>方案三; 草地面积是方案三>方案二>方案一; 未利用地和水域面积为方案一>方案二>方案三。其中, 耕地面积 2020 年将达到 16118～16198km², 2030 年达到 16268～16368km², 2040 年将达到 16418～16538km², 至 2050 年预计将达到 16568～16708km², 均略高于 2015 年天山北坡城市群实际耕地面积; 2020 年、2030 年、2040 年和 2050 年林地将分别达到 4930～4942km²、4937～4952km²、4944～4962km² 和 4951～4972km², 均略高于 2015 年天山北坡城市群实际的林地面积; 2020 年、2030 年、2040 年和 2050 年草地将分别达到 62381～62473km²、62208～62323km²、62035～62173km² 和 61862～62023km², 均略低于 2015 年天山北坡城市群实际的草地面积; 水域面积 2020 年将达到 3197～3205km², 2030 年达到 3199～3209km², 2040 年将达到 3201～3213km², 2050 年将达到 3203～3217km²; 2020 年、2030 年、2040 年和 2050 年未利用地将分别达到 105694～105762km²、105554～105639km²、105414～105516km² 和 105274～105393km², 均略低于 2015 年天山北坡城市群实际的未利用地; 由此计算得出天山北坡城市群的生态用地总面积 2020 年将达到 192412～192468km², 2030 年达到 192281～192473km², 2040 年将达到 192150～192478km², 2050 年将达到 192019～192483km², 均高于 2015 年天山北坡城市群实际生态用地面积。且与建设用地发展趋势相反, 随着时间的推移天山北坡城市群生态用地面积可能将呈逐渐缩小的趋势; 三种方案的生态用地面积预测结果相比, 方案三<方案二<方案一, 由此可见, 方案一是城市群空间扩展对生态用地影响最小的发展方案。

生态服务价值方面, 由于各种生态用地的生态服务价值是由各类生态用地面积乘以各类用地的生态价值系数得到, 一般情况下各类生态用地生态服务价值系数不变, 因此, 各类生态用地的生态服务价值变化趋势与各类生态用地面积的变化趋势一致。决策支持系统计算结果显示, 天山北坡城市群耕地生态价值 2020 年最高将达到 990346 万元, 2030 年最高将达到 1000740 万元, 2040 年最高将达到 1011130 万元, 2050 年最高将达到 1021530 万元；2020 年、2030 年、2040 年和 2050 年林地生态服务价值最高将分别达到 955486 万元、957420 万元、959353 万元和 961286 万元；草地生态服务价值最高将分别达到 4002650 万元、3993030 万元、3983420 万元和 3973810 万元；水域生态服务价值最高分别将达到 1303670 万元、1305290 万元、1306920 万元和 1308550 万元；未利用地生态服务价值最高分别将达到 392377 万元、391921 万元、391464 万元和 391008 万元。受各种生态用地面积和不同类型生态用地价值系数的大小影响，天山北坡城市群五种生态用地中，草地的生态服务价值最高，其次是水域，第三是耕地，第四为林地，未利用地最小。

由此计算的天山北坡城市群不同年份的生态用地总服务价值，2020 年最高将达到 7637660 万元，2030 年最高达到 7639840 万元，2040 年最高将达到 7642010 万元，至 2050 年预计最高将达到 7644180 万元；三个方案相比，方案二空间扩展模式下的生态用地服务总价值最高，其次是方案一，方案三最小。由此可见，在与历史时期数据发展趋势保持一致情况下，天山北坡城市群的生态用地价值将得到提高，而确保耕地、林地的数量，扩大生态空间的城市群空间扩展模式下，天山北坡城市群的生态用地价值最高。

大气环境容量方面，由于基于一定空气质量标准下的城市群大气环境容量只与城市群各地区面积和土地总面积相关，而天山北坡城市群各地区面积和土地总面积在预测期内假设不变，因此城市群的大气环境容量在预测期内亦不随各种用地的扩展发生变化，保持为 75.48 万吨不变，如果远期随着天山北坡城市群生活和生产质量的提高，大气环境质量标准提高，即主要大气污染物的浓度降低，城市群的大气环境容量将进一步扩大。

第五节　城市群可持续发展决策支持系统运行流程

天山北坡城市群可持续发展决策支持系统是借助 GIS 技术和系统动力学 SD 模型，构建城市群可持续发展的生态影响预景分析模型，建立城市群可持续发展决策支持系统的因果反馈结构和技术流程，进而通过调控变量的计算实验，提出不同的计算实验方案，调控城市群可持续发展状态。该系统于 2018 年 10 月 8 日获得国家计算机软件著作权登记证书（证书号 2018SR912255），该系统由 4 个子系统构成，即决策支持系统的调控变量与检验模块、决策支持系统综合分析模块、用户管理模块和帮助模块。

一、系统登录界面

在系统启动时，首先显示登录界面，如图 7.14 所示，提示用户输入登录用户名，点击"登录"，系统将启动并运行所选择的相应模块供用户使用。

为了方便用户操作，系统主界面采用 Office 2013 界面模式，主窗口按功能共分为 5 个功能区：菜单栏区、工具条区、图层控制区、地图显示区以及状态栏，具体界面如图 7.15 所示：

菜单栏区包括决策支持系统的调控变量与检验、决策支持系统综合分析、用户管理模块、帮助模块 4 个主菜单。每个主菜单下面都有二、三级菜单。

状态栏的作用是让用户明确当前时间。

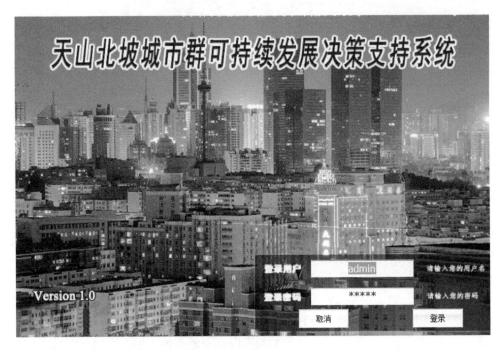

天山北坡城市群可持续发展决策支持系统
Version 1.0
登录用户
admin
请输入您的用户名
登录密码
*****
请输入您的密码
取消
登录

图 7.14　系统登录主界面

决策支持系统基础数据 - 天山北坡城市群可持续发展决策支持系统
决策支持系统的调控变量与检验
决策支持系统综合分析
用户管理
帮助
决策支持系统基础数据
用地变动系数分析
决策系统常数及初始值
决策支持系统模拟结果检验
基础数据
用地变动系数分析
决策支持系统模拟结果检验
添加(A) 编辑(E) 删除(D) 保存(S) 导入(I) 导出(F) 打印(P) 刷新(R) 合并(M)
拖动列标题至此,根据该列分组
选择 年份 总人口/万人 人口增长率/% GDP/亿元 GDP增长率/% 土地总面积/km2 建设用地/km2 城镇用地/km2 农村居民点用地/k
1980 409.92 0 29.06 0 19.4 1067 286
1985 436.66 1.3 58.18 20.04 19.4 0 0
1990 470 1.53 148.44 31.03 19.4 1403 427
1995 513.03 1.83 454.6 41.25 19.4 1429 436
2000 575.51 2.44 844.97 17.17 19.4 1638 553
2005 616.94 1.44 1593.75 17.72 19.4 1820 601
2010 661.86 1.46 17.57 19.4 1835 613
2015 794.84 4.02 6111.33 20.82 19.4 2586 921
记录 1 of 8
当前时刻:2018/10/13 13:43:32

图 7.15　系统主界面

二、决策支持系统的调控变量与检验模块

点击天山北坡城市群可持续发展决策支持系统的调控变量与检验菜单，系统会显示功能菜单的二级菜单。基础功能菜单主要包括基础数据、用地变动系数分析、模拟结果检验

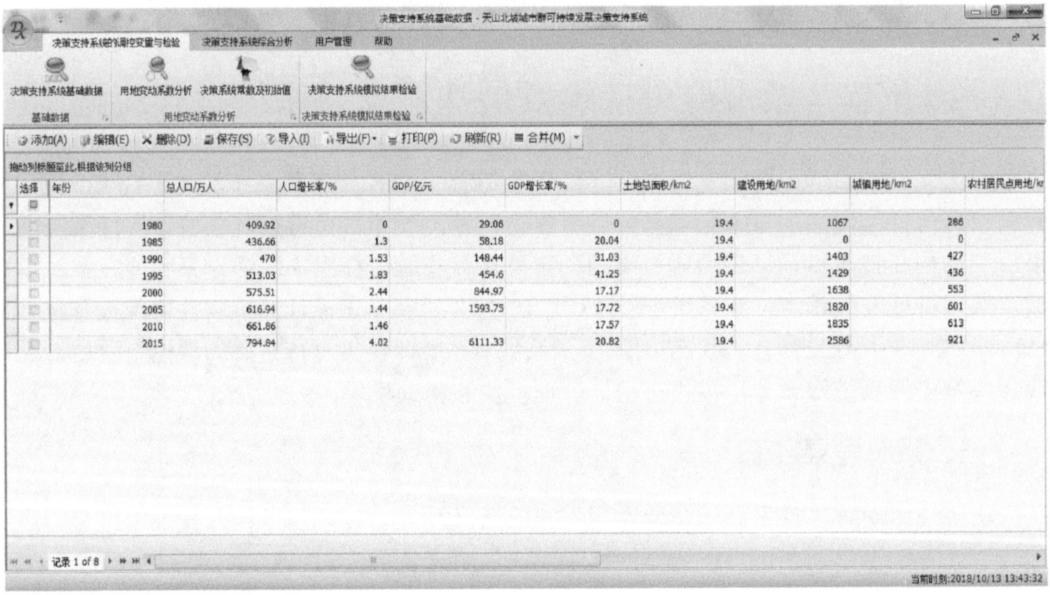

二级菜单。

（一）基础数据

基础数据功能用于管理指标体系的基础数据。点击菜单下的基础数据按钮，系统会自动跳出管理界面，如图 7.16。当用户关闭基础数据管理窗体后，若想再次显示该窗口，可再次点击菜单下的按钮即可。基础数据管理界面按功能共分为 4 个功能区：工具条区、数据显示区、数据控制区以及数据状态栏。

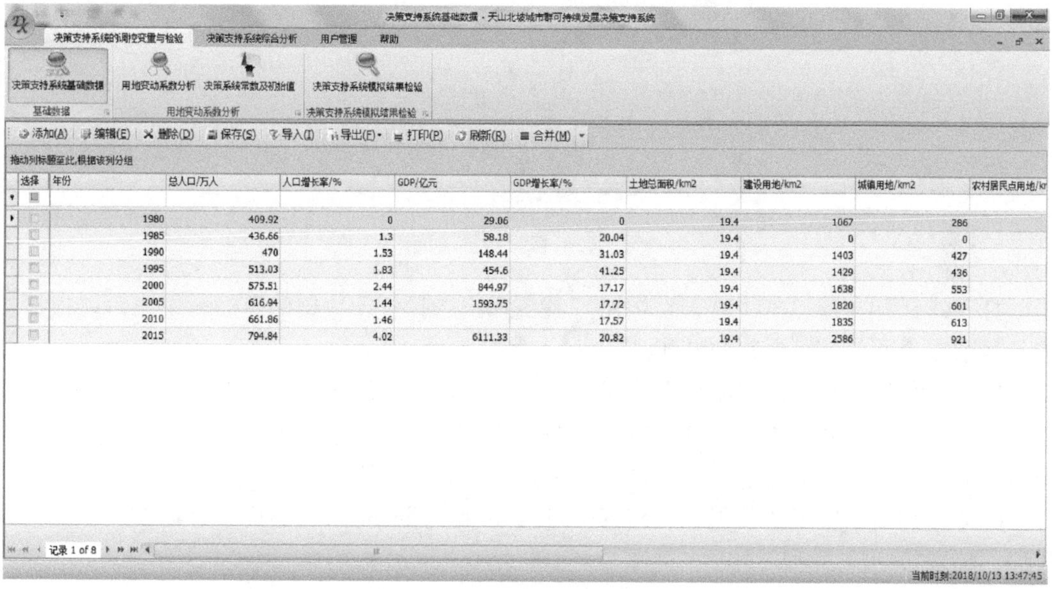

图 7.16　基础数据管理界面

（1）工具条区主要包括添加、编辑、删除、保持、导入、导出、打印、刷新、合并等功能。

添加：鼠标左键点击"添加"按钮，系统弹出新增数据界面。输入新的指标数据，点击"新增"即可。点击"取消"按钮则关闭该界面。

编辑：鼠标左键点击"编辑"按钮，系统弹出编辑数据界面（图 7.17）。更新数据，点击"保存"即可。点击"取消"按钮则关闭该界面。

删除：鼠标左键点击"删除"按钮，系统弹出确认删除的对话框。点击"是"按钮，确认删除；点击"否"按钮，则关闭该界面。

保存：鼠标左键点击"保存"按钮，系统弹出确认执行保存结果的消息对话框。

导入：鼠标左键点击"导入"按钮，系统弹出选择导入数据的消息对话框，用户选择相应的导入模板，在对话框中点击"打开"即可。

导出：鼠标左键点击"导出"按钮的下拉菜单，选择相应的导出格式，将数据表格中的数据导出为对应的格式。

图 7.17　编辑数据界面

打印：鼠标左键点击"打印"按钮，系统弹出选择打印数据的界面，用户可以根据相应的需求在界面内进行调整和打印。

刷新：鼠标左键点击"刷新"按钮，数据表格将重新加载和刷新。

合并：鼠标左键点击"合并"按钮，数据表格将有重复值的单元格进行合并，方便用户直观的分析。当不需要合并视图，再次单击"合并"按钮即可。

（2）数据显示区是将数据以表格形式进行展示，用户可以在表格中对数据进行修改、排序、筛选等功能。

（3）数据控制区可以控制数据的分组筛选情况，用户可以把某一列的标题拖动到数据控制区，数据显示区的数据可自动按照该列进行分组展示。

（4）数据状态栏是显示数据的记录条数，用户可以对数据集进行一定的操作，包括上一条记录、下一条记录、第一条记录、最后一条记录、上一页、下一页等功能。

（二）用地变动系数分析

用地变动系数分析功能用于管理用地变动系数。点击菜单下的"用地变动系数"按钮，系统会自动跳出管理界面，如图 7.18。当用户关闭基础数据管理窗体后，若想再次显示该窗口，可再次点击菜单下的按钮即可。

（三）模拟结果检验

模拟结果检验功能用于管理模拟的检验结果。点击菜单下的"模拟结果检验"按钮，系统会自动跳出管理界面，如图 7.19。当用户关闭基础数据管理窗体后，若想再次显示该窗口，可再次点击菜单下的按钮即可。

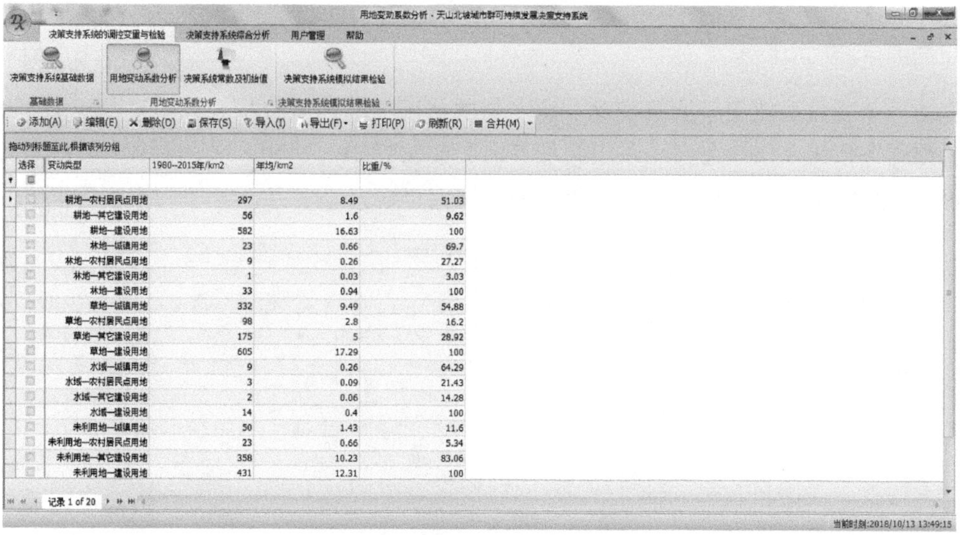

选择	变动类型	1980--2015年/km2	年均/km2	比重/%
	耕地—农村居民点用地	297	8.49	51.03
	耕地—其它建设用地	56	1.6	9.62
	耕地—建设用地	582	16.63	100
	林地—城镇用地	23	0.66	69.7
	林地—农村居民点用地	9	0.26	27.27
	林地—其它建设用地	1	0.03	3.03
	林地—建设用地	33	0.94	100
	草地—城镇用地	332	9.49	54.88
	草地—农村居民点用地	98	2.8	16.2
	草地—其它建设用地	175	5	28.92
	草地—建设用地	605	17.29	100
	水域—城镇用地	9	0.26	64.29
	水域—农村居民点用地	3	0.09	21.43
	水域—其它建设用地	2	0.06	14.28
	水域—建设用地	14	0.4	100
	未利用地—城镇用地	50	1.43	11.6
	未利用地—农村居民点用地	23	0.66	5.34
	未利用地—其它建设用地	358	10.23	83.06
	未利用地—建设用地	431	12.31	100

图 7.18　用地变动系数分析界面

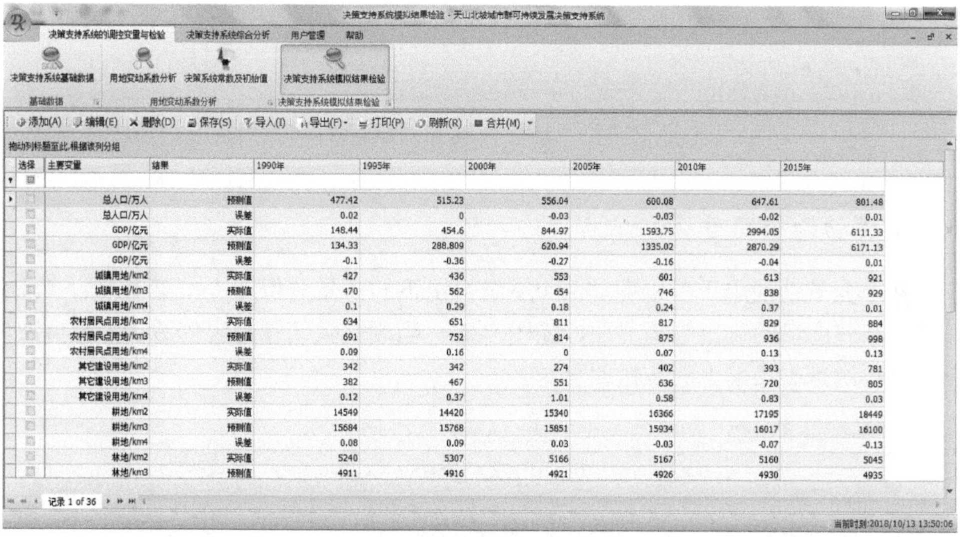

选择	主要变量	结果	1990年	1995年	2000年	2005年	2010年	2015年
	总人口/万人	预测值	477.42	515.23	556.04	600.08	647.61	801.48
	总人口/万人	误差	0.02	0	-0.03	-0.03	-0.02	0.01
	GDP/亿元	实际值	148.44	454.6	844.97	1593.75	2994.05	6111.33
	GDP/亿元	预测值	134.33	288.809	620.94	1335.02	2870.29	6171.13
	GDP/亿元	误差	-0.1	-0.36	-0.27	-0.16	-0.04	0.01
	城镇用地/km2	实际值	427	436	553	601	613	921
	城镇用地/km3	预测值	470	562	654	746	838	929
	城镇用地/km4	误差	0.1	0.29	0.18	0.24	0.37	0.01
	农村居民点用地/km2	实际值	634	651	811	817	829	884
	农村居民点用地/km3	预测值	691	752	814	875	936	998
	农村居民点用地/km4	误差	0.09	0.16	0	0.07	0.13	0.13
	其它建设用地/km2	实际值	342	342	274	402	393	781
	其它建设用地/km3	预测值	382	467	551	636	720	805
	其它建设用地/km4	误差	0.12	0.37	1.01	0.58	0.83	0.03
	耕地/km2	实际值	14549	14420	15340	16366	17195	18449
	耕地/km3	预测值	15684	15768	15851	15934	16017	16100
	耕地/km4	误差	0.08	0.09	0.03	-0.03	-0.07	-0.13
	林地/km2	实际值	5240	5307	5166	5167	5160	5045
	林地/km3	预测值	4911	4916	4921	4926	4930	4935

图 7.19　模拟结果检验管理界面

三、决策支持系统综合分析模块

点击决策支持系统综合分析菜单，系统会显示功能菜单的二级菜单。基础功能菜单主要包括变动一个变量、变动两个变量、变动三个变量、变动五个变量的二级菜单，如图 7.20。

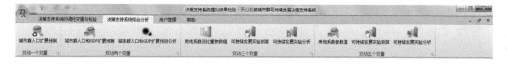

图 7.20　决策支持系统综合分析菜单

（一）变动一个变量

变动一个变量功能用于测算变动一个变量的情况下的情景分析。点击菜单下的"城市群人口预测"按钮，系统会自动跳出管理界面，如图 7.21。当用户关闭测算管理窗体后，若想再次显示该窗口，可再次点击菜单下的按钮即可。

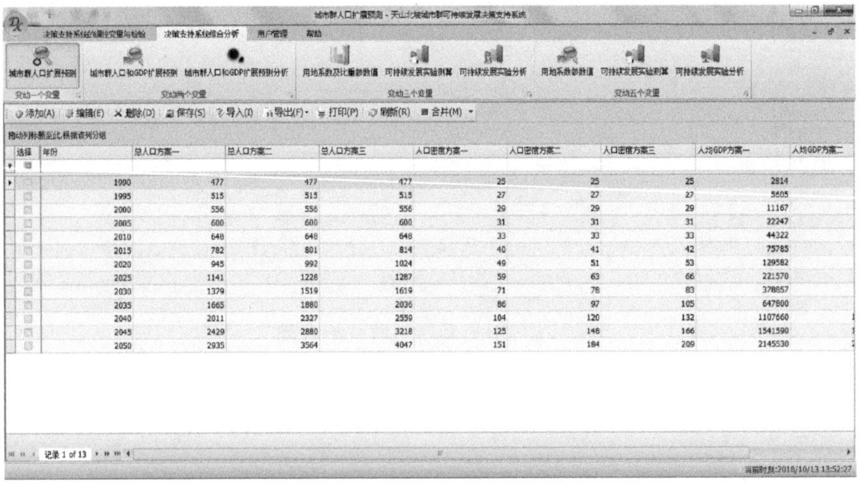

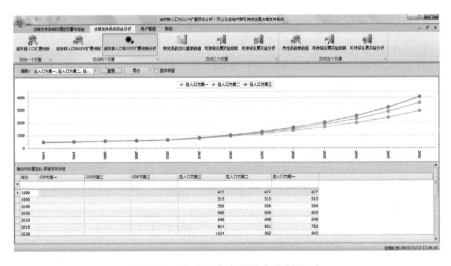

图 7.21　变动一个变量管理界面

（二）变动两个变量

变动两个变量功能用于分析变动两个变量情况下的情景分析。点击菜单下的"综合分析"按钮，系统会自动跳出管理界面，如图 7.22。当用户关闭管理窗体后，若想再次显示该窗口，可再次点击菜单下的按钮即可。

图 7.22　变动两个变量综合分析界面

（三）变动三个变量

变动三个变量功能用于分析变动三个变量情况下的情景分析。点击菜单下的"综合分析"按钮，系统会自动跳出管理界面，如图 7.23。当用户关闭管理窗体后，若想再次显示该窗口，可再次点击菜单下的按钮即可。

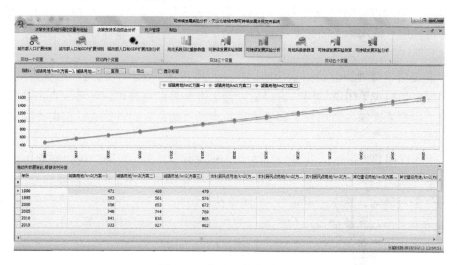

图 7.23　变动三个变量界面

（四）变动五个变量

变动五个变量功能用于分析变动五个变量情况下的情景分析。点击菜单下的综合分析按钮，系统会自动跳出管理界面，如图 7.24。当用户关闭管理窗体后，若想再次显示该窗口，可再次点击菜单下的按钮即可。

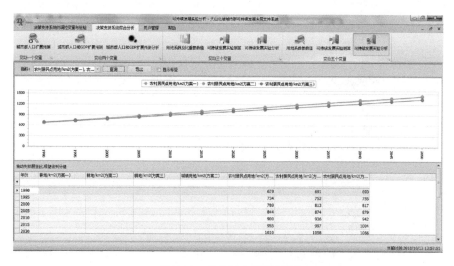

图 7.24　变动五个变量界面

四、用户管理与帮助模块

点击用户管理菜单，系统会显示功能菜单的二级菜单。基础功能菜单主要包括修改密码、用户变更两个二级菜单。

修改密码用于修改用户当前使用的密码。点击"修改密码"按钮，系统会自动跳出修改密码界面。当用户关闭修改密码窗口后，若想再次显示该窗口，可再次点击"修改密码按钮"即可。用户依次输入原始密码和新密码，点击"确定"即可修改。点击"取消"，关闭该窗体。

用户变更用于管理当前使用系统的用户。点击"添加用户"按钮，系统会自动跳出添加用户界面。当用户关闭添加用户窗口后，若想再次显示该窗口，可再次点击"添加用户"按钮即可。用户依次输入新用户名和新密码，点击"确定"即可修改。点击"取消"，关闭该窗口。

点击"删除用户"按钮，系统会自动跳出删除用户界面。当用户关闭删除用户窗口后，若想再次显示该窗口，可再次点击"删除用户"按钮即可。用户勾选需要删除的用户，点击"确定"即可删除。点击"取消"，关闭该窗口。

点击帮助菜单，系统会显示功能菜单的二级菜单。基础功能菜单为用户帮助文档的二级菜单，点击"用户帮助文档"按钮，系统自动弹出用户帮助文档，便于用户参考。

主要参考文献

［1］方创琳，宋吉涛，蔺雪芹，等. 中国城市群可持续发展理论与实践. 北京：科学出版社，2010，33-51

［2］方创琳，鲍超. 黑河流域水—生态—经济协调发展耦合模型及应用. 地理学报，2004，59（4）：781-790

［3］王其藩. 高级系统动力学. 北京：清华大学出版社，1995，45-76

［4］徐勇，张雪飞，李丽娟，等. 我国资源环境承载约束地域分异及类型划分. 中国科学院院刊，2016，1：34-43